Johann Georg Galetti

Geschichte Thüringens

Dritter Band

Johann Georg Galetti

Geschichte Thüringens
Dritter Band

ISBN/EAN: 9783743437753

Manufactured in Europe, USA, Canada, Australia, Japa

Cover: Foto ©ninafisch / pixelio.de

Manufactured and distributed by brebook publishing software (www.brebook.com)

Johann Georg Galetti

Geschichte Thüringens

Geschichte Thüringens

von

Johann Georg August Galletti,
Professor an der herzogl. Landesschule zu Gotha.

———

Dritter Band.

Gotha und Dessau,
bey dem Verfasser, und in der Buchhandlung der Gelehrten.
1783.

Nachricht.

In dem gegenwärtigen dritten Theile dieses Werkes, liefere ich Thüringens Geschichte bis auf den Tod des Landgrafen Friedrichs III, oder bis zum Jahr 1381. Er begreift also einen Zeitraum von 133 Jahren, und Kenner der Vaterlandsgeschichte werden mir zugestehen, daß ich, dem Plan meines Werkes gemäß, nicht zu weitläuftig und umständlich verfahren bin. Den noch übrigen Zeitraum von 400 Jahren hoff ich in eben so viel Bände zu bringen, und da die Geschichte in neuern Zeiten immer anziehender wird, so denke ich die Gedult meiner Leser auch nur wenig zu ermüden. In der Einleitung zum folgenden Bande werde ich zugleich die Werke, aus welchen der gegenwärtige geflossen ist, bekannt machen. Bis dahin verspare ich auch das fortgesetzte Verzeichniß der Pränumeranten, da mir von vielen die Nahmen noch nicht eingeschickt worden sind.

Hauptinnhalt
des dritten Bandes.

Zwölftes Buch.
Thüringens Geschichte unter dem Markgrafen Heinrich dem Erlauchten, und dem Landgrafen Albrecht bis zu dem Tode Friedrichs des Teuten. (S. 1 — 67.)

Dreyzehntes Buch.
Fortsetzung der Geschichte unter dem Landgrafen Albrecht bis zum Tode desselben. (S. 67 — 135.)

Vierzehntes Buch.
Staatsverfassung unter der Regierung des Landgrafens Albrecht, in welche eine kurze Geschichte der thüringischen Grafen, Städte und Klöster dieses Zeitraums eingewebt ist. (S. 135 — 211.)

Funfzehntes Buch.
Geschichte unter den Landgrafen Friedrich I und Friedrich II. (S. 211 — 301.)

Sechszehntes Buch.
Geschichte unter der gemeinschaftlichen Regierung der Landgrafen Friedrichs III, Balthasars und Wilhelms. (S. 301 — 338.)

Zweyte Zeittafel
zur mittlern thüringischen Geschichte.
(S. 339 — 342.)

Geschichte Thüringens.

Zwölftes Buch.

Auf das durch Heinrich R. Tod erledigte Thüringen machen verschiedene, und besonders Heinrich der Erlauchte, Anspruch. Die thüringischen Grafen und Herren suchen die Zeit, da man sich über ihre Herrschaft streitet, so gut als möglich zu nutzen. Daher entstehen eine Menge Fehden; auch steigt ein Schloß nach dem andern empor. Thüringens Edle sind in verschiedene Partheyen getheilt. Für Heinrich den Erlauchten ficht der tapfre Schenke Rudolf. Heinrich rückt immer weiter in Thüringen vor. Verschiedene Grafen und Herren unterwerfen sich ihm, und errichten einen merkwürdigen Vergleich mit demselben. Sophie setzt sich indessen in Hessen fest, und sie sucht das nemliche auch in Thüringen zu thun. Interimsvergleich zwischen ihr und Heinrichen. Beyde werden mit dem Erzbischof von Maynz in verdrießliche Händel verwickelt. Heinrich betrachtet Thüringen als sein unstreitiges Eigenthum. Sophie will ihm dieses nicht gestatten. Heinrich und zwanzig unbescholtene Ritter schwören, daß er das nächste Recht zu Thüringen habe. Hierüber bricht der Krieg aus. Sophie verbindet sich mit dem Herzog Albrecht von Braunschweig, welcher immer weiter vordringt. Aber Heinrich erobert Eisenach. Albrecht rüstet sich noch stärker, und greift Heinrichen in Meissen an. Der Schenke schlägt ihn. Albrecht wird gefangen, und muß sich theuer lösen. Sophie entsagt Thüringen, und begnügt sich mit Hessen. Wie sich Heinrich, während dem Kriege, der Regierung Thüringens angenommen hat. Er

Innhalt des zwölften Buchs.

tritt Thüringen an seinen ältesten Sohn Albrecht ab. Albrechts Gemahlin und Kinder. Dessen Zug nach Preussen. Er läßt sich von der Kunegunde von Eisenberg einnehmen. Seine Gemahlin, die er ermorden lassen will, ergreift die Flucht und stirbt. Dietrich nimmt Albrechts Söhne zu sich. Albrecht versetzt Weissensee, welches die Landstände wieder einlösen. Er veruneinigt sich mit seinem Bruder und mit seinem Vater. Er demüthigt den Grafen von Berka. Allmählig rückt er mit dem Entwurfe, Apitzen zum Oberherrn Thüringens zu machen, immer mehr hervor; aber verschiedene thüringische Patrioten nehmen sich seiner Söhne an. Friedrich wird gefangen, und seine Gefangenschaft hindert ihn an einem großen Glücke. Dietrich und Kunegunde sterben. Albrecht lebt mit seinen Söhnen in Einigkeit. Er erbt, nach seines Vaters Tod, einen Theil von Meissen. Apitz, dem er einen eigenen Bezirk einräumt, begeht Jugendstreiche. Albrecht wird von seinem Sohne Friedrich gefangen. Sie schließen einen wichtigen Vergleich mit einander, den Albrecht nicht lange hält. Hierüber geht der Krieg von neuem an. K. Rudolf dämpft ihn durch seine Gegenwart. Albrecht vergleicht sich mit Friedrich dem Teuten und mit seinen Söhnen. K. Rudolf läßt die Raubschlösser zerstören, und bestellt bey seinem Abzuge ein Friedensgericht. Friedrich der Teute stirbt.

I.

Das Aussterben der Oberherren eines Landes ist gemeiniglich mit vielen Unruhen begleitet. Selten giebt es nur eine Person, welche auf die hinterlassene Erbschaft derselben Ansprüche macht, und selten können die Ansprüche derselben so außer allen Streit gesetzt werden, daß es einem andern ganz unmöglich ist, etwas darwider einzuwenden. Auf die hinterlassenen Länder der alten Landgrafen von Thüringen behaupteten verschiedene Seitenverwandten derselben, ein gegründetes Erbrecht zu haben. Landgraf Heinrich Raspe hatte zwo Schwestern, denen man, nach Erlöschung des Mannsstammes, das Recht, an der Erbschaft seiner Länder Antheil zu nehmen, nicht absprechen konnte. Jutta war an den Markgrafen Dietrich zu Meissen, und Irmengard an den Grafen Heinrich I von Anhalt vermählt. Jene zeugte den Markgrafen Heinrich den Erlauchten, und Heinrich Raspe, der demselben besonders gewogen war, oder der ihm als dem Sohn der ältern Schwester ein näheres Erbrecht zugestand, würkte ihm bereits

1242. bereits, einige Jahre vor seinem Tode, von dem Kaiser Friedrich II die Anwartschaft auf Thüringen und die Pfalz Sachsen aus. Kaiser Friedrich erklärt in der darüber ausgefertigten Urkunde, daß er dieses auf Bitten des Landgrafen Heinrichs, imgleichen seines Sohnes Konrad, des erwählten römischen Königs, gethan habe, und er gewährt dem Markgrafen Heinrich, nach dem Tode seiner Mutterbruder, den Besitz der Landgrafschaft Thüringen, der Pfalz Sachsen, und aller andern Lehngütern, die von dem Reiche zu Lehn giengen. *) Da aber die alten Landgrafen von Thüringen Hessen und andre Güter besaßen, welche mit dem Reiche in keiner Lehnsverbindung standen; so folgt hieraus offenbar, daß es weder Landgraf Heinrichs, noch Kaiser Friedrichs Absicht gewesen sey, dem Mark-

*) Considerantes (sagt der Kaiser) etiam avunculi tui, Henrici, Landgravii Thuringiae, Comitis Palatini Saxoniae, dilecti consanguinei nostri, procuratoris Germaniae, & dilecti filii nostri Conradi, Romanorum in regem electi, petitionem — litteris praesentibus protestamur, & notum esse volumus universis, quod Tibi, post mortem avunculi Tui, Landgravii Thuringiae, *duos principatus Suos, videlicet Landgraviam Thuringiae, & Comitiam Saxoniae, & omnia alia feoda, quae a nobis et ab imperio tenentur*, cum ipsorum pertinentiis, jure contulimus feodali. — Diese Urkunde ist zu Benevent am 30ten Julii 1242 ausgestellt, und man findet sie unter andern in Weks Dresdner Chronick, Th. II, S. 154. und 155, und auszugsweise in Tenzelii Supplem. II ad Histor. Gothan. p. 586.

Markgrafen Heinrich durch diesen Anwartschaftsbrief, ein Erbrecht auf dieselben zu verleihen. Friedrich konnte dieses als Kaiser nicht thun, und Heinrich glaubte vielleicht, daß sie seinem Neffen ohnedieß niemand streitig machen würde. Aber die Folge bewieß das Gegentheil. Sophie, eine Tochter des Landgrafen Ludewigs des Heiligen, und folglich eine Nichte des Landgrafen Heinrichs Raspe, war an den Herzog Heinrich II von Lothringen und Brabant vermählt, und sie hatte einen Sohn, Nahmens Heinrich, mit demselben erzeugt. Diesem zum Besten machte sie auf die Verlassenschaft der alten Landgrafen von Thüringen lebhaften Anspruch, und weil derselbe damals erst drey Jahr alt war, und seine Mutter vorzüglich Hessen zu behaupten suchte, so wurde er in der Folge Ludewig das Kind, oder das Kind von Hessen, genannt. Nun war noch Graf Siegfried von Anhalt, ein Sohn der Irmengard übrig. Auch dieser behauptete, auf die Verlassenschaft der alten Landgrafen von Thüringen ein gegründetes Erbrecht zu haben, und er bewieß dieses durch den Titel eines Erben von Thüringen (Heres Thuringiae) den er auf seinem Siegel annahm. *) Kaiser Friedrich II, der den obengedachten Anwartschaftsbrief ausstellte, hatte, weil der päbstliche Bann noch fortdauerte, sein Ansehen fast gänzlich verlohren, und folglich konnte einer von ihm verliehenen Gerechtsame ihre Gültigkeit gleichfalls streitig gemacht werden. **)

2. Der

---

*) Beckmanns anhaltische Historie, Th. IV, S. 559.
**) Sagittar, S. 709.

2. Der Todt Heinrich Raspens mußte also in jedem Falle zu Unruhen Gelegenheit geben, und es ist sehr wahrscheinlich, daß sich jede von den streitenden Partheyen bey Zeiten wird Mühe gegeben haben, sich Freunde und Anhänger zu verschaffen. Dieses konnte die thüringischen Grafen und Herren leicht auf den Gedanken bringen, als wenn die Behauptung Thüringens nicht wenig von ihrer Unterstützung abhänge, und ihre Einbildung war so ungegründet nicht. Indessen gab dieses zu allerley Fehden die schönste Gelegenheit, und die thüringischen Herren suchten das Glück, ohne Oberherrn zu leben, in seiner ganzen Größe zu genießen. Rothe bedient sich bey dieser Gelegenheit eines Gleichnisses, welches weniger fein als passend ist. Einige muthwillige Edelleute (sagt er) stellten sich als losgebundene Hofhunde an, und wollten, da sie keinen Herren über sich hatten, mit niemanden Freundschaft halten. Zween derselben, Herwig von Hörselgau und Hanns Atze, versammleten ihre Gehülfen, streiften vor Eisenach und die daherumgelegenen Dörfer, nahmen alles Vieh weg, und trieben es die Hörsel hinauf. Sie wurden aber nicht allein von den Bürgern von Eisenach und Kreuzburg verfolgt, sondern diese meldeten es auch dem Voigt zu Tenneberg, der die Mannschaft vor dem Thüringer Walde aufbot. Sie griffen die Räuber in ihrem Aufenthalte bey dem Hörselberge an; aber dieses lief sehr unglücklich für sie ab, indem ihrer viele getödtet und gefangen genommen wurden, und unter diesen befanden sich auch die Voigte

Voigte von Kreuzburg und von Tenneberg. *)
Selbst die Klöster waren vor solchen Streifereyen
nicht sicher. Zween Ritter, Hermann und Heinrich von Ballstedt fielen, aus dem unweit Reinhardsbrunn gelegenen Schlosse Hermannstein, in
ein Gut des Klosters Georgenthal ein, raubten das
Vieh nebst allem Hausrathe, verwundeten den
Kellner und achtzehn andre Mönche und Leyenbrü-
der, von welchen einer an den empfangenen Wunden sterben mußte, und zogen wieder davon. **)

3. Doch für solche, welche an dergleichen Fehden und Streifereyen Geschmack fanden, war ein
festes Schloß das sicherste Mittel, das sie der Verfolgung entziehen konnte. Es stieg daher ein
Schloß nach dem andern auf. Die Herren von
Wangenheim bauten den Kalenberg, die Herren
von Döllstedt den Steinfürst, Ritter Hermann
Stranz, gleichfalls ein Herr von Döllstedt, Straßenau, die Herren von Luppniß Lichtenwalb, die
Herren von Kobstedt Scharfenberg, die Herren
von Frankenstein Waldenburg, und die Edelleute
an der Werra führten Brandenfels auf. Es wurden aber noch viele solche Schlößer gebaut, die keinen Nahmen erhielten. †)

4. Aber die meisten von diesen und andern
Herren waren blos auf ihren eigenen Vortheil bedacht,

*) Rothe, S. 1737. Ursinus, S. 1292.
**) Schannati vindem. coll. I, p. 101.
†) Rothe, S. 1737. Ursinus, S. 1292.

dacht, und schienen sich um die Untersuchung der Frage, wer sie zu beherrschen das meiste Recht hätte, wenig zu bekümmern. Desto ernsthafter meynten es einige andre, welche sich öffentlich für eine Parthey erklärten, und aus diesem Grunde denen von der Gegenparthey Schaden zuzufügen suchten. Besonders zeigte sich der Schenke, Rudolf von Vargel, als einen eifrigen Anhänger des Markgrafen Heinrichs, und da die Grafen Günther und Berthold von Käfernburg, Heinrich und Günther von Schwarzburg, nnd Heinrich von Gleichen es mit der Gegenparthey hielten, so trieb der Schenke seinen Eifer so weit, daß er mit Hülfe einiger markgräflichen Truppen in ihre Güter einfiel, und vielen Schaden anrichtete. Die Grafen griffen hierüber gleichfalls zu den Waffen. Graf Heinrich führte die Mannschaft der Vereinigten an, und es kam bey Mühlhausen zu einem Treffen. Der Sieg war auf der Seite der Grafen bereits erfochten, als der Burggraf von Kirchberg Rudolfen zu Hülfe eilte, und demselben eine solche Ueberlegenheit verschafte, daß die Grafen nicht nur geschlagen, sondern selbst gefangen genommen wurden. Der Schenke verwüstete ihre Güter, und sie mußten ihre Freyheit durch ansehnliche Geldsummen erkaufen, und sich anheischig machen, daß sie niemals wieder gegen ihn die Waffen ergreifen wollten. *)

5. Der Sieg, den der Schenke über die vereinigten Grafen erfochten hatte, gab der Parthey

des

---

*) Rothe, S. 1737; Urstaus, S. 1392. Chronik des Pettrötl. S. 362.

des Markgrafen Heinrichs ein großes Gewicht, und bahnte ihm den Weg, zur Besitznehmung Thüringens desto leichter zu gelangen. Indessen hatte er 1249. doch noch mit verschiedenen Feinden zu thun. Der Herzog von Braunschweig, der als Verwandter des Landgrafen Hermanns II gleichfalls Ansprüche auf Thüringen machte, belagerte im July d. J. Weissensee und eroberte es. Aber die Besatzung des Schlosses, die sich sehr tapfer vertheidigte, zündete die Stadt heimlich an, und am elften Tage rückte Markgraf Heinrich herbey und belagerte sie gleichfalls. Da zündeten die braunschweigischen Truppen noch den übrigen Theil der Stadt an, und zogen heimlich ab. Markgraf Heinrich brannte hierauf verschiedene Dörfer der wider ihn gesinnten Grafen ab, *) und da ihm Erfurt, die vornehmste Stadt Thüringens, die Thore nicht öfnen wollte, so schloß er dieselbe drey Tage lang ein, und richtete in der herumgelegenen Gegend großen Schaden an. Da er aber noch mit andern Feinden in Thüringen zu kämpfen hatte, so gab er die Einschliessung Erfurts wieder auf. Er eroberte hierauf das Schloß Hausen, das dem obengedachten Ritter Heinrich von Ballstedt zum Zufluchtsorte diente, und bekam ihn nebst vier und zwanzig seiner Gehülfen gefangen.**) Wahrscheinlich gieng er nunmehr auf den Grafen Heinrich von Gleichen los, denn es fiel

um

*) Horn, S. 73.

**) Fortf. des Lamberts v. Aschaffenb. unter dem J. 1248.

1249. am diese Zeit bey Tonna ein Treffen vor, in welchem Bertold von Tonna, ein Lehnsmann der Grafen von Gleichen, in die Gefangenschaft gerieth. *) Auch bey Gotha hatte sich im Sommer dieses Jahres ein Gefecht ereignet, in welchem viele zu Gefangene gemacht wurden. **) Endlich bemächtigte sich Heinrich auch der Schlösser Wartburg und Eckardsberge, †) und bald wagte es niemand mehr, sich ihm zu widersetzen. Doch die Grafen und Herren, die es mit der Gegenparthey hielten, empfanden seinen Unwillen auf das lebhafteste; indem er den Gütern derselben alle Arten von Verwüstungen widerfahren ließ, und (wie eine Chronik sich ausdrückt) manchen Wittwen und Waisen Seufzer und Verwünschungen auspreßte. Indessen können wir die Strenge, mit der er gegen seine Feinde zu Werke gieng, doch nicht gänzlich misbilligen, und Thüringen würde ohne dieselben vielleicht noch größere Unruhen und Widerwärtigkeiten erfahren haben. Sie hatte wenigstens die Folge, daß ein ansehnlicher Theil der Grafen und Herren sich ihm zu unterwerfen beschloß. Dieß geschah zu Weissenfels, und Graf Günther von Käfernburg und sein Sohn Berthold, Graf Albrecht von Rabenswalde, Graf Heinrich und Graf Günther von Schwarzburg, Graf Friedrich von Beichlingen, Graf Dietrich von Hohnstein und sein Sohn Heinrich, Graf Friedrich von Stol-

1. July.

---

*) Goth. Geschichte, IV, 139.
**) Hornii Henricus illustris, p. 309.
†) Sagittar, S. 713.

Stolberg, Heinrich von Heldrungen, Ludolf und Heinrich von Allerstedt, Heinrich und Ludolf von Bendleben, und Ditmar von Willerstedt waren diejenigen, die sich daselbst mit dem Markgrafen Heinrich verglichen. Der Vergleich, den sie mit demselben schlossen, ist so merkwürdig, daß ich seinen Inhalt hier auszeichnen will.

6. Die gedachten Grafen und Herren machen sich 1) anheischig, den Markgrafen Heinrich für ihren rechten Herren und Landgrafen von Thüringen zu halten, und bey allen Gelegenheiten, wo es ohne Verletzung ihrer Treue und Ehre geschehen kann, die Waffen für ihn zu ergreifen. Sie versprechen 2) alle Güter, die sie von dem Landgrafen zu Lehn haben, ihm gleichfalls aufzutragen; doch nehmen sie Puttelndorf aus, für dessen Lehnsherren Graf Albrecht von Rabenswalde die Grafen von Anhalt erkennt. Aber in Ansehung aller andern Güter, die gedachter Graf oder sie, von dem Reiche und von Stiftern besitzen, oder in der Folge bekommen werden, und die sie von den Landgrafen erhalten haben, erkennen sie sich als Lehnsleute desselben. Dafür macht sich 3) Markgraf Heinrich anheischig, ihnen den Besitz aller dieser Güter zu gewähren. 4) Versprechen sie in dem Falle, daß er von dem Pabste oder dem Reiche abfallen sollte, gleichfalls von demselben abzufallen, und sollte er Geld dafür bekommen, so überlassen sie es seiner Gnade, wie viel er ihnen davon zufließen lassen will. Sie machen sich 5) anheischig, alle Schlösser, welche in der

Land-

Landgrafschaft Thüringen, nach dem Tode des Landgrafen von neuem aufgebaut worden, und besonders Witzenburg und Sachsenburg, zu zerstören, und ihm zur Zerstörung derselben behülflich zu seyn. Da sie sich nun 6) auf diese Art mit ihm verbinden; so hoffen sie, daß er ihnen ihre Bitte gewähren, und denjenigen von seinen treuen Lehnsleuten, die ihn mit den Grafen von Anhalt in der Güte vergleichen wollen, Gehör geben werde; doch sollten Rechtssachen einem rechtlichen Ausspruche überlassen seyn. Ferner machen sich 7) Graf Dietrich von Hohnstein, Graf Friedrich von Beichlingen und die Grafen Heinrich und Günther von Schwarzburg verbindlich, nicht nur alle Güter, die ihnen von dem Landgrafen verpfändet worden, zur Wiedereinlösung anzubieten, sondern auch diejenigen, die der vorige Landgraf in der letzten Zeit seiner Regierung besessen hat, und die sie ohne ein gegründetes Recht im Besitz hätten, nebst der Erstattung des Nutzens, wieder einzuräumen. Hierdurch sollen nun 8) alle diejenigen mit einander ausgesöhnt werden, welche sowohl auf seiner als auf ihrer Seite in dem Treffen gewesen; diejenigen Feindschaften aber, welche aus diesem Treffen nicht herrührten, sollten von ihm und in seiner Gegenwart geschlichtet werden. Es sollen 9) alle Gefangenen, die von beyden Seiten gemacht worden, den Herren von Dreffurth und einige andre, die neulich bey Gotha gefangen worden, ausgenommen, wieder in Freyheit gesetzt werden, und die Urfehde schwören. *)

7. Durch

*) Horn l. c. p. 308.

7. Durch diesen wichtigen Vergleich wurde Markgraf Heinrichs Recht auf Thüringen aufs neue gegründet, und es kam also nur noch darauf an, daß er die Ansprüche des Grafen von Anhalt befriedigte. Dieser nennte sich zwar einen Erben von Thüringen; auch machte er einen Versuch, wie viel er durch die Macht der Waffen ausrichten könnte, denn er setzte sich bey Olbisleben in ein verschanztes Lager, und seine Leute plünderten und durchstreiften die benachbarte Gegend. *) Aber von dem, was er hierdurch ausgerichtet hat, ist uns nicht das geringste bekannt. Desto lebhafter waren die Händel, in welche Markgraf Heinrich mit der Sophie verwickelt wurde. Diese eilte, gleich nach dem Tode des Landgrafen Heinrichs, nebst ihrem Gemahle und ihrem Sohne herbey, um zur Behauptung ihrer Ansprüche in der Nähe zu seyn, und sie waren um Pfingsten des 1248ten Jahres bereits zu Hersfeld angelangt. Der Tod raubte ihr zwar ihren Gemahl noch in dem nemlichen Jahre; aber sie wußte sich durch ihre Klugheit und durch ihren Muth ein solches Ansehen in Hessen zu geben, daß alle Herren und Städte dieses Landes auf ihre Seite traten und ihr huldigten. Doch ihre Absichten giengen noch weiter, und sie schmeichelte sich mit der Hofnung, auch einen Theil von Thüringen zu bekommen. Sie setzte sich (wie die Chronik sagt) auf ihren Wagen, nahm ihren Sohn auf ihren Schoß, und zog mit acht hundert Wapenern und guten Helmen

---

*) Schannat am a. O. S. 100. Sagittarius, S. 712.

men nach Thüringen.*) Hier hatte sie bereits verschiedene Anhänger, und es kostete ihr daher desto weniger Mühe, sich einiger Schlösser und Städte, und besonders des Bezirks der Stadt Eisenach, zu bemächtigen.

8. Aber Markgraf Heinrich rückte immer weiter vor. Auch waren die Hessen in der Treue, die sie der Sophie geschworen hatten, nicht sehr standhaft. Sie befürchtete daher, daß bey der damaligen Verwirrung, die im deutschen Reiche herrschte, ein Dritter sich diese Gelegenheit zu Nutze machen, und ihr ihre Eroberungen wieder entreissen möchte. Dieß bewegte sie, sich so lange mit dem Markgrafen Heinrich zu vergleichen, bis dieser Streit von einem sichern deutschen Oberhaupte, oder von unpartheyischen Schiedsrichtern entschieden seyn würde. Sie erbot sich daher, sich mit Heinrichen in Unterhandlungen einzulassen.**) Es wurde daher eine Zusammenkunft angestellt; aber die Meynungen waren sehr verschieden. Die Freunde der Sophie behaupteten, der Tochtersohn wäre ein näherer Erbe, als der Schwestersohn. Heinrichs Anhänger wendeten dagegen ein, daß König Heinrich der letzte Besitzer Thüringens und Hessens gewesen wäre, und folglich hätte sein Schwestersohn, der Markgraf Heinrich, das nächste Recht zu erben. Da man sich auf diese Art nun nicht vereinigen konnte,

---

*) Gerstenberger beym Schminke, Th. II, S. 411.
**) Gerstenberg am a. O. S. 414.

xe, so berief sich Sophie auf den Ausspruch des Reichs, und ihre Freunde riethen ihr, Thüringen und Hessen einstweilen dem Markgrafen zu übergeben. *) Heinrich hielt hierauf Landgericht zu Mittelhausen, und drey Tage hernach begab er sich nach Eisenach, wo ihm Sophie das Schloß Wartburg und ganz Hessen auf zehn Jahre einräumte. **)

9. Dieser Vergleich wurde einige Jahre auf das pünktlichste befolgt, und beyde Theile brauchten die größte Vorsicht, um einander kein Mistrauen zu erregen. Sophie stiftete zwey Jahre hernach das Kloster Johannisthal bey Eisenach; aber sie that es mit Bewilligung des Markgrafen Heinrichs. Auch nennt sie sich bey dieser Gelegenheit bloß Herzogin und Tochter der heiligen Elisabeth, und Heinrichen wird der Titel eines Markgrafen von Meissen beygelegt. †) Indem nun Heinrich und Elisabeth wenigstens in äusserlicher Eintracht lebten, wurden beyde mit einem Dritten, nemlich mit dem Erzbischof Gerhard von Maynz, in verdrießliche Händel verwickelt. Die Landgrafen von Thüringen trugen, sowohl in Thüringen als in Hessen, verschiedene

---

*) Rothe, S. 1738. Ursinus, S. 1293.

**) Erfurtische Chronik beym Schannat am a. O. — Nach Gerstenbergern S. 417 räumte sie ihm Hessen nicht ein, und sie behielt sich dieses auf alle Fälle vor. Auch hielt sie sich 1252 noch in Hessen auf. Sagittar, S. 717.

†) Tenzel am a. O. S. 602.

dene Güter von dem Erzstifte Maynz zu Lehn. Heinrich und Sophie hätten, dem Lehnsgebrauche zufolge, um die Beleihung ansuchen sollen. Dieses war nun bey den damaligen Unruhen nicht geschehen, und Heinrich und Sophie benutzten diese Lehngüter, ohne sich weiter um den Lehnsherrn zu bekümmern. Dieser nahm es ganz natürlich ungnädig auf, und er griff, um sie zur Beobachtung ihrer Schuldigkeit anzuhalten, zu dem kräftigsten Mittel, das ihm seine geistliche Macht darbot; er verurtheilte sie beyde in den Kirchenbann, und belegte die Oerter, die sich ihnen unterworfen hatten, mit dem Interdicte. Indessen traute er diesem Mittel doch nicht alle Würkung zu, die er wünschte. Er schloß daher mit dem mächtigen Grafen Berthold von Ziegenhayn ein Bündniß, worinn ihm dieser gegen Heinrichen und die Sophie auf das nachdrücklichste beyzustehen versprach. Doch scheint es zu keinem Kriege gekommen zu seyn, denn Markgraf Heinrich ward, nach Verlauf eines Jahres, durch den Kardinal Hugo, einen päbstlichen Legaten, von dem erzbischöflichen Banne wieder losgesprochen, und er gieng hierauf mit dem Erzbischof Gerhard zu Ubstedt in Thüringen einen Vergleich ein, vermöge dessen er die thüringischen Graffschaften Siebeleben, Schönerstedt, die kleine Graffschaft zu Mittelhausen, das Schloß Spatenberg und den Hof in Croßen als mannzische Lehne anerkannte, und nicht nur mit diesen, sondern auch mit allen andern thüringischen Lehngütern, die der Landgraf Heinrich von dem Erzstifte Maynz zu Lehn getragen hatte,

1253.

1254.
16.
May.

hatte, von dem Erzbischof Gerhard beliehen wurde. Auch ertheilte letzterer dem Markgrafen Heinrich zugleich die Würde eines Erbmarschalls. Alle Ansprüche auf die in Hessen gelegenen Lehngüter der Grafen versprach Gerhard so lange ruhen zu lassen, bis das Kind von Hessen sein zwölftes Jahr zurückgelegt haben würde.*) Markgraf Heinrich machte sich dagegen anheischig, ihm zu Weissensee tausend Mark Silber zu bezahlen, und zur Sicherheit dieser Summe Schloß und Stadt Mühlberg einzuräumen.**)

10. Dieser Vergleich, den Heinrich mit Gerharden einging, beweiset es offenbar, daß er Thüringen als ein Land betrachtete, dessen Besitz ihm niemand mehr streitig machen könnte. Er that aber bereits vor zwey Jahren einen Schritt, welcher diese Vermuthung nicht weniger bestärkt. Der römische König Wilhelm kam um Ostern 1252 nach Thüringen, und hielt sich einige Zeit zu Merseburg auf. Da ließ sich Markgraf Heinrich mit der Landgrafschaft

---

*) Markgraf Heinrich, sein Vormund bezeugte, daß dieß auf Johannistag über zwey Jahr geschehen würde. Die thüringischen Geschichtschreiber haben sich also nicht geirrt, wenn sie den M. Heinrich einen Vormund des Sohns der Sophie nennen. Sagittar, S. 716.

**) Gudeni Codex diplomaticus p. 639. — Sagittar, S. 718-720.

1252. schaft Thüringen von ihm belehnen. *) Da nun Wilhelm, nach dem Tode des Kaisers Friedrichs II und seines Sohnes Konrad, das einzige rechtmäßige Oberhaupt in Deutschland war, so hatten die Gerechtsamen, die er dem Markgrafen Heinrich verlieh, eine desto größere Gültigkeit, und sie mußten die Aufmerksamkeit der Sophie um so viel lebhafter erregen. Diese fühlte es nun mehr als zu sehr, daß Markgraf Heinrich, ungeachtet noch kein richterlicher Ausspruch geschehen war, in dem Besitz von Thüringen sich immer fester setzen wollte. Sie glaubte, seinen Absichten vorbeugen zu müssen, und sie kehrte daher schon im Jahre 1253 mit ihrem Sohne aus Brabant nach Hessen zurück. Sie meldete hierauf dem Markgrafen, daß es ihr zu lange dauerte, ehe ihr Erbstreit von einem rechtmäßigen Kaiser entschieden werden könnte, und sie wollte es daher auf den Ausspruch der Kurfürsten ankommen lassen. Es wurde in dem Dominicanerkloster zu Eisenach eine Zusammenkunft veranstaltet. Doch Markgraf Heinrichs Lehnsleute riethen ihm, sein Erbrecht weder auf die Entscheidung der Kurfürsten ankommen zu lassen, noch Thüringen abzutreten. Vielmehr sollte er dieses, wie es schon vorher ausgemacht worden, dem Reiche überlassen, und ihr den fernern Besitz von den Schlössern und Städten, welche Sophie bereits eingenommen hätte, verstatten. Er wäre in dem Falle, daß sie sich nicht damit begnügen wollte, sowohl in Meißen als im Osterlande so mächtig, und hätte so viele Anhänger

in

*) Erf. Chronik beym Schannat, S. 104.

Sophie verlangt Thüringen.

in Thüringen, daß er ihr sehr leicht würde Wider- 1253. stand thun können.

11. Sophie erreichte also ihren Endzweck nicht, und es war außer den Bürgern von Eisenach niemand, welcher ihre Parthey ergriff. Also kehrte sie mit ihrem Sohne wieder nach Hessen zurück, und alle Vorstellungen, die sie dem Markgrafen that, waren nicht im Stande, ihn von seinem Endschlusse abzubringen. *) Andern Geschichtschreibern zu folge, forderte sie hierauf Thüringen feyerlich von Heinrichen zurück, und als ihr dieser erklärte, daß ihn nur der Ausspruch des Reichs, oder Gewalt der Waffen nöthigen könnte, es einzuräumen, so kam sie aufs neue nach Thüringen. **) Aber Heinrich hatte die Bürger von Eisenach indessen auf seine Seite gebracht; also wollten sie die Sophie nicht einlassen. Die ganze Geschichte, die bisher erzählt worden, stellt uns die Sophie als eine Dame von vieler Klugheit und von einem besondern Muthe auf. Jetzt legte sie von der männlichen Denkungsart, die sie beseelte, einen lebhaften Beweiß dar. Der Gedanke, daß ihr Eisenach die Thore verschließen wollte, riß sie zu dem lebhaftesten Gefühl von Verdruß hin. Sie stieß, sie trat wider das Thor; sie ergriff eine Axt, und that einige Hiebe in dasselbe. Dieses machte einen solchen Eindruck auf die Eisenacher, daß sie das Thor öffneten, und ihr huldigten.

---

*) Rothe, S. 1739.
**) Gesch. der Landgrafen beym Eckard, S. 430.

ten. Es fehlte ihr aber, nachdem sie Eisenach mit einer Besatzung versehen hatte, an Mannschaft, sich noch anbrer Oerter Thüringens zu bemächtigen. Sie zog daher wieder nach Hessen, wo sie mit dem Erzbischof von Maynz ein Bündniß schloß, und ihm die Stadt=Wildungen für siebenhundert Mark schwerer Pfennige versetzte. Auch forderte sie ihren Stiefsohn, den Herzog von Brabant, Heinrich III, zum Beystand auf, und dieser kam zu ihr nach Marpurg, und blieb einige Jahre bey ihr.

1254. 12. Sophie und ihr Bundesgenosse, der Erzbischof von Maynz, rüsteten sich hierauf, und rückten in Thüringen ein. Doch Heinrich, der dieses voraus sah, hatte sich auf diesen Fall schon gefaßt gemacht, und sie durften es also nicht wagen, sich in einen Krieg mit ihm einzulassen. Es wurde der Sophie der Rath ertheilt, es auf die thüringische Ritterschaft ankommen zu lassen. Sophie erbot sich hierauf, dem Markgrafen Heinrich Thüringen völlig abzutreten, wenn Er und zwanzig unbescholtene thüringische Herren und Ritter es eidlich erhärten würden, daß er ein näheres Recht darauf hätte als ihr Sohn, Heinrich das Kind. Letzterer sollte sich in diesem Falle mit Hessen begnügen, und sich einen Landgrafen von Hessen schreiben. Doch Sophie schmeichelte sich mit der Hofnung, daß es Heinrichen unmöglich seyn würde, so viele Eideshelfer aufzutreiben, die sich zur eidlichen Erhärtung eines so ungerechten Besitzes verstehen würden. Aber Heinrich schien deswegen ganz unbesorgt, und er nahm

nahm den Vorschlag mit Vergnügen an. Es wur- 1254.
de also eine neue Zusammenkunft in die Katharinen-
kirche zu Eisenach veranstaltet. Sophie brachte eine Rippe von ihrer Mutter, der heiligen Elisabeth,
mit. Auf diese sollte der Markgraf schwören. Ein
Priester erhielt Befehl, diese Rippe auf den Altar
zu legen. Heinrich erkundigte sich, von wem dieses Heiligthum herrühre. Es ist eine Rippe der heiligen Elisabeth, war die Antwort. Da sprach der
Markgraf lächelnd zu den Herren, die ihn begleiteten: die Herzogin, meine Nichte, ist der Meynung, ich könnte sie, weil sie eine Rippe ihrer
Mutter mitgebracht hat, nicht aus Thüringen ver-
treiben. Mit diesen Worten näherte er sich dem
Altar, legte seine Finger auf die in weiße Leinewand
eingewickelte Rippe, und schwur zu Gott und den
Heiligen, daß ihm Thüringen mit mehrern Rechte
zukäme, als dem Herzog von Brabant, und die
zwanzig Ritter folgten ihm, einer nach dem andern.
Sophie kam bey diesem unerwarteten Anblick ganz
außer sich. Sie schlug die Hände über den Kopf
zusammen; sie zerriß ihre Handschue; sie versicherte
hoch und theuer, daß sie und ihr Sohn das große
Unrecht, und die Untreue, die der Markgraf an ihr
begienge, Gott und der Welt ihr ganzes Leben hindurch klagen würden. Kurz, sie widersprach dem
Eide auf das lebhafteste, und erklärte, daß sie es
unmöglich bey demselben bewenden lassen könnte.
Sie besetzte auch sogleich Eisenach, und ein höchst
verderblicher Erbfolgekrieg war nun unvermeidlich.*)

13. Die

*) Gerstenberger, S. 417. u. 418.

Zwölftes Buch.

13. Dieser Krieg dauerte neun Jahre lang, aber wir haben von den Begebenheiten, welche in den ersten Jahren desselben vorgefallen sind, fast gar keine Nachrichten. Die Geschichtschreiber melden uns aus dieser Zeit bloß eine Fehde, welche zwischen dem Erzbischof Gerhard von Maynz und dem Herzog Albrecht von Braunschweig vorfiel, und wovon ein Theil Thüringens der Schauplatz war. Des Herzogs Lehnsleute bekamen den Erzbischof nebst vielen Grafen und Herren zu Vollstedt, im Gebiete des Klosters Volkenroda, gefangen, und führten ihn zu ihrem Herzog nach Braunschweig. Unter den Gefangenen befand sich auch der Graf von Eberstein, ein Vatersbruder des Erzbischofs, der dem Herzog viele Schmach zugefügt hatte. Er ließ ihn deswegen einige Tage hernach aufhängen. Der Erzbischof selbst wurde erst nach einem Jahre wieder in Freyheit gesetzt.*) Wahrscheinlich hatten weder Heinrich noch Sophie an dieser Fehde Antheil. Letztre rückte, als ihr Sohn zwölf Jahr alt war, und also schon im vorigen Jahre, mit einem ansehnlichen Heere in Thüringen ein; weiter wissen wir aber von diesem Kriegszuge auch nichts. Sophie war der Macht des Markgrafen überhaupt nicht gewachsen. Sie sah sich daher nach einem mächtigen Bundesgenossen um, und da fiel ihr der Herzog Albrecht ein, welcher unter die ansehnlichsten und muthigsten Fürsten seiner Zeit gehörte. Sie reisete

---

*) Der eckardtische Geschichtschr. der Landgrafen, S. 430. Die Chronik des Peterskl. 266. u. 267.

Sophie verbindet sich mit Albrecht.

reisete selbst zu ihm, und schloß ein Bündniß mit ihm, und zur größern Festigkeit desselben machten beyde mit einander aus, daß der Sophie Sohn, das Kind von Hessen, mit der Tochter des Herzogs sich vermählen sollte. Herzog Albrecht ward hierauf des Markgrafens Feind, und legte Mannschaft in Eisenach, so daß er nicht nur aus Hessen und Sachsen, sondern auch selbst aus einer thüringischen Stadt dem Thüringerlande großen Schaden zufügte. Manches schöne Dorf wurde von seinen Leuten geplündert und abgebrennt, und manche Kemnade in einen Steinhaufen verwandelt. Er setzte auch verschiedene Voigte nach Thüringen, welche den Einwohnern überaus hart begegneten, und das Land als eine unterthänige Provinz betrachteten.*) Er kam hierauf selbst zu der Sophie nach Eisenach, und da der Markgraf Heinrich das Schloß Wartburg im Besitz hatte, so war er auf allerley Mittel bedacht, dasselbe aller Hülfe zu berauben. Er gewann zuerst die Besitzer des Schlosses Mittelstein. Sodann baute er die Frauenburg und eisenacher Burg, und er besetzte diese drey Schlösser mit Mannschaft, welche die Wartburg auf das genaueste beobachten sollte. Sie wurde aber demungeachtet von Zeit zu Zeit mit Lebensmitteln versehen, und Markgraf Heinrich, der sich geschwind zur Gegenwehre rüstete, befestigte, der Stadt Eisenach zum Trotz, den Kalenberg der Herren von Wangenheim. Der Schenke, Rudolf von Vargel, führte

1256.

mit

---

*) Chronik des Peterskl. S. 369.

mit Hülfe desselben den Rudolfstein auf, welcher nicht nur die Besatzung der eisenacher Burg einschränkte, sondern der Stadt Eisenach auch die Gemeinschaft mit Franken abschnitt. *)

1259.   14. Auf diese Art suchte jede von den kriegführenden Partheyen, der andern immer mehr Schaden zuzufügen. Besonders zeigte sich der Herzog Albrecht sehr thätig. Er rückte mit einem Heere von Sachsen und Hessen vor Kreuzburg, und eroberte es. Da ihm aber das Schloß sehr tapfern Widerstand that, so konnte er den Besitz der Stadt nicht lange behaupten. Er ließ sie deswegen abbrennen, und zog nach Eisenach, wo er die Sophie nebst ihrem Sohne antraf. Vermuthlich waren es die Bürger überdrüssig, daß sie ihrentwegen so viele Drangsalen ausstehen mußten. Um sich ihrer Treue desto mehr zu versichern, rieth der Herzog Albrecht der Sophie, nahe bey die Stadt ein neues Schloß zu bauen, das ihr gleichsam Trotz bieten könnte. Auf diese Art entstand die sogenannte Klemme. Diese immer stärker werdende Begierde, neue Burgen aufzuführen oder alte auszubessern, erregte dem damaligen Abt von Reinhardsbrunn die Besorgniß, daß jemand auf den Einfall kommen möchte, die unter ihrem Schutte vergrabene Schauenburg wieder herzustellen. Um diesem Uebel vorzukommen,
1260. baute er sie also selbst wieder auf, und räumte sie dem Grafen Hermann zu Henneberg, einem Stiefbruder des Markgrafen Heinrichs ein, der sie den ganzen

*) Rothe, S. 1740.

ganzen Krieg hindurch behauptete. Graf Hermann hatte (Rothens Meynung zufolge) eben so viel Recht auf Thüringen, als der Markgraf Heinrich. Es ist daher nicht unwahrscheinlich, daß er sich dieser Gelegenheit vielleicht bedienen wollte, um sich in Thüringen gleichfalls festzusetzen. *)

15. Heinrich das Kind hatte bereits vor vier Jahren sein zwölftes Jahr zurück gelegt, und es war demnach der Zeitpunkt heran genahet, daß die Ansprüche, welche das Erzstift Maynz auf die in Hessen und Thüringen gelegenen Lehngüter desselben hatte, befriedigt werden sollten. Doch hieran war entweder aus Nachlässigkeit, oder aus Vorsatz nicht gedacht worden. Der Erzbischof Werner, Gerhards Nachfolger, griff daher zu eben dem Mittel, dessen sich sein Vorfahr bedient hatte, um seine Rechte zu behaupten. Er that um Ostern 1261 die Herzogin Sophie, nebst ihrem Sohn, in den Bann, und belegte die maynzischen Lehne, die sie im Besitz hatten, mit dem Interdicte. Sophie hielt es daher für rathsam, sich mit ihm zu vergleichen, und gewisse heßische und thüringische Güter als maynzische Lehne zu erkennen. Von thüringischen Oertern werden die Gerichte zu Bergeren und Aspen, imgleichen Stadt und Schloß Thomasbrücken, nebst den dazu gehörigen Gerechtsamen, ausdrücklich angeführt. Doch war es (wie die Worte der Urkunde ausdrücklich lauten) nur eine Vermuthung,

*) Rothe, S. 1741. Ursinus, S. 1294.

thung, daß es maynzische Lehne wären, weil die Sache noch nicht völlig entschieden war. *), Ueberhaupt machten sich Sophie und ihr Sohn anheischig, wegen andrer Güter, deren Lehnschaft noch nicht ausgemacht war, den Erzbischof innerhalb Jahresfrist zu befriedigen, und sie verbürgten sich einstweilen, ihm zwey tausend Mark Silber zu bezahlen. **) Sophie maßt sich bey dieser Gelegenheit mehr als einmal den Titel einer Landgräfin von Thüringen an, und es folgt, wenn wir es auch aus andern Nachrichten nicht wüßten, schon hieraus, daß sie auf Thüringen würklich Anspruch gemacht hat. Erzbischof Werner redt daher, als er sie und ihren Sohn in den Bann thut, von dem letztern als von einem sogenannten Landgrafen von Thüringen. †)

16. Glück und Tapferkeit begünstigten indessen den Markgrafen Heinrich so sehr, daß er immer weiter vordrang, und im Jahre 1261 ganz Thüringen, nur allein die Stadt Eisenach und den Mittelstein ausgenommen, im Besitz hatte. Um sich dieser zu bemächtigen, machte er den Entwurf, zuerst das Schloß Mittelstein, das nach der Wartburg keines

---

*) Quae etiam creduntur esse feuda descendentia ab Ecclesia Moguntina, licet adhuc non sit determinatum finaliter super illis. *Gudenus l. 4. p. 703.*

**) Gudenus, S. 704.

†) Et natus ejus (Sophiae) sagt er, qui se *nominat* Landgravium Thuringorum. *Gudenus, p. 680.*

keines seines Gleichen in Thüringen hatte, einzunehmen. In einer regnigten und stürmischen Herbstnacht zog er mit seinen Leuten, die sich mit Leitern versehen hatten, heimlich von der Wartburg aus, und klimmte den hinter dem Mittelstein gelegenen waldigten Berg hinauf, von welchem das Schloß erstiegen und eingenommen wurde. Heinrich bekam bey dieser Gelegenheit die Herren von Mittelstein gefangen; das Schloß ließ er abbrennen und zerstören. Eben dieses Schicksal hatten die Eisenacherburg und die Frauenburg. Da nun die Eisenacher ihrer Schlösser beraubt waren, so wurde das Misvergnügen, das verschiedene Bürger über die Anstalten der Sophie empfanden, immer größer, und die Zahl von Heinrichs Anhängern vermehrte sich täglich. Voll Zutrauen auf ihre Unterstützung 1262. wagte er es daher, in der Nacht, die auf Pauli Bekehrungstag folgt, von der Seite des Barfüsserklosters die Stadt zu ersteigen. Diejenigen, die diesen Theil der Mauer bewachen sollten, machten so wenig Anstalten zur Gegenwehre, daß sie ihn vielmehr zur Eroberung der Stadt ermunterten. Auf diese Art bemächtigte er sich Eisenachs. Er ließ einige aus dem Rathe, die sehr feindselig wider ihn gesinnt waren, ums Leben bringen. Unter diesen zeichnete sich besonders einer von Welspeche aus. Gegen diesen, der ihm ausserordentlich vielen Schaden zugefügt hatte, gieng sein Unwille so weit, daß er ihn in die vor Wartburg stehende Blieben legen, und in die Stadt Eisenach schleudern

dern ließ. Und auch selbst während diesem gefährlichen Sprunge schrie Welspech, daß Thüringen dem Kinde von Hessen gehöre.*)

17. Markgraf Heinrich war nun Besitzer von ganz Thüringen. Die Sophie kränkte dieses auf das empfindlichste, und Herzog Albrecht machte theils auf ihrem, theils aus eignem Antriebe, große Zurüstungen, um es Heinrichen wieder zu entreißen. Während der Zeit verstrich der übrige Theil des Jahres, und Albrecht rückte erst im folgenden in Thüringen ein. Seiner hereinbrechenden Macht konnte niemand widerstehen. Er plünderte und verbrennte viele Oerter, und schleppte viele als Gefangene mit fort. Endlich ward er so dreiste, daß er den Entschluß faßte, Heinrichen bis ins Osterland und in Meissen zu verfolgen. Er brachte daher sechshundert Geharnischte zusammen, und rückte damit in das Gebiet der Stifter Merseburg und Naumburg, wo er grausame Verwüstungen anstellte. Es wollte ihm aber nicht glücken, die Städte zu erobern. Hierauf verschanzte er sich bey Wettin in einem Lager. Indessen erwachte ein thüringischer Held, welcher nicht nur das Vaterland, sondern auch das Osterland und Meissen rettete. Der vortrefliche Schenke Rudolf, dem Heinrich so viel zu danken hatte, bot seine Freunde in Thüringen auf, sich mit ihrer Rüstung zu Wargel einzustellen, und es kamen auf hundert mit Hel-

1263.

*) Rothe, S. 1741.

men versehene Männer zusammen. Mit diesen 1263. zog er heimlich in das Osterland, um den Markgrafen aufzusuchen. Dieser befand sich aber in Meissen, um sowohl aus diesem Lande als aus Böhmen neue Truppen aufzubringen. Rudolf begab sich also mit seinen Rittern nach Leipzig, wo sich die beyden jungen Söhne des Markgrafen aufhielten. Diese ermunterte er, in der Geschwindigkeit ihre Lehnsleute aufzubieten, um den Herzog, welcher wegen Heinrichs Abwesenheit an keinen Widerstand dachte, unvermuthet zu überfallen. Heinrichs Söhne folgten ihm, und sie zogen in der Nacht vor 28. dem Tage Simonis und Judä aus Leipzig aus, Oct. und griffen Albrechten in seinem Lager bey Wettin an. Es erfolgte ein blutiges Gefechte, welches bis an den Mittag dauerte. Der Herzog, der sich tapfer wehrte, wurde hart verwundet und gefangen. Eben dieses Schicksal hatten Graf Heinrich von Anhalt, Graf Heinrich von Zwyrin, Graf Hanns von Eberstein, neun Besitzer von Schlössern, zwölf andre edle Herren, und über sechsthalbhundert Ritter und Knechte. Viele wurden todtgeschlagen; andere retteten sich mit der Flucht, und die Sieger erbeuteten auf tausend Pferde.*)

18. Es giebt nicht leicht einen Sieg in unserer Geschichte, welcher wichtigere Folgen gehabt hätte, indem er Thüringens Schicksal auf einmal ent=

*) Chronik des Peterskl. S. 270. Rothe, S. 1742. Ursinus, S. 1296. Gerstenberger, S. 421.

entschied. Heinrich, der sich dieses Glück nicht erwartet hatte, gelangte in kurzer Zeit wieder zum Besitz des ganzen Landes. Herzog Albrecht saß über ein Jahr gefangen, und Sophie sah sich alles Beystandes beraubt. Beyde fanden sich daher bewogen, einen Frieden einzugehen, der ihnen unter andern Umständen nichts weniger als annehmlich gewesen seyn würde. Albrecht mußte sich, um seine Freyheit wieder zu erlangen, bequemen, ein Lösegeld von acht tausend Mark Silber zu erlegen, und noch überdieß acht zu seinem Herzogthume gehörige Städte und Herrschaften, nemlich Eschwege, Altendorf, Witzenhausen, Fürstenstein, Arnstein, Bilstein, Wanfrieden und Ziegenberg, abtreten. *) Sophie machte sich verbindlich, ganz Thüringen an dem Markgrafen zu überlassen, und sich mit Hessen zu begnügen. Dafür erhielt sie die eben genannten Schlößer und Städte, welche zu Hessen geschlagen wurden. **) Hiermit hatte der neunjährige Erbfolgekrieg sein Ende erreicht. Hessen wurde ein eignes Land, und Thüringen erkannte seitdem die Markgrafen von Meissen für seine Oberherren.

1264.

19. Markgraf Heinrich ließ sich, selbst zu der Zeit, da der Besitz Thüringens noch unentschieden war,

---

*) Andre nennen statt der vier letztern: Ludwigstein, Bischofsstein, Sontra, Volstein oder Eichburg. Horn, S. 86.

**) Erste Gesch. der Landgr. von Thüringen, beym Eckard. S. 432. Rothe, S. 1742. Ursinus, S. 1295. Gerstenberger, S. 422. Horn, S. 86.

war, die Regierung dieses Landes angelegen seyn. Er hielt deswegen verschiedenemal Landgericht zu Mittelhausen. Das erste, von dem wir Nachricht haben, hielt er zu Ende des Februars 1250, und es befand sich eine große Anzahl thüringischer Grafen und Herren bey demselben gegenwärtig. Das zweytemal führte er im August 1252 beym Landgerichte zu Mittelhausen den Vorsitz. *) Auch bestätigte er 1251 dem gothaischen Kreuzkloster den Besitz von fünf Hufen Land, die ihm Ritter Dietrich von Gotha überlassen hatte, und im folgenden Jahre gab er seine Einwilligung dazu, daß ihm eben derselbe noch sechs Hufen abtreten durfte. **) Da er aber als Besitzer zweyer andrer großen Länder, nemlich Meissens und des Osterlandes, nicht im Stande war, der Regierung Thüringens seine ganze Aufmerksamkeit zu widmen, so richtete er seine Gedanken auf die Wahl eines Mannes, dem er dieselbe anvertrauen konnte, und da schien ihm sein Stiefbruder, Graf Hermann von Henneberg, die schicklichste Person, die er hierzu erwählen konnte. Die Zeit, wenn Heinrich diesen Entschluß ausgeführt hat, läßt sich zwar nicht genau bestimmen; so viel aber ist ausgemacht, daß Hermann bereits im Jahr 1256 die Stelle eines Statthalters und Landrichters Thüringens verwaltet hat. Er hielt in diesem Jahre Landgericht zu Gotha, und sein eignes Zeugniß beweiset es, daß er damals, im

Nahmen

*) Erfurter Chronik beym Schannat, S. 103. 105.
**) Sagittarii Hist. Goth. p. 56.

1264. Nahmen seines Stiefbruders, des Markgrafen Heinrichs des Erlauchten, die Regierung über Thüringen geführt habt. *) Wie lange er diese Stelle bekleidet hat, können wir gleichfalls nicht mit Gewisheit sagen; doch kömmt er 1262 zum letztenmal als Landrichter vor. **)

20. Doch Markgraf Heinrich hatte schon frühzeitig den Plan gemacht, dem thüringischen Lande einen eignen Regenten zu geben. Er hatte drey Söhne, welche Albrecht, Dietrich und Friedrich hießen, und dem ersten bestimmte er Thüringen. Man hat eine Nachricht, nach welcher Markgraf Albrecht, ein Sohn des Markgrafen Heinrichs, bereits 1253 einen Vergleich bestätigt haben soll, den das Kloster Volkenrode mit den Herren von Körnern geschlossen hatte; aber die Jahrzahl scheint nicht richtig. †) So viel aber ist ausgemacht, daß ihn sein Vater dem Grafen Hermann als Richter über

---

*) Dum nos (sagt er in der darüber ausgefertigten Urkunde) anno Domini CIƆCCLVI vice fratris nostri, Henrici Marchionis Misnensis illustris, Thuringiae praecessemus. *Tenzel. Supplem. II. ad H. G. p. 605.* In einer Urkunde von 1257 wird er ausdrücklich Landrichter genennt, und die Worte heissen: praesente comite Hermanno de Henninberg illustri, qui nunc judex provincialis existit. *Sagittarius l. c. p. 64.*

**) Thuringia Sacra, p. 334.

†) Schoettgen et Kreysig Diplomatarium, Tom. I, p. 759.

über ganz Thüringen beygesellte, und daß er schon 1260 mit dem Grafen Ernst III von Gleichen, einem treuen Anhänger seines Vaters, zu Zeiz eine Zusammenkunft hielt, wo er sich über wichtige Angelegenheiten Thüringens mit demselben berathschlagte. *) Als eigentlicher Regent von Thüringen tritt er schon im Jahre 1262, und also noch vor dem Frieden, auf, indem er als Landgraf von Thüringen und Pfalzgraf von Sachsen einige Bestätigungen ertheilte, welche Klöstern zum Besten gereichten. **) Er hat den Titel eines Markgrafen von Meissen und Osterland abgelegt, und es läßt sich also gar nicht daran zweifeln, daß ihm sein Vater die Regierung damals völlig übergeben hatte. Sein Bruder Dietrich nennte sich zwar 1259 gleichfalls einen Landgrafen in Thüringen; †) er bekam aber in der Folge das Osterland, und er scheint seitdem auf Thüringens Besitz keinen Anspruch mehr gemacht zu haben. Selbst sein Vater hörte 1262 auf, sich einen Landgrafen von Thüringen zu nennen. ††) Höchst wahrscheinlich trat er ihm also schon 1262 die Regierung Thüringens völlig ab;

und

---

*) Goth. Geschichte I, 97. Sagittars gleichische Historie, S. 87.

**) Sagittarius Hist. Goth. p. 235. Thuringia Sacra, p. 348. Das erstemal befand er sich zu Gotha, und es geschah im October.

†) Sagitter am a. O. S. 67.

††) Das letztemal that er es in einer Urkunde, die er am 30sten Sept. 1261 ausstellte, und im März 1263 legt

und von diesem Jahre fängt sich also die Reihe der Markgrafen von Thüringen aus dem meißnischen Hause an.

21. Landgraf Albrecht, der Sohn des vortrefflichen Markgrafen Heinrichs des Erlauchten und der Constantia, einer Schwester des Herzogs Friedrich II von Oestreich, wurde 1240 gebohren, und folglich war er, als sein Vater ihm Thüringen abtrat, zwey und zwanzig Jahr alt, und er hatte demnach das gewöhnliche Alter der Minderjährigkeit zurück geleget. Auch war er bereits seit acht Jahren vermählt, und die schwäbische Kaiserfamilie, die schon mehrere Landgrafinnen von Thüringen hergegeben hatte, gab auch jetzt die Gemahlin des Landgrafen Albrechts her. Margaretha, eine Tochter Kaiser Friedrichs II, wurde bereits ein Jahr nach ihrer Geburt an den jungen Markgrafen Albrecht verlobt, und ihr Vater wieß ihr eine Mitgift von zehn tausend Mark an, zu deren Unterpfand er ihm das pleißner Land einräumte. Die würkliche Vermählung erfolgte entweder 1254 oder 1255, und 1256 wurde Albrechts erster Sohn Heinrich gebohren. Auf diesen folgte 1257 der zweyte, Friedrich, und

1260

legt er sich bloß den Titel eines Markgrafen von Meissen und dem Osterlande bey. Horn, S. 318. Also kann man dem Jovius keinen Glauben beymessen, wenn er uns versichert, daß M. Heinrich schon 1260 seinem Sohne Albrecht Thüringen übergeben habe. Horn, S. 375.

L. Albrecht wird Ritter.

1260 der Briefe, Tietzmann. *) Von andern Begebenheiten, die sich in den ersten Regierungsjahren des Landgrafen Albrechts zugetragen haben, schweigen unsere Geschichtschreiber fast gänzlich, und wir haben keine andre, als Urkundennachrichten, welche die damalige Verfassung verschiedener thüringischen Oerter erläutern, und die wir daher an ihrem Orte brauchen wollen.

22. Die Würde eines Ritters war, wie wir oben gehört haben, **) ein Vorzug, welcher selbst den Fürsten zierte. Schon Landgraf Ludewig IV hatte sich feyerlich zum Ritter schlagen lassen, und Landgraf Albrecht faßte daher, auf Anrathen seiner Räthe und Lehnsleute, gleichfalls den Entschluß, sich die Ritterwürde zu verschaffen, und deswegen einen Zug nach Preussen zu thun. Er that dieses 1268. im Jahr 1268, und es folgte ihm eine große Anzahl junger Edelleute, die mit ihm gegen die heydnischen Preussen zu Felde zogen. Diese beschenkte er, als er Ritter wurde, mit Pferden, mit Geld und mit Kleidern; und stolz auf die erlangte Würde kehrten sie und ihr Landgraf wieder nach Thüringen zurück. †)

23. Das wenige, was bisher von dem Landgrafen Albrecht erzählt worden, ist freylich nicht hinläng-

E 2

---

*) Tenzelii Fridericus admorsus ap. Menken, T. II, p. 898. 899.

**) Band II, S. 345.

†) Rothe, S. 1743. Ursinus setzt diese Begebenheit in das Jahr 1266 S. 1297.

hinlänglich, um die Denkungsart desselben richtig
zu beurtheilen; indessen folgt aus demselben doch so
viel, daß es ihm nicht an Anlage zu einem guten
Regenten gefehlt hat, und er würde es vielleicht
ganz gewesen seyn, wenn eine unglückliche Leiden=
schaft ihn nicht zu Handlungen verleitet hätte, wel=
che ihn, seine Familie und seine Unterthanen un=
glücklich machten. Man würde, wenn man das
große Reich der Geschichte durchwandern wollte,
eine Menge trauriger Begebenheiten finden, welche
die Liebe veranlaßt hat. Sie hat sich in allen Zeit=
altern, und bey allen Nationen mächtig bewiesen.
Auch unsere Geschichte hat uns schon verschiedene
Beyspiele von der gefährlichen Gewalt dieser Leiden=
schaft geliefert, und sie bietet uns jetzt ein neues
dar, welches ausser allen Streit unter die lehrreich=
sten dieser Art gehört. — Landgraf Albrecht war
ein junger rüstiger Fürst von acht und zwanzig
Jahren. Der Besitz der Margarethe, mit der er
bereits seit dreyzehn Jahren vermählt war, schien
ihm jetzt nicht mehr so reizend wie ehemals. Viel=
leicht hatte sie, da Albrechts Verbindung mit der=
selben, ohne sein Herz zu Rathe zu ziehen, gestif=
tet worden war, niemals einen großen Eindruck auf
ihn gemacht. Es war daher ganz natürlich, daß
es unter den thüringischen Damens verschiedene
gab, welche seinen Augen liebenswürdiger vorkom=
men mußten. Zum Unglück fand sich unter der
Margarethe eignen Hofdamen eine, deren Schön=
heit uns die Geschichtschreiber zwar nicht genau be=
schrieben haben, die aber die Kunst zu gefallen, in

einem

einem hohen Grade beseſſen haben muß. Genug, Kunne, oder Kunegunde von Eiſenberg (ſo hieß die Hofdame) wußte den Landgrafen Albrecht dergeſtalt einzunehmen, daß er ſich ganz von ihr beherrſchen ließ. Nicht damit zufrieden, daß ſie ihrer Gebieterin die Liebe ihres Gemahls entzog, machte ſie den ſtolzen — den grauſamen Entwurf, ſie ganz aus dem Wege zu räumen, um ihre Stelle einnehmen zu können, und Landgraf Albrecht war ſchwach genug, ſich von ihren boshaften Anſchlägen hinreiſſen zu laſſen. Sie erdachten, um ſie auszuführen, 1270. ein Mittel, das der Denkungsart jenes Zeitalters angemeſſen war. Ein Taglöhner, der auf einem Eſel Brod, Fleiſch und Holz in die landgräfliche Küche zu Wartburg zu bringen pflegte, bekam von Albrechten den Auftrag, ſeine unſchuldige Gemahlin des Nachts in Geſtalt des Teufels zu überfallen, und ihr das Leben zu nehmen. Es wurden ihm große Geſchenke verſprochen, und er mußte ſchwören, daß er es niemanden entdecken wollte. Aber dem armen Taglöhner ward wegen der Ausführung dieſes Endwurfes bange, und ſeine Unruhe wurde, da er niemanden zu Rathe ziehen durfte, immer größer. Wie kannſt du (ſo dachte er bey ſich ſelbſt) deine gnädige Frau, die ſo liebreich mit dir umgeht, ums Leben bringen? Du würdeſt als ein Schelm handeln und niemals ruhig werden. Deine Eltern waren zwar arm, aber es waren fromme Leute. — Du könnteſt ein ſolches Verbrechen Gott nie wieder abbitten. — Wollteſt du die Flucht ergreifen, ſo würde dein Herr, aus Furcht, daß du es entdecken möchtest, dich verfolgen und todtschlagen lassen, und du würdest deiner Familie Schande machen. Weigerst du dich, den Streich auszuführen, so wird er dich gleichfalls umbringen lassen, und da er einmal gegen die gnädige Frau so feindselig gesinnt ist, so wird sie bemungeachtet in kurzer Zeit sterben müssen. — Diese und ähnliche Gedanken beunruhigten ihn Tag und Nacht. Bald war er entschlossen, bald wankte er wieder, und so trieb er dieses auf vierzehn Tage an.

24. Landgraf Albrecht merkte, daß der Taglöhner die Sache aufzuschieben suchte; er ermahnte ihn also ernstlich, es nicht länger anstehen zu lassen.*) In dieser Verlegenheit schlich sich der Taglöhner in der folgenden Nacht in das Schlafzimmer der Landgräfin, näherte sich ihrem Bette, und bat sie wegen seiner Freyheit um Verzeihung. Er entdeckte ihr, wer er wäre und was er für einen Auftrag habe. Er ermahnte sie flehendlichst, auf ihre Rettung bedacht zu seyn. Das, was er ihr sagte, kam ihr anfangs unglaublich vor. Aber er drang so sehr in sie, daß sie ihm endlich befahl, ihren Hofmeister Albrecht von Wargel zu ihr zu bringen. Er kam, und sie bat ihn mit Thränen, ihr einen Rath zu ertheilen. Albrecht rieth ihr, ihre Kleider, ihr Geld und ihre Kostbarkeiten, die sie bey
der

*) hastu by ernde geworbin, by ich dir befoln habe (sagte Albrecht zu dem Taglöhner;) Herre ich wel sy werbin, antwortete dieser.

der Hand hatte, einzupacken, und er versprach ihr zur Flucht behülflich zu seyn. Sie folgte seinem Rath, und ihre Hofmeisterin nebst einer von ihren Hofdamen begleiteten sie. In dem Augenblicke, da sie von der Wartburg scheiden sollte, erinnerte sie sich, daß ihre zween Söhne auf dem gemahlten Hause bey dem Thurme schliefen, und die Entfernung ihrer Mutter nicht ahndeten. Sie eilt dahin, und die mütterliche Zärtlichkeit bestürmt sie so sehr, daß sie in der Begeisterung der Küsse des ältern Wange verletzt. Auch den zweyten würde sie auf eine eben so traurige Art gezeichnet haben, aber ihr Hofmeister hinderte sie daran. Jener erhielt davon den Beynahmen: mit dem Bisse.

25. Der Hofmeister machte hierauf Anstalten, sie, ihre Hofmeisterin, die obengedachte Hofdame und den Taglöhner, durch zusammen gebundene Seile und Tücher, aus dem Ritterhause zu Wartburg zum Fenster hinunter zu lassen.*) Sie kamen, des hohen Felsens ungeachtet, glücklich auf den Boden, und giengen mit äusserster Betrübniß erfüllt, die Nacht bis nach Kreygenberg, wo sie am frühen Morgen anlangten. Hier holte sie der Beamte des Abtes zu Hersfeld ab, und brachte sie auf einem Wagen nach Fulda, wo sie der Abt mit vielen Ehrenbezeugungen aufnahm. Da sie aber, wie es scheint, nicht bey ihm bleiben wollte, so ließ er sie

---

*) Nach dem Siegfried von Meissen geschah es in einem Korbe.

sie nach Frankfurt bringen, wo sie, als eine Tochter des Kaiser Friedrichs II, die beste Aufnahme fand. Der Stadtrath räumte ihr ein eigenes Haus ein, und versah sie mit allen Bedürfnissen. *) Aber nichts war im Stande, ihre Traurigkeit zu lindern, und diese schwächte ihre Gesundheit so sehr, daß sie noch in eben diesem Jahre starb. **)

26. Landgraf Albrecht war, wie sich leicht vermuthen läßt, über die Entfernung seiner Gemahlin nicht sehr verlegen; sie hatte ihm vielmehr einen großen Dienst dadurch erwiesen. †) Sie sah sich genöthigt, ihre Kinder zurück zu lassen, und man hatte Ursache zu befürchten, daß er sie, auf Antrieb der Kunegunde, nicht so behandeln würde, wie es die Pflicht eines rechtschaffenen Vaters erforderte. Dieß bedachte sein Bruder Dietrich, der Beherrscher des Osterlandes, und da er selbst keine Kinder hatte, so beschloß er, Albrechts beyde Söhne zu sich zu nehmen. Er reisete daher, auf die erhaltene Nachricht von der Entfernung der Margarethe, zu seinem Bruder, und gab ihm seine Befremdung über

---

*) Rothe, S. 1744. Ursinus, S. 1397.

**) Ihre Flucht erfolgte am Johannistage, und am 8. August starb sie. Siegfried von Meißen beym J. 1270. Horn, S. 209.

†) Doch soll er, wie einige behaupten, Albrechten von Bargel, seine Güter genommen haben. Ohne Zweifel war sein Unwille aber nur Verstellung. Horn, S. 210.

über diese Begebenheit zu erkennen. Sie hat es (antwortete ihm Albrecht) schon lange mit einem Liebhaber gehalten, und jetzt, da sie befürchtet, daß ich es gewahr geworden wäre, ergreift sie mit demselben die Flucht. Wenn es so ist (versetzte Dietrich) so denke nicht mehr an dieselbe, und um weniger Gelegenheit hierzu zu haben, gieb mir die Kinder mit. Auch hierdurch geschah dem Albrecht ein Gefalle, und er weigerte sich also um so weniger, ihm seine Söhne anzuvertrauen.*)

27. Landgraf Albrecht vollzog hierauf die ordentliche Verbindung mit der Kunegunde. Er hatte bereits einen Sohn mit ihr gezeugt, dem er seinen Nahmen beylegte. Man nennte ihn im gemeinen Leben aber nur Apitz. Dessen Mutter beherrschte nun Albrechten mehr als jemals, und die Gewalt, die sie über ihn ausübte, verursachte ihm einen großen Aufwand. Von der Art, wie dieses geschah, haben uns die Geschichtschreiber zwar keine Nachricht hinterlassen; wahrscheinlich aber war Verschwendung und üble Wirthschaft, vielleicht auch Begierde, für sich und ihren Sohn Capitalien zu sammlen, die Ursache.**) Genug, Landgraf Albrecht sah sich genöthigt, dem Landgrafen Heinrich von Hessen, der ihm sechshundert Mark Silber geliehen hatte, die Stadt Weissensee zu versetzen. Heinrich setzte einen Voigt dahin. Dieser fiel, aus

---

*) Rothe, S. 1745. Ursinus, S. 1299.
**) Wilkii Tiecmannus, p. 9.

1273. unbekannten Ursachen, in das Kloster Reinhardsbrunn ein, und nahm hundert Reuterpferde weg, die Albrecht, der sich zu Tenneberg befand, dahin verlegt hatte. Albrecht, dem ausser Kunegunden nichts in der Welt mehr wichtig war, betrug sich bey dieser Nachricht auf eine Art, die seinen erkalteten Eifer für das Beste des Landes hinlänglich an den Tag legte. Dieses kränkte die thüringischen Herren ungemein, und sie giengen daher mit den Städten zu Rath, wie sie den üblen Folgen von Albrechts vernachläßigter Regierung vorbeugen könnten. Sie beschlossen zuerst Weissensee wieder einzulösen, und sie legten daher den Städten, den landgräflichen Unterthanen, die sich dazu willig fanden, ihren eignen und den Klosterdörfern eine Bete auf, die sie in den Stand setzte, den Landgrafen von Hessen zu befriedigen, und die Unterthanen vor Schaden zu sichern.*)

28. Doch dieses waren nur die Vorspiele von weit grössern Widerwärtigkeiten, welche Landgraf Albrecht seinen Unterthanen zuzog. Eine unaufhörliche Reihe von Familienstreitigkeiten, welche Albrechts Betragen veranlaßte, hatte die traurigsten Folgen für Thüringen. Albrecht, der selbst sehr leicht zu beleidigen war, und dennoch andern so oft Beleidigungen zufügte, gerieth bereits 1268 mit seinem Bruder Dietrich in eine solche Uneinigkeit, daß sie beyde gegen einander zu Felde zogen. Doch der Bischof

*) Rothe, S. 1745.

Bischof Dietrich von Naumburg, der älteste Bruder des Markgrafen Heinrichs des Erlauchten, verhinderte den fernern Ausbruch dieses Bruderkrieges, durch einen Vergleich, den er unter ihnen stiftete. Fast um eben diese Zeit hatte Landgraf Albrecht auch mit seinem Vater, dem Markgrafen Heinrich, in Zwietracht gelebt, welche im Jahr 1270 durch einen 1270. merkwürdigen Vergleich beygelegt wurde. Albrecht macht sich vermöge desselben verbindlich, allen Ansprüchen an seinen Vater, die ihm seit seiner Absonderung zukamen, zu entsagen, und auf keinerley Weise wegen derselben Schabloshaltung zu suchen. Auch gelobt er eidlich an, der Person seines Vaters nicht nachzustellen, oder sich sonst an ihr zu vergreifen. Endlich verspricht er, sich seiner Städte und Festungen nicht zu bemächtigen, seinen Ministern durch Gefangenschaft oder auf andre Weise keinen Schaden zuzufügen, und mit seinem Bruder Dietrich keine Verbindung einzugehen, die zum Nachtheil seines Vaters gereichen könne. Im Uebertretungsfalle gesteht er, wenn die Sache ausgemacht ist, demselben das Recht zu, ihn des Erbschaftsantheils, der ihm nach seinem Tode zufallen würde, zu berauben. Wenn aber Albrecht wegen eines dieser vier Punkte bey seinem Vater angeklagt würde, so soll die Klage bey dem Bischof Witego von Meissen und dem Grafen Hermann von Henneberg, Heinrichs Stiefbruder, anhängig gemacht werden, und Albrecht verspricht, dem Ausspruche derselben Folge zu leisten. Aus dem Innhalte dieses Vergleiches kann man sich von der Art, wie Albrecht

seinen

seinen Vater behandelt hat, einen Begriff machen, und es erhellt aus demselben ganz offenbar, daß er gewisse Ansprüche, die er an ihn zu haben glaubte, mit Gewalt durchzusetzen gesucht hatte. *)

29. Sein Bruder Dietrich nahm, wie oben erzählt worden, seine Söhne zu sich, und da er, wegen der schwachen Gesundheitsumstände seines Sohnes, Friedrichs des Teuten, voraussah, daß seine Nachkommenschaft nicht lange dauern würde, so setzte er seine Brudersöhne, Friedrich und Tlezmann, schon im voraus zu Erben ein. Albrecht glaubte sich dadurch gekränkt, und dieß gab zu einem neuen Ausbruche von Feindseligkeiten zwischen ihm und seinem Bruder Dietrich Anlaß. Zwar haben uns die Geschichtschreiber von der Art, wie sich Albrecht gegen seinen Bruder betrug, keine Nachricht hinterlassen; so viel aber können wir aus der Folge schließen, daß Dietrich Ursache gehabt haben muß, über Albrechten sehr aufgebracht zu seyn.

1275. Denn er fiel, in Verbindung mit dem Erzbischof Konrad von Magdeburg, mit einem großen Heere in Thüringen ein, und lagerte sich bey Tennstedt. Doch Albrecht brachte, noch an eben diesem Tage, in der größten Geschwindigkeit funfzehn hundert Geharnischte zu Pferde, und eine große Menge Fußvolk zusammen, mit welchen er die Vereinigten in der Nacht überfiel, und zum Lande hinaus schlug. **)

Die

*) Tenzelii Fridericus admorsus, p. 94.
**) Ebendas. S. 95.

Die damaligen Kriege wurden nicht mit so großen Zurüstungen, und so vieler Hartnäckigkeit als die heutigen geführt. Sie hörten daher meistens sehr bald wieder auf, und die, welche kurz vorher wider einander zu Felde gezogen waren, sich nun nicht selten mit einander vereinigt, oder der Fall trug sich umgekehrt zu. Daher wird es nicht mehr auffallen, daß Albrecht noch in eben diesem Jahre seinem Bruder Dietrich beystand, als er die Räuber in dem Osterlande auszurotten suchte, und daß dieser jenem zu Hülfe eilte, als der Erzbischof von Magdeburg, sein ehemaliger Bundesgenosse, nebst seinem Bruder, dem Markgrafen von Brandenburg, das folgende 1276. Jahr in Thüringen einfiel und großen Schaden anrichtete. Albrecht und Dietrich jagten sie aber wieder fort. Der Erzbischof stellte sich hierauf, als wenn er sich mit dem Landgraf Albrecht dergleichen, und mit ihm und seinem Bruder Freundschaft halten wollte. Aber er gieng mit lauter List und Trug um. Er bat den Markgrafen Dietrich, ihm mit seinem Brudersohne Friedrich ein Schloß in Sachsen belagern zu helfen. Die beyden Fürsten stellten sich mit ihrer Mannschaft ein, und der Erzbischof begieng die schwarze Untreue, sie des Nachts zu überfallen, und gefangen zu nehmen. Eben dieses Schicksal hatten sechs thüringische Grafen und Herren, und über zwey hundert andre Edelleute. Die Fürsten wurden auf das Schloß Lappin gebracht. Doch Friedrich war so glücklich, sich des Nachts mit der Flucht zu retten.*)

90. Sol

*) Roth, S. 174 f.

30. Solche kleine Kriege oder Fehden hörten nicht auf. Ja die Landgrafen wurden nicht selten von ihren Lehnsleuten befehdet. Diese nahmen sich zuweilen große Freyheiten heraus. Die Landgrafen, die ihre Landesherrenrechte dadurch gekränkt glaubten, griffen zu den Waffen, und am Ende waren es die armen Bauern, die sich am schlimmsten dabey befanden. Die thüringischen Grafen und Herren hatten, um diesem Unheile vorzubeugen, sich eidlich anheischig gemacht, daß sie ihre Streitigkeiten dem Ausspruche des Landgrafen überlassen wollten. Aber dieser hatte gleichfalls angelobt, nicht ohne gerichtliche Untersuchung wider sie zu verfahren. Doch Landesherren glauben ihrem Versprechen nicht immer treu bleiben zu müssen. Der Graf von Berka hatte, man weiß nicht wie, das Unglück gehabt, sich Albrechts Ungnade zuzuziehen, und dieser zog mit seinem Bruder Dietrich 1277 vor das Schloß Berka, und nahm es ein. Hier aber geriethen die thüringischen Herren in große Bewegungen, und Landgraf Albrecht fand es daher für rathsam, dem Grafen das Schloß wieder einzuräumen.*) Die thüringischen Landstände nahmen sich überhaupt des Wohls des Landes nachdrücklich an. 1278 Sie veranstalteten daher eine Zusammenkunft nach Erfurt, wo sie sich über viele wichtige Angelegenheiten, und besonders wegen der häufigen Einfälle berathschlagten, und von Grafen, welche sich dabey einfanden, werden die Grafen Günther und Heinrich

*) Rothe, S. 1747.

Heinrich von Schwarzburg, Graf Berthold von Henneberg, und die Grafen Albrecht, Friedrich und Berthold von Rabenswalde ausdrücklich genennt.*)

31. Diese Begebenheiten können uns zugleich zum Beweise dienen, wie wenig die thüringischen Herren gesinnt waren, sich in dem Genusse ihrer Gerechtsamen kränken zu lassen. Wie auffallend mußte ihnen daher ein Entwurf seyn, mit dessen Ausführung Landgraf Albrecht damals umgieng. Die große Gewalt, welche Kunegunde über ihn ausübte, ließ ihn die Pflichten, die er seinen Söhnen erster Ehe schuldig war, ganz vergessen, und da er sie mit seines Bruders Ländern hinlänglich versorgt glaubte, so hatte er den Vorsatz gefaßt, dem Sohne der Kunegunde, dem sogenannten Apitz, zu dem Besitze von Thüringen zu verhelfen. Da er es aber voraussah, daß sich die auf ihre Vorrechte stolzen Grafen und Herren nicht leicht entschließen würden, in diese Ungerechtigkeit zu willigen, und den Apitz für ihren Landesherrn zu erkennen, so hielt er für das rathsamste, sie einzeln auf seine Seite zu bringen, und im übrigen es auf die Gewalt ankommen zu lassen. Er hielt daher mit verschiedenen Grafen 1279. zu Döllstedt eine Zusammenkunft, wo er den Grafen Albrecht II von Gleichen ganz besonders zu unterscheiden suchte. Der Beystand Albrechts, welcher

*) Jovius schwarzb. Chron. beym Schöttgen und Kreysig, I, 191.

der unter die ansehnlichsten Grafen dieser Zeit gehörte, und der mit der Stadt Erfurt in Verbindung stand, konnte ihm sehr wichtig werden, und seiner Freundschaft hatte er es ohne Zweifel zu danken, daß sich nicht nur die übrigen Grafen von Gleichen, sondern auch die Stadt Erfurt auf seine Seite schlug. Graf Günther der Jüngere von Käfernburg ergriff Albrechts Parthey gleichfalls.*) Die meisten Grafen und Herren konnten sich aber nicht entschließen, die ungerechte Sache zu unterstützen, und es fanden sich verschiedene Patrioten, die sich der Söhne Albrechts lebhaft annahmen. Die, welche die vornehmste Rolle bey dieser Gelegenheit spielten, waren die Grafen von Schwarzburg, die Grafen von Beichlingen, und die Herren von Schlotheim, welche unter die mächtigsten Herren dieser Zeit gehörten.**) So fieng sich der unselige Krieg an, der dem Lande Thüringen so vieles Unheil zugezogen hat.

32. Die ersten vier oder fünf Jahre desselben verstrichen unter lauter kleinen Fehden hin. Man streifte auf einander, und man suchte einander so viel als möglich Schaden zuzufügen. Albrechts ältester Sohn Friedrich, welcher damals vier und zwanzig Jahr alt war, und in Dietrichs Gesellschaft Gelegenheit gehabt hatte, den Krieg zu lernen, bekam

*) Jovius Käfernb. Chronik in Ayermanni Sylloge anecdotor. p. 20
**) Jovius schwarzb. Chronik. S. 192.

Friedrich im Gefängnisse.

kam auf einem solchen Streifzuge den vornehm- 1281.
sten Minister seines Vaters, Christianen, den Comm-
thur des deutschen Hauses gefangen, und ließ ihn
nach Schlotheim bringen, wo er sich mit drey hundert Mark wieder auslösen mußte. Landgraf Albrecht war, wegen dieses Falles, auf Rache bedacht; und der Graf Günther von Käfernburg mußte daher gleichfalls auf seinen Sohn streifen. Sie
stießen bey Weimar auf einander, und Friedrich
wurde überwältigt. Graf Günther brachte ihn zu
seinem Vater nach Wartburg, wo er ein Jahr lang
in dem Thurme gefangen saß. Man schreibt Albrechten bey dieser Gelegenheit die grausame Absicht
zu, daß er seinen Sohn in diesem Thurme habe
wollen verhungern lassen. Aber seine Diener waren, als sie diese Absicht merkten, Friedrichen
behülflich, daß er entwischen konnte.*)

33. Eben diese Gefangenschaft verhinderte den
jungen Landgrafen Friedrich an einem Glücke, das
ihm angeboten wurde. Seine Mutter Margarethe war eine Prinzeßin aus dem schwäbischen Hause, welches mit dem unglücklichen Konradin, der 1269.
enthauptet wurde, sein Ende erreichte. Dieses Haus
besaß ansehnliche Staaten in Italien, unter welchen sich auch Toscana und die Lombardey befand.
Diese schickten, weil sie von der Tapferkeit unseres 1281.
jungen Landgrafen, eines Enkels Kaiser Friedrichs
II, sehr viel rühmliches gehört hatten, eine feyerliche

*) Rothe, 1747. Tenzel, S. 917.

liche Gesandtschaft an den Kaiser Rudolf und den Landgrafen Albrecht, und ließen Friedrichen ihre Regierung antragen. Aber Landgraf Albrecht zog das unselige Vergnügen der Rache allen andern Betrachtungen vor, und Friedrich wurde durch seine Gefangenschaft verhindert, die dargebotene Gelegenheit zu nützen, und den Glanz seines Hauses durch die weitläuftigen italienischen Staaten der schwäbischen Kaiserfamilie zu vermehren. So sehr können Leidenschaften die Menschen zu ihrem und andrer Nachtheile verblenden! *)

34. Albrechten war indessen sein boshafter Anschlag, seinen Sohn aus dem Wege zu räumen, vereitelt worden, und Friedrich befand sich nun wieder in Freyheit. Es scheint aber nicht, als wenn er Anstalten gemacht habe, sich an seinem Vater zu rächen. Wenigstens müssen sich die Feindseligkeiten, die sie gegen einander ausübten, nicht besonders ausgezeichnet haben, weil sie die Geschichtschreiber dieses Zeitalters ganz mit Stillschweigen übergehen. Hingegen erzählen sie uns einige Jahre hintereinander verschiedene Todesfälle, welche großen Einfluß hatten. Das Jahr 1283 zeichnete sich durch ein großes Sterben aus, welches ein halbes Jahr hindurch wüthete, und sehr viele vornehme Personen hinweg raffte. Unter diesen befand sich auch Markgraf Dietrich, Graf Albrecht von Orlamünde, Graf Otto von Weimar, des vorigen

Bruder,

*) Tenzel, S. 918, F. 9.

Bruder, Graf Heinrich von Schwarzburg und Graf Albrecht von Gleichen. *) Dietrich hatte einen Sohn, Friedrich den Teuten **) zum Nachfolger, der ihn aber, wie wir unten hören werden, nur wenige Jahre überlebte. Einige Jahre hernach starb auch Kunegunde, die Anstifterin alles des Unglücks, welches schon geschehen war, und noch geschah. †) Der sechs und vierzigjährige Landgraf Albrecht vermählte sich nun zum drittenmal mit einer Gräfin von Arnshaug, die Elisabeth hieß. ††)

35. Doch der Tod der Kunegunde scheint auch 1286. in einer andern Rücksicht Einfluß gehabt zu haben, indem er eine Aussöhnung zwischen Albrechten und seinen Söhnen beförderte. So viel ist wenigstens ausgemacht, daß dieser Fall statt finden mußte, als Albrecht die ebengedachte Schenkung vornahm, denn er erwähnt ausdrücklich der Einwilligung seiner Söhne, Friedrichs, des Pfalzgrafen von Sachsen, und Dietrichs, des Herrn des pleißner Landes.

---

*) Rothe, S. 1748. — Tenzel, S. 919.

**) Dieser Beyname soll Friedrichs stammelnde Sprache anzeigen. Er wurde ihm auch in öffentlichen Schriften beygelegt, und Wilke glaubt daher, daß er eine andre Bedeutung gehabt haben müsse. S. 36.

†) Sie war bereits 1286 gestorben; dieß beweist eine Schenkung, die L. Albrecht, zum Heil seiner verstorbenen Gemahlin Kunegunde, dem eisenachischen Katharinenkloster widmete. Tenzel, S. 982.

††) Ebenderselbe am a. O.

des, *) Man hat hieraus die Folge ziehen wollen, als wenn Albrecht durch einen Vergleich, den er um diese Zeit mit seinen Söhnen errichtete, Friedrichen die Pfalzgraffschaft Sachsen, und Dietrichen das pleißner Land abgetreten habe. Allein Friedrich nennte sich, wie Urkunden beweisen, schon 1281 einen Pfalzgrafen von Sachsen. **) Also könnte man jene Urkunde höchstens nur als eine Anerkennung der pfalzgräflichen Würde Friedrichs, welche von Albrechten beyläufig geschah, betrachten. In Ansehung Dietrichs kann die Vermuthung vielleicht richtiger seyn, denn man findet wenigstens keine Urkunden, welche das Gegentheil beweisen. Landgraf Albrecht befand sich, als er die gedachte Schenkung vernahm, zu Erfurt, uud die Urkunde wurde am letzten October dieses Jahres ausgefertigt. Um eben diese Zeit soll sich auch Kaiser Rudolf zu Erfurt aufgehalten haben, und er hatte, wenn unsern Chronikenschreibern zu trauen ist, nicht wenig Antheil

---

*) Albrecht hatte bekanntlich noch einen ältern Sohn, welcher Heinrich hieß. Diesem hatte er Altenburg und das Pleißnerland eingegeben. Er nahm es ihm aber in der Folge wieder, und Heinrich bekam daher den Beynahmen: ohne Land. Er war mit Hedwig, einer Tochter H. Ottos III von Schlesien vermählt, mit welcher er einen Sohn, Nahmens Friedrich, zeugte. Mit diesem erlosch seine Nachkommenschaft, und er selbst war im Jahr 1268 nicht mehr am Leben. Wilke, S. 26 — 29.

**) Wilke, S. 85.

Antheil an dieser Aussöhnung. *) Er ließ, wie uns Rothe meldet, den Vater und die Söhne zu sich kommen, und sie mußten ihm angeloben, keine Feindseligkeiten gegen einander auszuüben. Besonders ermahnte er die Söhne, sich als rechtschaffene Kinder gegen ihren Vater aufzuführen, und der Vater mußte versprechen, Friedrichen Meißen und Dietrichen das Osterland zu überlassen. Doch Heinrich der Erlauchte und Friedrich der Teute, die Besitzer dieser Länder, waren beyde noch nicht gestorben. Auch läßt sich überhaupt durch keine gewisse Nachricht beweisen, daß Kaiser Rudolf sich um diese Zeit zu Erfurt aufgehalten habe, und dessen Einfluß auf Albrechts und seiner Söhne Aussöhnung wird daher zweifelhaft. **)

36. Der älteste, Pfalzgraf Friedrich, hatte sich damals mit seinem Großvater, Heinrich dem Erlauchten, in eine besondere Verbindung eingelassen, und sich, wie es scheint, anheischig gemacht, ihm Kriegsdienste zu leisten; denn Heinrich errichtete im Juny d. J. einen Vergleich mit ihm, vermöge dessen er Friedrichen, für allen Schaden, den er bis auf den nächsten Martinstag, an Menschen und Pferden oder an andern Dingen, in seinem Dienste leiden würde, Schloß und Stadt Döbeln, nebst allen Gerechtsamen und Zugehörungen, als ein Unterpfand einräumte. †) Heinrich überlebte diesen

---

*) Rothe, S. 1748.
**) Tenzel, S. 921. — Wilke, S. 84.
†) Tenzel, S. 923.

vergleich ungefähr noch anderthalb Jahre. Die eigentliche Zeit seines Todes läßt sich zwar nicht genau bestimmen; indessen ist es völlig ausgemacht, daß er bis zu Ende des folgenden Jahres gelebt hat, und
1288. höchst wahrscheinlich zu Anfange des Jahres 1288 gestorben ist. Sein Land theilten Landgraf Albrecht und Markgraf Friedrich der Teute, und nur ein kleiner Theil, den der sogenannte Markgraf Friedrich von Dresden *) behielt, blieb von dieser Theilung ausgenommen. Landgraf Albrecht nahm sich auch, nebst seinem Vetter Friedrich, der Regierung Meissens an, denn sie bestätigten am 16ten Februar des folgenden Jahres der Stadt Freyberg ihre Gerechtsame. **)

1289. 37. Albrechts Länder waren nun durch diesen Erbfall ansehnlich vermehrt worden. Desto eher glaubte er im Stande zu seyn, seinen Sohn Apitz, den er vom Kaiser für ehelich hatte erklären lassen, versorgen zu können. Thüringen hatte er demselben schon lange zugedacht, und er räumte ihm, um ihm einen fürstlichen Unterhalt zu verschaffen, die Schlösser Tenneberg, Brandenberg, Breitenbach, Brandenfels

---

*) M. Heinrichs des Erlauchten Sohn von seiner dritten Gemahlin, Elisabeth von Maltiz, dem er noch bey seinem Leben die Stadt Dresden eingeräumt hatte. Wilke, S. 37.

**) Wilke, S. 18 – 22. Tenzel und Horn setzen Heinrichs Tod ein Jahr früher an. Horn, S. 227, 228.

senfels und Wildeneck, nebst den dazu gehörigen
Voigteyen ein, und er würde ihm noch mehrere
übergeben haben, wenn sich die Landstände nicht wi=
dersetzt hätten. *) Apiz war demnach Besitzer ei=
nes eignen Bezirkes, aber den Antritt seiner
Regierung bezeichneten Jugendstreiche. Einst
hatte er den uneblen Einfall, in die Dörfer des
Klosters Reinhardsbrunn eine Streiferey vorzuneh=
men, das Vieh zu rauben, und das Schloß Tenne=
berg, welches ihm zum Wohnsitz diente, damit zu
versorgen. Doch die Unternehmung lief ziemlich
unglücklich ab. Die Vorgesetzten des Klosters bo=
ten nicht nur die Mönche und Laienbrüder, nebst
dem Gesinde, sondern auch die Bauern in ihren
Dörfern auf, und nahmen den Räubern das Vieh
wieder ab. Apiz gerieth in Lebensgefahr, indem
ihn ein Laienbruder mit einer Heugabel erstechen
wollte, und nur die Vorbitte eines Mönches rettete
sein Leben. Hierdurch hielt sich Apiz für sehr ge=
kränkt, und er eilte zu seinem Vater nach Wartburg,
um es ihm mit Thränen zu klagen. Der schwache
Albrecht nahm die Vertheidigung der Klosterbrüder
so ungnädig auf, daß er seinem Voigt zu Gotha,
Heinrichen von Mila, Befehl zuschickte, dem Klo=
ster und dessen Unterthanen nicht nur alles Vieh,
sondern auch ihre andern Habseligkeiten wegzuneh=
men. Aber Heinrich von Mila hatte einen Sohn
im Kloster. Diesem gab er von allem Nachricht,
und es gieng daher sehr natürlich zu, daß Heinrich,
als

*) Goth. Gesch. I, 104.

als er mit seinen Leuten anlangte, weder auf dem Felde noch in den Dörfern etwas antraf. *)

38. Albrechts Betragen mußte seinen Söhnen erster Ehe sehr empfindlich seyn, und da alles, was er vornahm, zu ihrem großen Nachtheil gereichte, so konnte es ihnen niemand verdenken, wenn sie darauf bedacht waren, ihn so viel als möglich in Unthätigkeit zu setzen. Friedrich faßte daher den Anschlag, sich seines Vaters zu bemächtigen, und es gelang ihm endlich, ihn zwischen Eisenach und Gotha in seine Hände zu bekommen. Er brachte ihn nach Landsberg, und es war sein ganzer Vorsatz, ihn sein ganzes Leben hindurch gefangen zu halten. Doch die thüringischen Grafen und Herren wendeten sich, wie unsere Chronikenschreiber erzählen, an den Kaiser Rudolf, und baten ihn, daß er den Landgrafen Friedrich nach Erfurt kommen lassen, und ihm befehlen möchte, seinen Vater wieder in Freyheit zu setzen. Kaiser Rudolf ist aber, wie man aus zuverläßigern Nachrichten weiß, erst zu Ende d. J. nach Thüringen gekommen, und er hat an der Wiederaussöhnung Albrechts und seiner Söhne wenig oder gar keinen Antheil gehabt. **) Die Vorstellungen seiner Lehnsleute und Städte bewürkten hier das meiste, und es kam, durch deren Vermittlung, zwischen Albrechten und seinem Sohn Fried-

*) Rothe, S. 1749.
**) Tenzel, 924. 928.

Friedrich, zu Rochlitz ein Vergleich zu Stande, 1289. dessen merkwürdiger Innhalt folgender ist:

39. Landgraf Albrecht überläßt seinem Sohne Friedrich 1) Schloß und Stadt Freyberg, nebst den Bergwerken, mit allen Nutzungen und Rechten, wie er es besessen hat; 2) die Stadt Hayn, nebst allen dazu gehörigen Oertern, als Ortrand, Radeburg, Wahrenbrück und Mühlberg; 3) Schloß und Stadt Torgau, und die dazu geschlagenen Oerter Belgern, Domitzsch und Schilda. Diese drey Bezirke verspricht er ihm vor der Mitte der Fasten*) einzuräumen, und er weiset ihm statt eines Unterpfandes einstweilen Schloß und Stadt Altenburg, Schloß und Stadt Weissensee, und die Stadt Borna an. Sollte sich aber dieser Vergleich verzögern, so macht sich Albrecht verbindlich, Eckardsberga, Buttstedt, imgleichen Schloß und Stadt Gotha, in die Hände Herrn Gebhards von Querfurth, Graf Friedrichs von Rabenswalde, und Graf Heinrichs von Stolberg zu übergeben. Altenburg soll auf diesen Fall von der Pfandschaft frey seyn; hingegen sollen Weissensee, Borna, Gotha, Eckardsberga und Buttstedt darunter verbleiben. Räumt Albrecht seinem Sohne Friedrich die gedachten Städte nebst ihren Bezirken ein, so sind die unter der Pfandschaft begriffenen Oerter frey; hält er aber vor der Mitte der Fasten sein Versprechen nicht,

---

*) Diese bezeichnet der Sonntag Lätare, welcher in dem gedachten Jahre auf den 20sten März fiel.

nicht, so werden sie, ohne Gefährde derer, die sie inne haben, Friedrichen überliefert. Ferner macht sich Albrecht anheischig, am vierten Tage, nachdem er Rochlitz verlassen, in Hayn einzureuten, und ohne Einwilligung seines Sohnes diesen Ort nicht eine einzige Nacht zu verlassen, ehe er Freyberg, Hayn und Torgau demselben übergeben hat. Wenn aber Albrecht sein Versprechen selbst nicht hält, so sollen sein zweyter Sohn, Markgraf Dietrich, Herr Gebhard von Querfurth, Graf Friedrich von Rabenswalde und Graf Heinrich von Stolberg verpflichtet seyn, innerhalb vier Tagen in Zeiz einzureuten, und ohne Friedrichs Genehmigung diesen Ort nicht eher verlassen, als bis Albrecht die gedachten Städte eingeräumet hat. Sollte Albrecht während der Zeit sterben, so sind die Pfänder und die Bürgen frey. Endlich bewilligt Albrecht, daß seine Söhne die Geleite, Zölle und Einkünfte von den Jahrmärkten mit einander theilen, die neun hundert Mark ausgenommen, die er ihnen schon vorher von seinen Zöllen und Geleiten überlassen hat, und von welchen Friedrich sechs, Dietrich aber nur drey hundert bekömmt. Dieser Vergleich wurde am Neuenjahrstage 1289 geschlossen, und der Burggraf Gebhard von Querfurth, Graf Friedrich von Rabenswalde, und Graf Heinrich von Stolberg wohnten ihm nebst vielen andern angesehenen Personen als Zeugen bey. *). Durch drey so beträchtliche Bezirke mußte also Landgraf Albrecht seine

Frey-

*) Tenzel, S. 925. 926. Wilke, 95.

Freyheit erkaufen. Man hielt es, wie man sieht, für unschicklich, daß der Sohn mit seinem Vater im Gefängnisse sich vergleichen sollte, und er wurde daher nach Rochlitz gebracht, wo man ihm mehr Freyheit verstattete.

40. Friedrich war, wie wir gesehen haben, aufs sorgfältigste darauf bedacht gewesen, sich Sicherheit zu verschaffen, und es würde seinem Vater daher sehr schwer gefallen seyn, wenn er diesen Vergleich nicht hätte halten wollen. Aber es läßt sich auch gar nicht daran zweifeln, daß er ihn würklich gehalten hat, und die Eintracht, welche damals zwischen Albrechten und seinen Söhnen gestiftet wurde, dauerte bis zu Ende dieses Jahres. *) Landgraf Albrecht schickte seinen geheimen Rath, Heinrich von Mila, als Abgesandten nach Fulda, um dem Abte nicht nur die Wiederaussöhnung mit seinen Söhnen zu melden, sondern auch um die Ertheilung der Lehne anzuhalten. Das Beglaubigungsschreiben ist zu Weissensee am 19. Oct. d. J. unterzeichnet, und Albrecht ersucht den Abt, seinen Söhnen, deren Bestes ihm so lieb als das seinige ist, die Lehne, die er von seinem Vater Heinrich geerbt hat, zu verleihen. **) Einen ähnlichen Auftrag bekam Heinrich von Mila für den Abt zu Hersfeld, denn dieser belieh am 26ten October (also sieben

---

*) Wilke, S. 97.
**) Schannati clientela Fuldensis, p. 304. Wilke im Urkundenbuche, S. 64.

ben Tage hernach) des Landgrafen Albrechts Söhne mit allen den Lehngütern, welche Heinrich und Albrecht von dem Stifte Hersfeld zu Lehn getragen hatten. *)

41. Landgraf Albrecht glaubte nun alles gethan zu haben, was er seinen Söhnen erster Ehe schuldig war, und er hegte die Meynung, daß, er mit seinen übrigen Besitzungen völlig nach seinem Willen schalten könnte. Apitz mußte zwar, wie Rothe behauptet, das Schloß und den Bezirk von Tenneberg wieder einräumen. Aber Landgraf Albrecht versetzte hierauf die Einkünfte desselben an Heinrichen von Mila, der ihm entweder zwey hundert Mark Silber leihen, oder sie jährlich mit zwanzig Mark verzinsen sollte. Doch die Nachbarschaft Heinrichs von Mila kam dem Abte des Klosters Reinhardsbrunn zu gefährlich vor, und er faßte daher nebst den Aeltesten seines Klosters den Entschluß, es als ein Unterpfand an sich zu bringen. Er erbot sich daher jährlich dreyssig Mark Silber zu geben, wozu sich Heinrich von Mila nicht verstehen wollte, und Albrecht ließ sich den Handel leicht gefallen. Auf diese Art wurde Tenneberg dem Kloster Reinhardsbrunn eingeräumt. **) So verpfändete und verkaufte Albrecht eins von seinen Gütern nach den andern, und es konnte, wenn es so fortdauerte, nichts mehr übrig bleiben, was seine Söhne nach seinem Tode

*) Wille am a. O. S. 85.
**) Rothe, S. 1750, Thuringia Sacra, p. 129.

Tode hätten erben können. Manche Grafen und Herren, die von Albrechts übler Wirthschaft Vortheil zogen, ließen sich dieses sehr wohl gefallen. Doch Friedrich und Dietrich glaubten, dem ungerechten Verfahren ihres Vaters Einhalt thun zu müssen, und der Krieg brach daher aufs neue wieder aus. Zu ihm gesellten sich unaufhörliche Fehden, und Thüringen gerieth in einen Zustand, welcher höchst bedauernswürdig war. Die Nothleidenden wußten sich endlich nicht anders zu helfen, als daß sie den Kaiser Rudolf ersuchten, nach Thüringen zu kommen, und sowohl durch seine Gegenwart, als durch sein Ansehen, den Unruhen ein Ende zu machen, und einen dauerhaften Landfrieden zu errichten. Rudolf kam bereits zu Ende d. J. nach Thüringen, und man kann sich leicht vorstellen, daß schon die bloße Anwesenheit dieses thätigen Kaisers den Fehden Einhalt gethan haben wird. Er hielt sich zu Erfurt auf, wo er bis zu Anfang des Novembers des folgenden Jahres blieb, und er schrieb 1290. bey der Gelegenheit einen feyerlichen Reichstag nach Erfurt aus, auf dem über vierzig geistliche und weltliche Fürsten erschienen, unter welchen sich auch Landgraf Albrecht nebst seinen Söhnen befand. *) Jener kam um Pfingsten dahin, und er zeigte sich bey dieser Gelegenheit auf eine sehr prächtige und freygebige Art. Er erschien in einem herrlichen Aufzuge von Grafen und Herren auf dem Petersberge, wo er, in Gegenwart Rudolfs und der versammleten

---

*) Wille, S. 100.

ten Fürsten, sechszehn Ritter schlug, die er durch den Abt des Klosters einsegnen ließ. Allen diesen Rittern gab er neue Schwerdter, Sporn und Pferde; auch hatte er für jeden einen silbernen, vergoldeten Gürtel und einen neuen Rock machen lassen, und die Röcke hatten alle einerley Farbe. Doch Albrecht that dieses, wie man glaubt, nicht sowohl deswegen, um eine prächtige Rolle zu spielen, sondern um sich viele von den Edeln des Landes zu Freunden zu machen. *)

42. Eine noch merkwürdigere Handlung, die Albrecht zu Erfurt und um eben diese Zeit vornahm, bestand in einem Vergleiche, den er mit seinem Bruderssohne Friedrich dem Teuten, errichtete. Beyde hatten, wie oben erzählt worden, die Länder des Markgrafen Heinrichs des Erlauchten geerbt, und sie genossen die Einkünfte derselben eine Zeit lang gemeinschäftlich. Doch diese Gemeinschaft gab, wie es gemeiniglich zu geschehen pflegt, zu Streitigkeiten Gelegenheit, und da Friedrich der Teute, vermöge eines Vertrages, den er mit Friedrichen und Tiezmannen errichtete, dem letztern die Lausitz und einen Theil des Osterlandes abtrat, so erregte dieses Albrechts Unzufriedenheit nicht wenig. Noch größer wurde die Kleinigkeit, da Friedrich der Teute seinem Vetter Friedrich behülflich war, seinen Vater anzugreifen, und da er ihn nach Landsberg, seinen gewöhnlichen Wohnsitz, in Verwahrung

*) Rothe, S. 1751.

rung bringen ließ. Doch müssen sich Albrecht und Friedrich der Teute zu Rochlitz gleichfalls wieder ausgesöhnt, und eine Ländertheilung vorgenommen haben; denn Albrecht würde sonst nicht im Stande gewesen seyn, seinem Sohne, ohne Friedrichs des Teuten Einwilligung, so viele meißnische Oerter abzutreten. Albrecht schloß hierauf mit Friedrichen 1286. einen Vertrag, vermöge dessen er ihm den Theil Meissens, den er noch in Besitz hatte, gleichfalls überließ, damit das Ganze wieder zusammen kommen möchte, und Friedrich stellte ihn theils durch andre Besitzungen, und theils durch Geld zufrieden. Doch das letztre machte so eine beträchtliche Summe aus, daß sich Friedrich deswegen genöthigt sah, zu einer Anleihe seine Zuflucht zu nehmen. Er konnte, wie es scheint, Albrechten nicht so gleich befriedigen, oder dieser suchte den Vertrag überhaupt wieder ungültig zu machen. Daher entstanden neue Streitigkeiten, deren Erörterung Landgraf Albrecht dem Kaiser Rudolf überließ. Dessen Ansehen bewürkte einen Vergleich, durch den sich Albrecht und Friedrich der Teute völlig mit einander aussöhnten.*) 1290. 6. May.

43. Einige Monate hernach schloß Landgraf Albrecht auch mit seinen Söhnen einen Vergleich, den, wie uns die Chronikenschreiber versichern, Kaiser Rudolf befördert haben soll. Nun ist es zwar sehr wahrscheinlich, daß seine Anwesenheit das Ihrige

*) Wilke, S. 191. s. 195. Tenzel, S. 919.

rige dazu beygetragen haben mag; aber eigentliche Veranstaltung desselben war es nicht. Albrechts treue Lehnsleute und Diener hatten vielmehr den meisten Antheil daran. Durch deren Vermittlung wurde zu Eisenach zwischen Albrechten und seinem Sohn Friedrich ein Vergleich geschlossen, vermöge dessen sich jener anheischig machte, weder Schloß noch Stadt, weder Land noch Leute, ohne Friedrichs Einwilligung, in Zukunft zu versetzen, zu verleihen, oder sonst zu veräußern. Zu mehrerer Sicherheit dieses Vergleiches übergiebt Landgraf Albrecht alle seine Festungen, Schlösser und Städte seinen treuen Lehnsleuten, Graf Günthern von Schwarzburg, Herrn Hermann von Mila, Herrn Günthern von Schlotheim und Herrn Heinemann von Hayn, damit sie dieselben, wenn Albrecht diesen Vergleich nicht halten sollte, seinen Söhnen Friedrich und Tiezmann übergeben können. Hierzu sollen sie auch berechtigt seyn, wenn Albrecht, auf eine fälschliche Anklage seines Sohnes, wider denselben Streit erregt. Uebrigens wird Albrechten das Recht zugestanden, den Apitz, doch mit Bewilligung seiner ältern Söhne, mit einem Erbtheile zu versorgen.*) So wurde auf einige Zeit der Friede zwischen Albrechten und seinen Söhnen wieder hergestellt.

44. Doch Kaiser Rudolf hatte die Absicht, den Landfrieden recht dauerhaft zu machen, und da
die

---

*) Tenzel, S. 927. Wilke, S. 89.

5. Aug.

Ursprung des Friedensgerichtes.

die vielen Raubschlösser, die es damals in Thüringen gab, die vornehmste Ursache der Fehden und Raubereyen waren, so beschloß er, auf die Zerstörung derselben ernstlich bedacht zu seyn. Er gab daher seinen Truppen Befehl, die Räuber aufzusuchen. Zu ihnen gesellten sich die Bürger von Erfurt, und es wurden sechs und sechzig Burgen und ummauerte Höfe, sowohl in den Dörfern als auf dem Felde, niedergerissen. Die Räuber, die man fieng, hatten das Schicksal, entweder gehängt, oder enthauptet zu werden. Zu Ilmenau wurden acht und zwanzig solcher Straßenräuber gefangen. Man führte sie nach Erfurt, und sie wurden, nachdem der Kaiser in eigner Person über sie Gericht gehalten hatte, hinaus geführt und enthauptet. *) Mit solchem Nachdrucke suchte Kaiser Rudolf den Raubbegierigen Einhalt zu thun! Da er aber nicht immer in Thüringen seyn konnte, so kam er auf den Gedanken, ein Friedensgericht zu bestellen, welches die Streitigkeiten, die zu Fehden Gelegenheit geben könnten, schlichten, und auf diese Art die Erhaltung des Friedens bewürken sollte. Dieses Gericht hatte einen sogenannten Hauptmann des Friedens, und zwölf Beysitzer, die Friedenspfleger hießen. Jene Stelle vertraute er Gerlach von Bruberg an; zu diesen wurden einsichtsvolle und angesehene Männer aus den Edeln des Landes erwählt. **) Dieses

Friedens-

---

*) Rothe, S. 175.

**) Dieß beweisen zwey Urkunden vom Jahr 1296 in Schoettgen et Kreysig Diplomatar. p. 777. —

Zwölftes Buch.

Friedensgericht war von dem Landgerichte, mit dem es manche verwechselt haben, ganz verschieden.*) Hierauf zog Kaiser Rudolf, nachdem er sich ein ganzes Jahr zu Erfurt aufgehalten hatte, in das Osterland und nach Meissen. Thüringen hatte das Glück gehabt, ihn die letzte Zeit seines Lebens bey 1291. sich zu sehen, denn er starb im folgenden Jahre, und der Verlust, den sein Tod verursachte, war nicht nur für das übrige Deutschland, sondern auch für Thüringen sehr groß. Die Folge wird das, was ich hier sage, zur Gnüge beweisen. Im August eben dieses Jahres ereignete sich noch ein andrer hoher Todesfall, welcher die wichtigsten Folgen hatte, indem ab 16ten des gedachten Monats Markgraf Friedrich von Meissen und Landsberg sein Leben endigte. Dieser Tod war für die Thüringer die Quelle so vieler Widerwärtigkeiten und Drangsalen, daß wir mit der Erzählung derselben billig ein neues Buch anfangen.

Drey-

Von Bruberg war entweder selbst ein Thüringer, oder er hatte sich schon vorher an Albrechts Hofe aufgehalten. Letzterer nennt ihn 1297 officialem nostrum fidelem et dilectum, seinen treuen und geliebten Minister, Wilke, S. 158.

*) Grashoffii commentatio de Muhlhusa, p. 133.

Dreyzehntes Buch.

Betrachtungen über Landgraf Albrechts Betragen. Er sucht auf alle Weise Thüringen seinem Sohne Apitz zuzuwenden. Als ihm dieses nicht gelingt, verkauft er es an den Kaiser Adolf. Dieser rückt mit einem Heere in Thüringen ein. Seine Truppen führen sich sehr grausam auf. Sie werden von den thüringischen Herren bey Raspenburg geschlagen, und empfindlich gezüchtigt. Adolf erobert das Schloß Neuenburg, und greift die jungen Fürsten in Meissen und in dem Osterlande an. Er rückt aufs neue in Thüringen ein, und belagert unter andern das Schloß zu Kreuzburg. Gefecht bey Eschenberge. Adolf bringt abermals in Meissen ein, und will Friedrichen durch einen Meuchelmörder aus dem Wege räumen. Er stirbt. L. Albrecht räumt Apitzen den Bezirk von Tenneberg ein. Friedrich entführt und heyrathet seine Stiefschwester. Albrecht vergleicht sich mit seinen Söhnen, und regiert mit ihnen gemeinschaftlich. Die Juden zu Weissensee spielen eine Passionsgeschichte. Fehden — zwischen dem Landgrafen und dem Grafen von Weimar — zwischen den Erfurtern und den Burggrafen von Kirchberg — zwischen dem Grafen von Hohnstein und dem Abt von Fulda. Die Eisenacher hetzen den K. Albrecht wider die jungen Landgrafen auf. Tiezmann bemüht sich, dessen Ansprüche zu heben. K. Albrecht überzieht Thüringen mit Krieg. Friedrich bemächtigt sich der Wartburg. Die Eisenacher und ihre Feinde belagern ihn in derselben. Friedrich läßt seine Tochter mit großer Gefahr taufen. Er versorgt die Wartburg mit neuer Mannschaft und mit frischen Lebensmitteln. K. Albrechts Truppen werden bey Lukka geschlagen. Tiez-

Dreyzehntes Buch.

⸺ wird ermordet. Dessen Antheil an Christgens Regierung. Friedrich hält zu Erfurt einen Landtag. K. Albrechts Ermordung bewegt die Eisenacher, sich mit Friedrichen zu vergleichen. Dieser sucht Thüringens Wohlstand wieder herzustellen. K. Heinrich VII läßt ihn in seine Länder einsetzen. Den Frieden stört Erfurt, das dem Stande einer freyen Reichsstadt entgegen strebt. Es bricht ein einheimischer Krieg aus. Die Erfurter verbinden sich mit dem Grafen von Weimar, und mit den Mühlhäusern und Nordhäusern; auch nimmt sich der König Johann ihrer ernstlich an. Friedrich geräth in M. Woldemars von Brandenburg Gefangenschaft. Seine Feinde greifen ihn indessen von allen Seiten an. Aber er kömmt wieder in Freyheit, und bemüthigt sie. Erfurt muß einen nachtheiligen Vergleich mit ihm eingehen. L. Albrecht stirbt.

―――――――

Die Geschichte liefert uns viele Beyspiele, daß Kinder, die in einer zweyten Ehe gebohren wurden, zwischen dem Vater und den Kindern erster Ehe große Streitigkeiten und Familienkriege veranlaßt haben. Letztere machten auf die Verlassenschaft des Vaters zuweilen schon sichere Rechnung, und auf einmal sahen sie sich durch eine anderweitige Vermählung desselben, in ihrer Hofnung getäuscht, indem sie den Kindern, die ihr Vater in dieser neuen Ehe zeugte, einen Theil der Erbschaft aufopfern mußten. Kinder, die in diesem Falle sich wider ihren Vater auflehnten, handelten den Pflichten,

die

L. Albrecht väterl. Ungerecht.

die ihnen die Natur vorschreibt, ganz zuwider, und man kann es jenen nicht verdenken, wenn sie ein unkindliches Verfahren dieser Art auf die Gedanken brachte, den Kindern das, was sie ihnen zugedacht hatten, ganz zu entziehen. Völlig anders aber war die Lage, in der sich Albrecht mit seinen Söhnen erster Ehe befand. Eine uneheliche Liebe hatte ihn so sehr verblendet, daß er durch gewaltsame Anschläge seine rechtmäßige Gemahlin nöthigte, die Flucht zu ergreifen, und nun wollte er den Söhnen, die er mit derselben gezeugt hatte, einen ansehnlichen Theil seines Landes, oder wohl gar das ganze entziehen, um es dem Sohne seiner ehemaligen Beyschläferin zuzuwenden. Zwar hatte er demselben vom Kaiser die Rechte eines ehelichgebohrnen Sohnes ertheilen lassen; aber seine Verbindung mit der Kunegunde war doch immer nicht standesmäßig, und Albrecht war demnach auch nicht berechtigt, den mit ihr erzeugten Apitz seinen Söhnen erster Ehe völlig gleich zu setzen. Niemand würde es ihm verdacht haben, wenn er ihn auf eine anständige Art zu versorgen suchte. Allein seine blinde Liebe zu demselben machte, daß er seinen Söhnen erster Ehe alles zu entziehen wünschte. Es kränkte ihn daher 1291. aufs äußerste, als diese nach dem Tode des Markgrafen Friedrichs des Teuten, einen Theil des Osterlandes und Meissen in Besitz nahmen, und weil er ihrer Macht nicht gewachsen zu seyn glaubte, so reizte er den Markgrafen Heinrich von Brandenburg und die Grafen von Anhalt, ihnen ins Land zu fallen. Doch Friedrich und Tiezmann wurden von

ihren

ihren Lehnsleuten so gut unterstützt, daß sie dieselben nicht nur glücklich wieder zurück trieben, sondern auch in ihrem eignen Lande angriffen. Indessen dauerten diese Einfälle einige Jahre hinter einander.*) Albrecht und seine Söhne lebten hierauf einige Zeit, wenigstens äußerlich, in gutem Vernehmen, denn sowohl Dietrich als Friedrich hielten sich noch im Frühjahr des 1294sten Jahres bey ihrem Vater zu Eisenach auf. Ohne Zweifel hat man damals an einem dauerhaften Vergleiche gearbeitet; aber Albrecht konnte weder seine Söhne noch die thüringischen Landherren bereden, die Ausführung des Plans, den er zu Apitzens Besten entworfen hatte, zu billigen. **)

2. Da nun Landgraf Albrecht immer mehr gewahr wurde, daß er weder durch Güte, noch durch Gewalt seinen Entwurf durchzusetzen im Stande war, so gerieth er auf den unglücklichen Einfall, Thüringen zu verkaufen. Er bot es verschiedenen benachbarten Fürsten an; es wollte sich aber keiner in diesen Handel einlassen, weil sich keiner getrauten, es wider seine Söhne behaupten zu können. Endlich fand sich ein Fürst, welcher unedel genug dachte, diese Gelegenheit zu benutzen. Der votrefliche Kaiser Rudolf hatte den Grafen Adolf von Nassau zum Nachfolger, in dessen Charakter die Eigennützigkeit einen der Hauptzüge ausmachte. Er ließ

*) Tenzel, S. 931. Wilke, S. 110. kmgl. S. 120 – 133.
**) Wilke, S. 151.

L. Albrecht verkauft Thüringen.

ließ sich daher mit dem König Eduard I von England, welcher mit dem König Philipp dem Schönen von Frankreich in Krieg verwickelt war, in eine Verbindung ein, vermöge deren er ihm für eine gewisse Geldsumme beyzustehen versprach. Subsidientraktate waren unter Fürsten damals nicht gebräuchlich; daher machte der damalige Pabst Bonifacius VIII Adolfen deswegen Vorwürfe, die er aber nur wenig achtete. Er ließ sich, ohne die versprochnen Dienste zu leisten, die englischen Hülfsgelder auszahlen, die sich dem Angeben englischer Schriftsteller zu folge, auf hundert tausend Pfund Sterling, oder wie andre melden, auf dreyßig tausend Mark Silber belaufen haben sollen.*) Albrechts Anerbietung, ihm Thüringen zu verkaufen, kam ihm also eben erwünscht, und Albrecht überließ dem König Adolf ganz Thüringen, das Schloß Wartburg ausgenommen, für die mäßige Summe von zwölf tausend Mark Silber, die nach unserm Gelde ungefähr hundert und sechzig tausend Thaler ausmachen würden.**)

3. Man

---

*) Schmidts Gesch. der Deutschen, Th. III, S. 406. Jütters Handb. der Reichsgesch. Th. I, S. 337.

**) Der Chronik des Klosters Altenzelle zufolge soll Albrecht Meissen und das Osterland an Adolfen verkauft haben; die thüringischen Geschichtschreiber geben aber alle ausdrücklich Thüringen an. Indessen macht es Wilke (S. 152) doch ziemlich wahrscheinlich, daß Albrecht Adolfen nicht nur Thüringen, sondern auch Friedrichs des Teuten Verlassenschaft verkauft habe.

3. Man kann sich leicht vorstellen, was dieser Vertrag in den Gemüthern Friedrichs und Tiezmanns für Empfindungen rege gemacht haben muß. Sie widersprachen ihm auf das lebhafteste, und alle rechtschaffene Edle des Vaterlandes, besonders aber die Grafen von Hohnstein, von Stolberg, und von Beichlingen, und die Herren von Schlotheim und von Heldrungen, nahmen sich ihrer gerechten Sache eifrig an, und suchten sie aus allen Kräften zu unterstützen. Auch viele Städte schlugen sich auf ihre Seite. Sie konnten es aber nicht verhindern, daß sich Adolf Eisenachs, Gotha und der übrigen Schlösser und Städte, die Albrecht in seiner Gewalt hatte, bemächtigte. Er verlangte nun, daß ihm die Grafen und Herren huldigen sollten, aber sie erklärten muthig, daß sie sich, so lange Friedrich und Tiezmann lebten, niemals dazu entschließen würden. Adolf ward hierüber äusserst aufgebracht, und er brachte, um sie zu zwingen, in den am Rheine gelegenen Landstrichen Deutschlands ein großes Heer zusammen, welches aber meistentheils aus bösem und liederlichen Gesindel bestand.

1294 Mit diesem Heere brach er, zu Ende des Septembers, gleich einem Heuschreckenschwarme, in Thüringen ein, und da die im nördlichen Theile desselben befindlichen Grafen sich seinen Absichten am meisten widersetzten, so war auch sein Kriegszug vorzüglich auf sie gerichtet, und er rückte zuerst vor die Stadt Eisleben. Während der Belagerung derselben gab er seinem Fußvolke Befehl, das Gebiete der am Harze wohnenden Grafen zu verwüsten, und höchst

bebau=

bedauernswürdig waren die unglücklichen Leute, die diesen Barbaren in die Hände fielen. Ihnen ihr Vieh und ihr Hausgeräthe wegzunehmen, war diesen Unmenschen noch zu wenig. Nur der Anblick der auflodernden Hütten und der aller Kleidung beraubten Bewohner derselben; nur die ärgste Mißhandlung der Mannspersonen und die unbarmherzigste Schändung der Weiber konnte ihre Wuth befriedigen. *) Es fielen hier Auftritte vor, welche die Menschheit entsetzen, die zuweilen aber ziemlich komisch waren. Adolf rückte, nachdem er das Gebiete der Grafen von Hohnstein, von Stolberg und anderer am Harze wohnenden Herren vierzehn Tage lang verwüstet hatte, in die Gerichte der Grafen von Beichlingen und von Schwarzburg, imgleichen der Herren von Schlotheim und von Heldrungen fort, und lagerte sich bey dem Dorfe Mittelhausen. Seine Truppen verübten hier alle Grausamkeiten, die man schon von ihnen gewohnt war. Einst kamen sie in ein beichlingisches Dorf, das von seinen Einwohnern gänzlich verlassen worden. Niemand als ein altes Weib war zurück geblieben, und auch diese wurde ein Opfer des grausamen Muthwillens dieser Barbaren. Sie zogen sie nackend aus, beschmierten sie über und über mit Wagenschmiere, und wälzten sie in aufgerissenen Federbetten herum. Nun banden sie diese komisch fürchterliche Gestalt an einen

Strick,

————————
*) das solchis dingis in dutzschin landin von cristin luthin nymer irfarin werdt. Barmherzigkeit was do nicht von den Schelten. Rothe, S. 1753.

Strick, und trieben sie — allen frommen Frauen zum Schabernack und zur Schmach — mit Schlägen vor sich her. Ja sie unterstanden sich so gar, sie vor den König zu führen, und Adolf bestrafte sie entweder sehr gelinde, oder gar nicht. Wenigstens gieng ihre Raserey immer weiter. *)

4. Das Gebiete der Grafen von Schwarzburg und von Beichlingen war nun gänzlich verwüstet, und es blieb nun nichts mehr übrig, was die Unmenschen rauben konnten. Nur die dem Gottesdienst gewidmeten Gebäude waren noch verschont geblieben; aber auch diese traf jetzt die Reihe. Sie brachen in die Kirchen ein, und nahmen Meßgewande, Altartücher, Meßbücher, Kelche, Leuchter, Glocken und alles Geld weg. Kamen sie in eine Kirche, wo ein Priester eben Messe las, so warteten sie das Ende derselben nicht ab, sondern sie rissen ihm Kelch, Licht und Buch aus den Händen, und zogen ihn vor dem Altar seine Kleider aus. Sogar die Monstranzen wurden ein Opfer ihrer Raubbegierde. Die unchristlichste und barbarischte Nation hätte sich mit einem Worte nicht verabscheuungswürdiger aufführen können. Es fanden sich endlich einige alte und gutdenkende Herren, unter Adolfs Heere, **) die ihm dieses grausame Verfahren

---

*) Rothe, S. 1754. Dem Siegfried von Meißen zufolge trug sich dieses in dem Dorfe Gangloffömmern zu, und die Soldaten spielten diese Komödie mit zwey alten Weibern.

**) Siegfried von Meißen nennt den Grafen Dietrich von Hohnstein.

fahren seiner Leute zu Gemüthe zu führen suchten. Er entschuldigte sich aber damit, daß er nichts davon wüßte, und daß er das viele Volk nicht genug in Schranken halten könnte. Indessen fruchteten jene Ermahnungen doch soviel, daß er dergleichen Unwesen ernstlich verbot, und an einigen, die darüber ergriffen wurden, eine nachdrückliche Strafe vollziehen ließ. *)

5. Friedrich und Diezmann faßten, als sie von der Grausamkeit der adolfischen Truppen Nachricht bekamen, ohne Zweifel den Entschluß, den treuen Thüringern zu Hülfe zu eilen; sie waren aber nicht im Stande, in so kurzer Zeit eine Macht aufzubieten, die sie Adolfs Heere hätte entgegen stellen können. Sie schickten also einstweilen den thüringischen Herren einige reißische Mannschaft aus Meißen und dem Osterlande zu Hülfe. Nun wagten es jene, Adolfs Leute, die auf Fütterung ausgiengen, zu überfallen und gefangen zu nehmen oder todt zu schlagen. Da nun alle Dörfer in der Nähe von Adolfs Heere verwüstet waren, so mußten sie sich oft ziemlich weit von demselben entfernen. Auf diese Art kamen sie in die Gegend des Schlosses Raspenburg, wo sie eine Mühle und ein Dorf verwüsteten. Es lag aber auch ein Nonnen-

*) Rothe, S. 1754. Er kam selbst dazu, als einige derselben im Begriff waren, die erbrochene Andreaskapelle zu Wippach zu plündern. Diese ließ er einzeln aus der Kirche heraus holen, und jedem die rechte Hand abhauen. Chronik des Peterß.

Nonnenkloster da herum, und nun kann man sich leicht vorstellen, wie sich die Barbaren betragen haben werden. Sie plünderten es rein aus, und zwangen die Klosterjungfern das Gelübde der Keuschheit zu brechen. Indessen hatten die Besitzer des Schlosses Raspenburg, die, welche Beichlingen, Sachsenburg, Helbrungen und andre nahgelegene Schlösser inne hatten, aufgeboten, und nun rückten sie vereinigt gegen das Kloster an, wo sie die vom Taumel der Wollust und des Muthwillens berauschten Barbaren überfielen, und insgesammt zu Gefangne machten. Wie kränkte sie aber nicht der Anblick der Nonnen, die sich in ihren Thränen badeten, und den Verlust des größten Vorzugs ihres Standes beweinten! Da kam dem einen seine Nichte, dem andern seine Schwester, dem dritten seine Tochter mit Wehklagen und mit Seufzern, welche Rache schrien, entgegen. Die Gemüther der edlen Thüringer wurden von dem lebhaftesten Zorne erhitzt. Sie schwuren, den Frevel auf das nachdrücklichste zu bestrafen; nur konnten sie nicht einig werden, ob sie die Schandthäter bloß todt schlagen, oder lebendig verbrennen sollten. Einem unter ihnen fiel zuletzt der Gedanke ein, daß sie an dem, womit sie gesündigt hätten, vorzüglich bestraft werden müßten. Dieser Einfall wurde allgemein gut gefunden, und ohne weitere Umstände ins Werk gesetzt, und in diesem beschimpften Zustande schickte man sie zum König in das Lager zurück. Adolfen schien diese Begebenheit eine üble Vorbedeutung. Er brach daher sein Lager bey Mittelhausen auf, und rückte nach Mühlhausen. Indessen gab jene Züchtigung einem witzi-

gen

gen Kopfe der damaligen Zeit die Veranlassung, sie folgendermaßen zu besingen:

> Dy ebiln von dem ryne,
> dy rethin zu dem wyne,
>   Und quamen undir Raspinberg;
>
> Dez Konnigis hofegesinde,
> begreiff dy Gotis kinde,
>   Unde trebin schemeliche werg.
>
> Got mochte sie nicht irlibin,
> ere buthil liez er sundin;
>   das waren lesterliche mer.
>
> Sy han noch myne gedunkin,
> ere heller do vertrunkin,
>   das en dy buthil wordin ler.
>
> Do sy enheymhen quamen,
> unde ere wip venamen,
>   daz sy dy heller hattin verlorn;
>
> Sy wordin obil empfangin,
> vel beßir ware gehangin,
>   danne solche smaheid unde zoorn.

6. Doch auch in Mühlhausen setzten Adolfs Truppen ihren Frevel und Muthwillen dergestalt fort, daß es die Bürger nicht länger ertragen konnten. Sie liefen auf das gegebene Zeichen mit Sturmglocken bewafnet zusammen, und griffen dieselben muthig an. Es blieben auf beyden Seiten viele Leute; indessen wurden Adolfs Leute zur Stadt hinaus geschlagen, und selbst Adolf war in Gefahr sein Leben zu verlie-

ren.*) Sein Heer war durch diesen und andre Unfälle ziemlich geschwächt worden. Er verstärkte es also wieder, und da, wie ihn die Erfahrung lehrte, alle seine Unternehmungen nicht vermögend waren, die thüringischen Herren von ihrer Treue abzubringen, so hielt er es für das Beste, auf Friedrichen und Ticzmannen selbst loszugehen. Er näherte sich daher der Saale, und die ganze herumliegende Gegend wurde verwüstet. Die Stadt Freyburg nahm er durch Verrätherey ein, und da er merkte, daß er durch Geld etwas ausrichten könnte, so gewann er zwey Bürger von Freyburg, daß sie ihm den Weg zeigten, sich des Schlosses Neuenburg zu bemächtigen. Hier schlug er alles todt, es mochte edel oder unedel seyn. Eben dieses Schicksal hatten alle wehrhaften Mannspersonen der Stadt Freyburg. Die Weiber und Kinder jagte er fort, und nachdem er allen Vorrath aufgezehrt hatte, berathschlagte er sich mit seinen Befehlshabern, wie er das Schloß Neuenburg in guten Vertheidigungsstand setzen könnte. Es war ein großes und weitläuftiges Schloß, das eine starke Besatzung erforderte. Man ward daher einig, daß die Behauptung desselben viele Kosten verursachen, und daß es am Ende doch sehr schwer seyn würde, es gegen die Angriffe der jungen Fürsten in Sicherheit zu setzen. Es wurde also beschlossen, es niederzureißen, und die Stadt abzubrennen.**) Adolf rückte hierauf tiefer in Meissen ein, und eroberte in diesem und in dem

folgen-

---

*) Rothe, S. 1755. Chronik des Peterkl.
**) Rothe, S. 1756.

folgenden Jahre viele in Meissen und dem Osterlande gelegene Städte, und unter andern Leipzig, auch verbrannte er Borna. Die jungen Fürsten hatten also schon in diesen Ländern so viel zu thun, daß sie die thüringischen Herren nur wenig unterstützen konnten. *)

7. Demungeachtet wurde Neuenburg, auf Veranstaltung Friedrichs und Tiezmanns, wieder in den vorigen Stand versetzt, und mit einer guten Besatzung, mit Vorrath und mit Geschütz versehen. Sie ermahnten auch die thüringischen Grafen und Herren, ihnen treu zu bleiben, und sich auf ihre Unterstützung und Erkenntlichkeit zu verlassen. Es war sehr gut, daß sie dieses gethan hatten, denn König Adolf rückte im folgenden Jahre **) mit einem neuen Heere, das 1295. er am Rheine gesammlet hatte, in Thüringen ein, und die Gegend um Gotha, Sonneborn und Erfa hatte ganz besonders das Schicksal, ein Tummelplatz seines Heeres zu werden. Er nahete sich hierauf dem thüringer Walde, und brannte die Dörfer der Edelleute ab, die sich nicht auf Albrechts Seite schlagen wollten. Nun rückte er über den thüringer Wald in das Gebiete der Herren von Frankenstein, die es gleichfalls mit Albrechts Söhnen hielten, und bestürmte Frankenstein †) und Salzungen so heftig, daß ein

Theil

---

*) Siegfried von Meissen, beym Menken II, 327.

**) Er befand sich bereits im Jenner in Thüringen, denn am 9ten hielt er sich zu Mühlhausen, am 11ten zu Nordhausen, und am 12ten zu Eisenach auf. Wilke, S. 157.

†) Nahe bey Wasungen, im Hennebergischen.

Theil der Burgmänner dieser beyden Oerter auf die Ueber gabe und Unterwerfung drang. Andere wollten sich auf keine Art dazu bequemen. Hierüber entspann sich eine heftige Uneinigkeit, und der Herr von Frankenstein sah sich daher genöthigt, sich und sein Schloß dem König zu ergeben. Doch machte er zur Bedingung, daß ihm, seinen Burgmännern und Unterthanen, weder an ihrem Vermögen noch an ihrem Leben, etwas Böses widerfahren sollte, und sie setzten sich auf diese Art wegen der Zukunft in Sicherheit. *)

8. König Adolf, der durch den glücklichen Ausgang seiner Unternehmungen bey Frankenstein und Salzungen muthiger geworden war, belagerte hierauf Kreuzburg. Die Besitzer des Schlosses hielten es mit Albrechts Söhnen; die Stadt mußte sich also gleichfalls auf ihre Seite schlagen. Adolf lag vier Wochen vor derselben, und bestürmte sie heftig; aber die Bürger vertheidigten sich so tapfer, daß ihm alle seine Angriffe mislangen. Endlich ließ er Feuer hineinschießen. Hierdurch wurde die ganze Stadt in Brand gesetzt. Da retteten sich die wehrhaften Männer und die wohlhabendsten Personen auf die Burg. Die Weiber, die Kinder, und die Armen, die nichts zu verlieren hatten, zogen weg, und suchten so gut als sie konnten unterzukommen. Als nun die Stadt abgebrannt war, hieben des Königs Truppen die Thore auf. Sie fanden aber außer den Kellern, die noch mit ziemlichem Vorrathe von Getränke angefüllt waren,

*) Rothe, S. 1757.

Schloß zu Kreuzburg belagert.

waren, nichts, was ihre Raubbegierde befriedigen konnte. Von allen Gebäuden der Stadt stand nur noch die Kirche und zwey steinerne Häuser auf dem sogenannten Plane. In diese und in die Keller legten sich viele von Adolfs Leuten ein, um gegen das Geschütz des Schlosses und gegen die Sonnenhitze Schutz zu haben.

9. Die Belagerung des Schlosses wurde hierauf immer fortgesetzt. Man belagerte aber damals nicht so ernsthaft als jetzt. Adolfs Pfeifer und Posaunenblaser ritten daher oft vor die Burg, und ließen sich mit den Burgleuten in eine Unterredung ein. Unter diesen befanden sich auch die edeln Schellfische, zwey Brüder und ein Vetter. Diese hatten vor der Altstadt, wo ein Theil des königlichen Heeres gelagert war, einen schönen Baumgarten. Um diesen vor allen Schaden in Sicherheit zu setzen, geriethen sie auf den Einfall, den Spielleuten des Königs ein Geschenk zu machen, welches aus drey bunten Röcken bestand. Dafür versprachen diese, daß ihrem Baumgarten nichts widerfahren sollte. Als nun die Spielleute mit ihrem Geschenke in das Lager zurück kehrten, und sie dem König zeigten, machte derselbe einen Befehl bekannt, daß jeder, der an den Bäumen oder an den Zäunen dieses Gartens einen Schaden anrichten würde, an einen Baum aufgehängt werden sollte. Auf diese Art wagte es niemand, sich an diesem Garten zu vergreifen. Es gab aber noch auf zehn Familien, welche die Stelle der Burgmänner auf diesem Schlosse versahen, und diese hießen die Schlunen,

die Scherfe, die von Kreuzburg, die von Buttler, die von Neßelröden, die vom Steine, die von Pherbingsdorf, die Strier, die Struben, die Vorwen und die Walther. Diese folgten dem Beyspiele der Schellfische, und gaben den königlichen Spielleuten schöne Kegeln, *) bunte Hüte und dergleichen Dinge mehr. So wurden ihre Weingärten, ihre Mühlen und ihre Vorwerke vor allem Schaden gesichert. Der König ließ indessen auf einer Anhöhe von der Burg eine hölzerne Kemnate aufschlagen, die ihm zur Wohnung diente. Sie wurde die Adolfsburg genennt, und die gemeine Leute veränderten diesen Nahmen in Ailsborg. Bey dieser Kemnate ließ König Adolf eine Blieden aufrichten, durch die er häufig in die Burg schoß, und großen Schaden anrichtete.

10. Alles dieses aber würde den Muth der Burgleute des Schlosses nicht erschüttert haben, wenn es ihnen nicht an einem der nothwendigsten Bedürfnisse, nemlich am Wasser, gefehlt hätte. Sie ließen sich, um diesen Mangel zu ersetzen, des Nachts mit Seilen aus den Fenstern heraus, und sie trieben dieses eine ziemliche Zeit fort. Es trafen sie zwar einige von Adolfs Heere bey diesem Geschäfte an; sie wußten sie aber durch allerley Versprechungen zum Stillschweigen zu bewegen. Endlich erfuhr es der

König,

*) Kegel bedeutet eine Bedeckung des Kopfes, die auch in Luthers Bibelübersetzung Cap. 23, v. 15. vorkömmt. Am wahrscheinlichsten hatte sie eine kegelförmige Gestalt.

König, und ließ an denen, die ihnen auf diese Art 1295.
behülflich gewesen waren, harte Strafen vollziehen.
Nun wurde alles Waſſer Tag und Nacht auf das
sorgfältigſte bewacht. Man ſuchte auch den Belagerern auf andre Art gewaltig zuzuſetzen. Gerlach von
Bruberg, der die Truppen in der Stadt kommandir-
te, ließ eine sogenannte Katze *) bauen, und ſie nahe an den Burgberg treiben. Dieſe Katze war mit
vielen Wappnern und Schützen angefüllt, welche die
Mauern untergraben sollten. An einem ſehr heißen
Tage entfernten ſich aber viele Wappner gegen Mittag, um von den drückenden Stralen der Sonne in
einem Keller auszuruhen. Dieſes bemerkten die wach-
ſamen Burgleute, und nun überfielen ſie die wenigen
Leute, welche ſich noch in der Katze befanden, ſchlu-
gen ſie todt und zündeten das Werk an. Dieſes
wurde vom Feuer verzehrt, ehe die, welche in den
Kellern und in den Häuſern waren, Nachricht davon
bekamen. Doch der Waſſermangel riß auf der
Burg immer mehr ein, und die Besatzung sah ſich
genöthigt, sowohl zum Kochen als zum Backen Bier
zu brauchen. Es war demnach voraus zu ſehen, daß
ſie ſich unmöglich lange würde halten können. Die
Burg-

*) Katze war eine im Mittelalter gewöhnliche Sturm-
hütte, welche die gegen die Feſtung anrückenden Soldaten vor der Gewalt des feindlichen Geſchützes ſicher-
te. Folglich vertrat ſie die Stelle unſerer heutigen
Laufgräben, und ſie hatte vielleicht ihren Nahmen
daher bekommen, weil ſie, dem Schleichen einer Katze ähnlich, langſam fortrückte.

Burgmänner erboten sich also, die Burg zu ergeben und dem König zu huldigen, wenn er ihnen angeloben wollte, ihr Leben und ihre Güter zu schonen. Adolf hob hierauf die Belagerung auf, und die Stadt ward von den Bürgern wieder hergestellt. *)

11. Nicht lange hernach zog König Adolf wieder an den Rhein, nachdem er Gerlachen von Bruberg als Statthalter in Thüringen zurück gelassen hatte. Diesem schickte er Truppen, damit er die Grafen und Herren, die es mit der Gegenparthey hielten, in die Enge treiben, und die Städte, die sich ihm ergeben hatten, beschützen könnte. Eben so schickten die jungen Fürsten den Schlössern, die auf ihrer Seite waren, Hülfe zu, und dieses gab zu einer Menge Streifereyen auf einander Gelegenheit. Adolfs Truppen hatten Eisenach, Kreuzburg und Gotha inne. An dem letztern Orte lag von Bruberg mit vieler Mannschaft. Weissensee nud Sangerhausen waren im Besitz der jungen Fürsten, deren Vögte von den benachbarten Grafen und Herren unterstützt wurden. Da sie nun beständig auf einander streiften, so geschah 1296. es am Sonntag lätare des folgenden Jahres, daß beyde Partheyen bey dem Dorfe Eschenberge **) in großen Haufen auf einander stießen. Doch des Königs Truppen waren weit zahlreicher als der jungen Fürsten Mannschaft; und weil sich letztre demungeachtet sehr tapfer wehrte, so erfolgte ein langes und überaus

*) Rothe, S. 1757–1759.
**) Ein Dorf nicht weit von Gotha.

überaus hartnäckiges Gefechte. Endlich war die Parthey der jungen Fürsten so entkräftet, daß sie wenig Widerstand mehr thun konnte. Dieß berichtete ein Bauer den Lehnsleuten der Herren von Wangenheim und von Erfa, und diese eilten zum Beystande herbey. Als die Anführer der königlichen Truppen, Geyer, Fasan und Veltheim, diese anrücken sahen, ergriffen sie die Flucht, und die Mannschaft der jungen Fürsten bekam hierdurch Gelegenheit, sich wieder zu samnrlen.

12. Letztre, welche der Ausgang des vorigen Gefechtes mit neuem Muthe beseelt hatte, griffen die königlichen Truppen, ob sie gleich weit zahlreicher waren, zum zweytenmale an. Diese richteten, um jenen die Gelegenheit zur Flucht zu benehmen, ihren Hauptangriff auf die Pferde. Eben dieses thaten die Anhänger der jungen Fürsten, so daß nun meistens zu Fuß gefochten wurde. Man ruhete hierauf einige Zeit. Indessen kamen den Thüringern noch mehrere Edelleute zu Hülfe, und das Gefechte hub zum brittenmale an, und es wurden auf beyden Seiten viele Leute verwundet und erschlagen. Doch die drey obengedachten königlichen Befehlshaber, Geyer, Fasan und Veltheim, die nach Gotha geflüchtet waren, kamen nun auch wieder zurück, und brachten den Herrn von Bruberg, nebst seinen Truppen aus Gotha, mit. Weil aber die Mannschaft der Thüringer sich gleichfalls immer vermehrte, so zogen sich jene wieder zurück. Bald aber gieng das Gefecht zum viertenmale an. Einer von des Königs Truppen meldete es Brubergen;

bergen; aber er kam mit seinen Leuten zu spät, und die Thüringer behaupteten daher die Oberhand.*)

13. Adolf hatte indessen einen andern Weg eingeschlagen, um die jungen Fürsten zu Grunde zu richten. Er war in Meissen eingedrungen, wo er sich bereits im Jenner aufhielt, und sich immer stärker zum Kriege rüstete. Aber hier legte er einen neuen Beweiß seiner unedlen Denkungsart ab. Er lud den Markgrafen Friedrich nach Altenburg ein, um sich, wie er vorgab, wegen der Streitigkeiten, die zwischen ihm und seinem Vater obwalteten, mit ihm zu bereden. Friedrich kam an dem bestimmten Tage von Freyberg dahin, und Adolf nahm ihn liebreich auf. Indem sie nun bey der Tafel saßen, und der ehrliche Friedrich kein Betrug ahndete, stürzte sich schnell ein Meuchelmörder hervor, und gieng so gewaltsam auf ihn los, daß er in der größten Gefahr war, sein Leben zu verliehren. Aber ein freybergischer Bürger und einer von Friedrichs Dienern retteten ihn, indem sie die Hiebe des Meuchelmörders auffiengen, und nun stürzten sie, mit dem Bewußtseyn, eine der edelsten Thaten verrichtet zu haben, beyde zu Friedrichs Füssen nieder. Friedrich wurde während des Aufstandes, den dieser Auftritt veranlaßte, von seinen Leuten weggebracht, und er verließ noch in eben der Nacht einen Ort, der ihm so gefährlich war. Adolf, der auf eine so schändliche Art seinen Feind aus dem Wege zu schaffen suchte, hatte den Entwurf gemacht, sich der

*) Rothe, S. 1759 u. 1760.

meißnischen Bergwerke, als der reichsten Hülfsquelle 1297. der jungen Fürsten zu bemächtigen, und er ließ deswegen Freyberg belagern. Andre Geschäffte riefen ihn während dieser Belagerung in die Gegenden des Rheins, und er kehrte nicht eher, als gegen das Ende derselben, oder um Michaelis 1297 dahin zurück. Hierauf wurde nicht nur diese Stadt, sondern ganz Meißen von Adolfen erobert, und Friedrich mußte, von drey Gefährden begleitet, von einem Orte zum andern flüchten. Dietrich hielt sich in der Lausitz auf. Die Lage der jungen Fürsten war demnach so schlimm, daß sie wenig Hofnung hatten, und dennoch ereigneten sich sehr bald wieder Umstände, die ihnen günstig waren. Adolf mußte diese Gegenden aufs neue verlassen. Er ernannte zwar den König Wenzeslav von Böhmen zum Reichsverweser in Meißen, dem Oster- und im Pleißnerlande; aber dieser konnte sein Ansehen nicht genug behaupten. Auch in Thüringen, wo von Bruberg Statthalter war, wurden die den jungen Fürsten ergebenen Grafen und Herren immer mächtiger. Da nun König Adolf alle seine Kräfte anstrengen mußte, um dem Herzog Albrecht von Oestreich, dem Sohne des Kaiser Rudolfs, Widerstand zu thun; so konnte er dem Herrn von Bruberg weder Truppen noch Geld schicken, und dieser durfte es auch nicht wagen, die Städte zur Lieferung von Mannschaft oder von Geld anzuhalten. Die jungen Fürsten wurden also durch nichts gehindert, immer weiter vorzudringen. Sie überzogen nunmehr die Grafen von Käfernburg, die Grafen von Gleichen und andre Herren und Edelleute vor dem thüringer Walde, und verwü-

F 4 steten

steten ihre Güter. *) Diese Herren hielten es daher für das rathsamste, sich ihnen zu unterwerfen, und da König Adolf im folgenden Jahre nicht nur die Krone, sondern auch das Leben verlohr, so hatten Albrechts Söhne von dieser Seite gar nichts mehr zu befürchten. Gotha, Weissensee und andre thüringische Städte kamen nun wieder in ihre Gewalt. Nur Eisenach und vielleicht auch Kreuzburg, widerstrebten ihrer Herrschaft noch ferner. **)

1298.

14. Landgraf Albrecht nahm an diesen Kriegsunruhen, in die er Thüringen gestürzt hatte, wenig oder gar keinen Antheil, und ohne Zweifel waren seine Gedanken vorzüglich darauf gerichtet, wie er die von König Adolf ihm versprochene zwölf tausend Mark bekommen wollte. Auch scheint es, der englischen Hülfsgelder ungeachtet, Adolfen an Geld gefehlt zu haben; er ließ daher nicht lange nach seiner Ankunft in Thüringen (am 2ten October 1294) eine Verordnung an die Stadt Nordhausen ergehen, vermöge welcher er ihr dem Landgrafen Albrecht so lange zu huldigen befahl, bis er ihm zwey tausend Mark freybergischen Silbers, erfurtischen Gehaltes, würde bezahlt haben. †) Doch dieses war nach drey Jahren noch nicht geschehen, und Albrecht bewieß sich deswegen sehr feindselig gegen Nordhausen. ††) Albrecht hatte sich,

---

*) Rothe am a. O.
**) Wilke, S. 167.
†) Historische Nachrichten von Nordhausen, S. 455.
††) Wilke, S. 163.

sich, bey dem Verkaufe Thüringens, den Bezirk des Schlosses Wartburg vorbehalten. Zu diesem gehörten die Schlösser Tenneberg und Winterstein, und überhaupt ein großes Stück von dem südlichen Theile der Fürstenthümer Gotha und Eisenach. Das Schloß Tenneberg befand sich nun wieder in den Händen Albrechts des Jüngern, dem es das Kloster Reinhardsbrunn, nach dem großen Brande von 1291, vielleicht wieder einräumen mußte. Sein Vater hatte ihm diesen Bezirk abgetreten, und er übte die Rechte eines Landesherrn aus. So bestätigte er z. B. dem 1295. Kloster Reinhardsbrunn den Besitz seiner Güter, und es wurden ihm 25 Mark Silber dafür ausgezahlt. Auch befreyte er dasselbe von einer jährlichen Abgabe von acht Mark, die es auf sein Schloß Tenneberg entrichten mußte. *) Er hatte eine Gemahlin, von deren Herkunft und übrigen Schicksalen aber nicht das geringste bekannt ist. Eben so wenig wissen wir, ob er Kinder mit derselben erzeugt hat. Er soll, wenn den Chronikenschreibern zu trauen ist, im Jahr 1300 1300. gestorben seyn. **) Darinn haben sie sich aber ganz gewiß geirrt, wenn sie ihn ein halbes Jahr nach seiner Mutter sterben lassen, denn diese war bereits vor vierzehn Jahren gestorben, und sein Vater hatte 1290 schon die dritte Gemahlin.

15. Mit der Tochter derselben spielte Friedrich, Albrechts ältester Sohn, einen kleinen Roman. Elisabeth

F 5

*) Goth. Gesch. I, 109.
**) Rothe, S. 1762.

sabeth, so hieß dieselbe, war ein schönes aufblühendes Mädchen von vierzehn Jahren, und Friedrich, der nach Thüringen gekommen war, um Gotha in Besitz zu nehmen, hatte im vorigen Jahre seine Gemahlin Agnes, die Tochter des Herzogs von Kärnthen, verlohren. Elisabeth hielt sich auf dem Schlosse Arnshaug auf, wo sie ihre Mutter, nebst einigen Dienern und Kammerjungfern, zurück gelassen hatte. Friedrich sah sie und ward entzückt. Ihre Mutter, die sich bey Landgraf Albrechten auf der Wartburg befand, erst um ihre Einwilligung zu einer Verbindung mit derselben zu bitten, machte zu viele Weitläuftigkeit. Friedrich beschließt also, sich vor allen Dingen des Besitzes der reizenden Elisabeth zu versichern. An einem Festtage schleicht er sich, von einigen treuen Dienern begleitet, in den kleinen Wald auf dem Arnshaug, und wie Elisabeth nebst ihrem Gefolge von dem Schlosse in die Kirche gehen will, überfällt er sie und bringt sie nebst ihren Kammerjungfern auf das Schloß zu Gotha. — Hier schrieb er insgeheim in den zärtlichsten Ausdrücken an ihre Mutter, und meldete ihr, daß er sie nicht aus bösen Absichten entführt hätte, sondern daß er sich mit ihr vermählen wollte. Die würkliche Verbindung wurde um Bartholomäustag vollzogen. Der Abt von Reinhardsbrunn verrichtete die Trauung, und das Vermählungsfest wurde durch die Anwesenheit von Friedrichs Anhängern verherrlicht.*)

16. Diese neue Verbindung scheint sehr viel dazu beygetragen zu haben, daß sich Albrecht und
seine

---

*) Rothe, S. 1762. Ursinus, S. 1303.

seine Söhne wieder mit einander aussöhnten. Al-brechts Gemahlin wurde es nicht schwer, dessen Gesinnungen gegen ihren Schwiegersohn umzustimmen. Dieser kam mit seiner jungen Gemahlin nach Eisenach, und hielt sich einige Zeit daselbst auf. Er und sein Bruder schlossen damals einen Vergleich mit ihrem Vater, vermöge dessen ihnen derselbe verschiedene Oerter, und unter andern Weissensee abtrat.*) Sie nahmen seit der Zeit an der Regierung Thüringens lebhaften Antheil. Der erste uns bekannte Fall, der dieses beweiset, fällt in den November dieses Jahrs. Landgraf Albrecht bestätigte am 29ten des gedachten Monats dem Kloster Georgenthal den Besitz des Schlosses Waldenfels und der Dörfer Tambach und Dietharz. Dieses geschah mit Bewilligung und in Gegenwart seiner Söhne, die sich beyde damals zu Wartburg befanden. Dergleichen Beyspiele liefern uns noch verschiedene Urkunden, unter welchen sich besonders folgendes auszeichnet. Die Denkungsart dieser Zeit brachte es so mit sich, daß man den Juden wenig Gutes zutraute. Man glaubte unter andern, daß sie sich ein grausames Vergnügen daraus machten, die Christenkinder, die sie in ihre Gewalt bekommen konnten, bis auf den Tod zu peinigen. Eine unmenschliche Handlung dieser Art sollten die Juden zu Weissensee vorgenommen haben. Sie nahmen, wie man erzählt, einen Knaben, Nahmens Konrad, den Sohn eines Burgmanns, weg, und führten ihn des Abends in eine Weinbergshütte, die

1299.

1303.

nicht

---

*) Wilke, S. 111.

nicht weit vom See stand. Hier nahmen sie eine Art Passionsgeschichte mit demselben vor. Sie zogen ihn aus, durchstachen seinen ganzen Körper mit Pfriemen, und fiengen das Blut in Gefäßen auf. Hierauf zogen sie ihm wieder seine Kleider an, und hiengen ihn an seinem Gürtel auf. Die Eltern suchten einige Zeit ihren Sohn überall vergebens. Endlich fand ihn der Besitzer der obengedachten Weinbergshütte, und meldete es seinen Eltern. Man glaubte, er hätte sich selbst aufgehängt, aber wie groß war das Erstaunen, als man seinen ganzen Körper durchstochen, und alles Bluts beraubt sah! Friedrich erhielt, als die Nachricht davon nach Wartburg kam, von seinem Vater den Auftrag, sich nach Weissensee zu begeben, und die Sache zu untersuchen. Er fand den Knaben noch in der Weinbergshütte liegen. Seine etwas verzerrten Gesichtszüge verriethen noch immer viel Sanftes und Einnehmendes. Gesicht und Brust waren mit einigen weißen und rothen Flecken bezeichnet. Alle Glieder seines Körpers waren noch so biegsam, als wenn er lebte. Unter den Nägeln der Finger und Fußzähen erblickte man Narben von Wunden, die dergestalt mit Teig verstopft waren, daß die Augen sehr leicht getäuscht wurden. Man setzte die kleine Leiche in die Peterskirche zu Weissensee bey, und mit heiliger Ehrfurcht bemerkte man, daß sie die Kraft der Wunderthätigkeit besitze. Dieses wurde Friedrichen nicht nur von verschiedenen glaubwürdigen Personen erzählt, sondern er sah selbst, daß ein Lahmer, auf die Fürbitte des seligen Knabens, seinen ordentlichen

lichen Gang wieder bekam. *) Dieses war für Frie- 1303. drichen genug, eine allgemeine Judenverfolgung in Thüringen anzustellen, und nur wenige waren so glücklich, ihr Leben zu retten.

17. Während daß Thüringens Ruhe von keinen ausländischen Feinden gestört wurde, fehlte es doch nicht an innerlichen Fehden, die sich zwischen den thüringischen Herren oder zwischen diesen und dem Landgrafen ereigneten. Von den damaligen Geschichtschreibern, welche meistens nur die Folge und nicht die Ursache aufzeichneten, erfahren wir nur selten, warum sich diese oder jene Fehde entsponnen hat. Es brach z. B. in eben diesem Jahre zwischen dem Landgrafen und dem Grafen von Weimar ein Krieg aus, von dessen Veranlassung nichts bekannt ist. Vielleicht hatte der Graf die vorige Verwirrung zu benutzen gesucht. Genug der Landgraf überzog den Grafen in Verbindung mit den Erfurtern, und brannte die Dörfer um Weimar ab. Hierauf belagerte und eroberte er das Schloß Hopfgarten, wo sehr viele Edelleute zu Gefangenen gemacht wurden. **) Das Schloß wurde gleichfalls ausgebrannt und zerstört. Vermuthlich hat

---

*) Rothe, S. 1762. Tenzelii vita Fr. ad morsi, ap. Menk. p. 945. Am letztern Orte findet man das Zeugniß, das Friedrich über diese Begebenheit ausgestellt hat.

**) Dieses thaten eigentlich die Erfurter. Sie belagerten es sieben Wochen lang, und die 38 Räuber, die sie gefangen bekamen, wurden zu Erfurt hingerichtet. Falkensteins erfurt. Historie, S. 170.

hat sich der Graf hierdurch bewogen gesehen, sich vor dem Landgrafen zu demüthigen; die Chronik meldet uns aber nichts davon.*) Im folgenden Jahre soll der Landgraf nebst den Erfurtern gegen den Burggrafen von Kirchberg zu Felde gezogen seyn; zuverläßigern Nachrichten zufolge hat aber der Landgraf an diesem Zuge keinen Antheil gehabt. Hingegen wurden die Erfurter von den Mühlhäusern und Nordhäusern unterstützt, und sie eroberten die Schlösser Greifenberg, Wintberg, Lehsten und Kirchberg. Der Burggraf von Kirchberg erbot sich zu einem Vergleiche, und Greiffenberg wurde ihm wieder eingerdumt; aber die übrigen drey Schlösser zerstörten die Erfurter.**)

1304.

18. Um eben diese Zeit hatte sich zwischen dem Grafen von Hohnstein und dem Abt zu Fulda eine Fehde entsponnen, deren Ausgang ziemlich ernsthaft war. Anfangs suchte man einander nur durch Streifereyen Schaden zu thun. Endlich beschloß Graf Heinrich einen förmlichen Zug gegen den Abt vorzunehmen. Er brachte, als er sich mit seinen Freunden darüber besprochen hatte, eine beträchtliche Anzahl

---

*) Rothe, S. 1762.

**) Chronik des Peterskl. — Rothe, S. 1763. L. Albrecht machte sich verbindlich, den Erfurtern allen Schaden zu ersetzen, den ihnen die Eroberung dieser vier Schlösser zugezogen hatte, oder noch zuziehen würde. Lünigs Reichsarchiv *Continuatio IV. Patt. Spec.* Th. 2, S. 441.

zahl thüringischer Ritter zusammen. Mit diesen rückte er in die Buchau. Als der Abt von seinem Anzuge Nachricht bekam, bot er nicht nur seine Voigte und Lehnsleute, sondern auch seine Bürger und Bauern, kurz alle wehrhaften Mannspersonen auf, und theilte sie in drey Haufen. Von einem derselben, welcher nach und nach sehr angewachsen war, wurde Graf Heinrich angegriffen und geschlagen. Er, der Graf von Beichlingen, der ihm Beystand geleistet hatte, und viele andre angesehene Herren, wie auch viele Ritter und Knechte wurden zu Gefangenen gemacht. Der Abt benutzte den Vortheil, den er in Händen hatte, und ließ sich ein großes Lösegeld bezahlen. Die Gefangenen mußten über dieses die Uhrfehde schwören, oder sich eidlich verbindlich machen, daß sie weder gegen das Stift, noch dessen Lehnsleute jemals feindselig handeln wollten. Doch die Herren und übrigen Edelleute, welche auf diese Art in Schaden gekommen waren, verlangten von dem Grafen Heinrich, daß er ihnen denselben vergüten sollte, und da er sich dazu nun nicht verstehen wollte, so suchten sie sich durch kleine Streifereyen schadlos zu halten, und es entstand hieraus eine große Menge Fehden in Thüringen. *).

19. Es war also einmal Thüringens Loos in jenen Zeiten, daß es fast niemals recht der Ruhe genießen sollte, und bald äußerten sich neue Unruhen,

*) Rothe, S. 1763.

hen, welche die vorigen in Vergessenheit brachten. Eisenach wollte sich noch immer nicht bequemen, die Herrschaft der Landgrafen von Thüringen zu erkennen. Die Bürger dieser Stadt schienen vielmehr den stolzen Entwurf gemacht zu haben, ihre Unabhängigkeit zu behaupten. Da sie befürchteten, daß die zwischen Albrechten und seinen Söhnen wieder hergestellte Einigkeit der Ausführung desselben hinderlich seyn könnte, so faßten sie den Entschluß, den neuen Kaiser Albrecht wider ihre Landesfürsten aufzuhetzen. Noch vorher aber brachten sie den Landgrafen Albrecht durch eine Geldsumme sehr leicht dahin, daß er ihnen verstattete, das Schloß Klemme und die beyden an der Stadtmauer gelegenen Thürme der Marienkirche, die ihnen zur Zeit eines Krieges hätte gefährlich werden können, niederreißen zu dürfen. *) Doch die jungen Landgrafen waren zuletzt sehr unzufrieden, daß sich die Eisenacher ihrer Herrschaft zu entziehen suchten, und sie scheinen ernsthafte Anstalten gemacht zu haben, sie dazu zu zwingen. Letztre schickten also Gesandten an den König Albrecht, und ließen ihm zu wissen thun, daß Albrechts Söhne sich erkühnten, das Thüringerland,

---

*) Rothens Erzählung zufolge geschah dieses erst 1307, und L. Albrechts Erlaubniß erstreckte sich bloß auf das Schloß. K. Albrecht bestätigte es, und stellte eine Urkunde darüber aus. Die Thürme der Marienkirche rissen die Eisenacher aus eigner Macht nieder, und die Domherren verklagten sie deswegen zu Rom. S. 1765.

gerland, welches sein Vorfahr käuflich an sich gebracht hatte, an sich zu reissen, und daß es, wenn er ihnen nicht zu Hülfe käme, ganz gewiß geschehen würde. Albrecht glaubte, als Adolfs Nachfolger, ohnedieß, auf Thüringen gegründete Ansprüche zu haben, und Dietrich hatte sich daher schon vor einigen Jahren bewogen gesehen, auf die Hebung dieser derselben bedacht zu seyn. Er trat auf dem in diesem Jahre zu Nürnberg gehaltenen Reichstag mit dem König Albrecht deswegen in Unterhandlungen; als es ihm aber nicht glücken wollte, wendete er sich nebst dem Grafen Berthold von Henneberg, seinem Schwager, an den Erzbischof Gerhard von Maynz, und beyde schlossen einen Vergleich mit demselben, vermöge dessen sie sich anheischig machten, Gebharden tausend Mark Silbers zu bezahlen, wenn er es durch seine Bemühungen dahin bringen könnte, daß Albrecht innerhalb vierzehn Tage, von dem nächsten Marienfeste angerechnet, seinen Ansprüchen entsagte.*) Gebhard, der sowohl bey der Wahl Adolfs von Nassau als Albrechts eine wichtige Rolle gespielt hatte, und der im deutschen Reiche überhaupt in großem Ansehen stand, war außer allem Streit diejenige Person, die sich zur Ausführung dieses Auftrags am besten schickte. Hierzu kam eine Lehnsverbindung zwischen ihm und dem Landgrafen, die ihm dieses Geschäfte auch auf einer andern Seite wichtig machte. Das Schloß und die Stadt Gotha war nebst den dazu gehörigen Rechten und

1298.

*) Gudeni Cod. Dipl. I, 913. — Witte, S. 168.

und Gerechtsamen ein Lehn des Erzstifts Maynz. Wenigstens hatte es Landgraf Albrecht bereits dafür erkannt, und er, der so manche thüringische Güter und Gerechtsame veräußerte, kann auch wohl Schloß und Stadt Gotha dem Erzstift Maynz als ein Lehn aufgetragen haben. Genug, Landgraf Dietrich, erkannte es nicht nur aufs feyerlichste dafür, sondern erklärte auch zugleich, daß es nach seinem unbeerbten Tode dem Erzstifte als ein erlebigtes Lehn anheimfallen sollte. *)

20. So bemühete sich also Landgraf Dietrich, König Albrechts Ansprüche auf Thüringen zu heben; aber auch Gerhards Vermittlung war fruchtlos, und Albrecht konnte durch nichts bewegt werden, auf die vermeynte Erbschaft Verzicht zu leisten. Die Klagen und Bitten, die Eisenach und einige andre Städte bey ihm anbrachten, waren ihm also eine erwünschte Gelegenheit, sich in Thüringens Angelegenheiten zu mischen. Er schrieb daher vor allen Dingen einen Reichstag nach Fulda aus, zu dem er nicht nur den Landgrafen Albrecht und seine Söhne, sondern auch die gedachten Städte einlud. Doch Friedrich und Tiezmann, welche bey Albrechten eben die boshafte Denkungsart vermutheten, die sie bey seinem Vorgänger erfahren hatten, hielten es für gefährlich, dieser Einladung zu folgen. Ihre Bedenklichkeit war vielleicht unnöthig; denn Albrecht dachte unstreitig weit edler als sein Vorgänger. Genug,

1306. July.

*) Goth. Gesch. I, 112.

Genug, sie erschienen nicht, und König Albrecht
nahm es sehr übel auf. Er äußerte seine Empfind-
lichkeit in vielen Unterredungen, die er mit ihrem
Vater anstellete. Er beklagte sich, daß sie Thüringen, der empfangenen Kaufsummen ungeachtet, ihm
nicht einräumen wollten, und die Folge von allem diesen war, daß er Friedrichen und Tiezmannen in
in die Acht erklärte, und einen Feldzug wider 1. Aug.
sie beschloß. Andere Angelegenheiten, die ihn nach
Böhmen riefen, verhinderten ihn aber, diesen End-
schluß sogleich ins Werk zu setzen; doch schickte er
den Städten, die ihn um Hülfe angesprochen hatten, Voigte und Kriegsleute zu. Eisenach bekam
den Grafen von Wildenau, einen Bruder des Abts
von Fulba, zum Befehlshaber. Die königlichen
Voigte streiften auf die Anhänger der jungen Fürsten, und raubten und brannten so viel sie konnten.
Zu Ende des Jahres rückte König Albrecht, als
er die böhmischen Angelegenheiten in Ordnung gebracht
hatte, in das Osterland und in Thüringen ein; da
aber der Winter bereits eingefallen war, so that
er weiter nichts, als daß er die Dörfer plünderte
und abbrannte, und dann weiter zog. *)

21. Indessen ereignete sich eine Begebenheit,
welche für Friedrichen höchstvortheilhaft war. Die
Wartburg befand sich noch in den Händen seines Vaters Albrecht, und da Eisenach unter den Städten,
die

*) Chronik des Peterskl. Rothe, S. 1764. 1765.
Wilke, S. 176 – 167.

die es mit dem König hielten, die vornehmste war, so konnte der Besitz dieses Schlosses nicht anders als sehr wichtig seyn. Aber es war, da Eisenach eine königliche Besatzung hatte, nicht so leicht, sich der Wartburg zu bemächtigen. Wie bereitwillig ergriff also Friedrich die Gelegenheit, die ihm seine Schwiegermutter, die ihn zärtlich liebte, darbot! Sie gab ihm heimlich die Mittel an, wie er auf die Wartburg kommen könnte. Friedrich verbarg sich eines Tages mit funfzehn seiner treuesten Leute in einer Höhle bey dem sogenannten Gehofenstein, welche deswegen das Landgrafenloch genennt wurde, und von hier erstieg er die Wartburg. Er fand, weil seine Schwiegermutter die Gemüther der Besatzung bereits darauf vorbereitet hatte, keinen Widerstand, und sein Vater sah sich unvermuthet in seinen Händen. Unter solchen Umständen konnte er weiter nichts thun, als daß er den Vorstellungen seines Sohnes und seiner Gemahlin endlich Gehör gab, und am folgenden Tage die Wartburg räumte. Er zog hierauf nach Erfurt, wo er den noch übrigen Theil seines Lebens hinbrachte. *)

22. Fried-

*) Mit solchen Umständen erzählt es Rothe; der Chronik des Petersklosters zu folge wurde aber L. Albrecht von den Eisenachern auf der Wartburg eingeschlossen. Friedrich entsetzte sie, und nun ließ sich Albrecht durch die Vorstellung seiner Gemahlin und einiger andern Personen bewegen, seinem Sohne die Wartburg für eine große Geldsumme abzutreten.

22. Friedrich war demnach Besitzer von der Wartburg, aber die Eisenacher, die nicht wenig erschraken, als sie die Nachricht davon erhielten, beschlossen alles zu wagen, um sie ihm wieder aus den Händen zu reissen. Sie rückten in Verbindung mit den königlichen Voigten sogleich davor, und schnitten ihm alle Zufuhre ab. Auch meldeten sie es dem König, und dieser bot die Städte Mühlhausen, Nordhausen und Erfurt auf, ihm Wartburg belagern zu helfen. Der Graf von Wildenau besetzte die Anhöhe der ehemaligen Eisenacherburg, die hinter der Wartburg liegt, und hier stießen nach und nach die Eisenacher, die Erfurter, die Mühlhäuser und die Nordhäuser zu ihm. *) Die Belagerung wurde lebhaft geführt, und man setzte dem Schlosse durch Stürmen und Bliedenwerfen gewaltig zu. Man richtete aber durch alles dieses nichts aus. Indessen trug sichs zu, daß Friedrichs Gemahlin, Elisabeth, eine Tochter zur Welt brachte. Auf der Wartburg war kein Geistlicher, der sie taufen konnte, und da die Feinde alle Zugänge des Schlosses besetzt hielten, so war es fast unmöglich diesen Mangel zu ersetzen. In dieser Verlegenheit verstrichen acht Tage. Man kann sich die zärtliche Besorgniß, die dieser Zufall bey Friedrichen und seiner Gemahlin verursachen mußte, leicht vorstellen. Seine Tochter länger ungetauft zu sehen, ist Friedrichen endlich unmöglich, und er wagt einen kühnen Streich, welcher seiner väterlichen Zärtlichkeit

---

*) Rothe, S. 1766.

lichkeit die größte Ehre macht. Er, die Amme mit dem Kinde und zehn andre von seinen Hofleuten, reuten des Nachts aus der Wartburg heraus, und eilen dem thüringer Walde zu. Die Wache dieser Gegend merkt es, und meldet es in der Stadt. Da machen sich die Bürger und ihre Leute auf, um ihnen nachzusetzen. Friedrich sucht das Schloß Tenneberg zu erreichen. Die Amme mit dem Kinde mußte immer vor ihm reuten, da aber das Kind das Bedürfniß zu trinken länger als gewöhnlich nicht befriedigt hatte, so fieng es endlich an zu schreyen. Friedrich befiehlt der Amme, es zum Schweigen zu bringen, aber die Amme stellt ihm die Unmöglichkeit vor. Auf der Stelle gebietet der zärtliche Vater seinen Leuten Halt zu machen. Meine Tochter (spricht er) soll dieser Verfolgung wegen keinen Durst leiden, und sollte es auch das thüringer Land kosten. Man stelle sich nun den rührenden Auftritt vor, wie das Kind an der Amme Brust liegt, und Friedrich nebst den Seinen sich zur Wehre stellt. Durch einen glücklichen Zufall verfehlten ihn die Verfolger; aber sie waren ihnen so nahe, daß man das Trappen der Pferde hören konnte. Nachdem sie sie nun auf zwo Meilen Wegs verfolgt hatten, kehrten sie wieder um, und Friedrich langte noch vor Tage mit seiner Tochter zu Tenneberg an. Hierhin beschied er den Abt von Reinhardsbrunn, der seine Tochter taufte, und ihr, auf sein Verlangen, den mütterlichen Nahmen Elisabeth beylegte. Friedrich stellte bey dieser Gelegenheit ein schönes Gastmahl an.

23. Doch

23. Doch seine Gedanken waren nun wieder auf die Befreyung des Schlosses gerichtet, und da es an Lebensmitteln großen Mangel litte, so suchte er demselben so bald als möglich abzuhelfen. Er ließ daher seine Tochter nebst ihrer Amme auf Tenneberg, und reisete zu seinem Schwager, dem Herzog Heinrich von Braunschweig,*) um ihn um seinen Beystand zu bitten. Die thüringischen Grafen und Herren, die ihm ergeben waren, brachten indessen einen großen Vorrath zusammen, und nun rückte von allen Seiten Hülfe herbey. Der Herzog von Braunschweig zog Friedrichen mit vielen Truppen zu Hülfe, und sein Bruder Tiezmann kam aus dem Osterlande herbey. Die Grafen von Schwarzburg, von Beichlingen, von Hohnstein, von Stolberg, von Mannsfeld, die edlen Herren von Vargel, von Dreffurth, von Schlotheim, von Ebeleben, von Fahner und viele andre angesehene Herren, sowohl Ritter als Knechte, stellten sich zu Sonneborn **) ein, und brachten viele Wagen voll Lebensmittel mit. Mit diesem rückten sie, ohne daß die Eisenacher vorher Nachricht davon bekamen, in die Gegend der Frauenburg. Drey hundert und sechs und dreyßig Mann mit gekrönten Helmen, lauter gute Ritter und edle Männer, hielten, während daß die Wagen, unter einer Bedeckung von andrer Mannschaft, in die Wartburg geschafft wurden, zu Pferde, und beobachteten alle

G 4 Thore

---

*) Er hatte seine Schwester Agnes zur Gemahlin.
**) Ein Dorf nicht weit von Gotha.

Thore der Stadt, so, daß es niemand wagen konnte, heraus zu kommen. Eben dieses Schicksal hatte die Besatzung der Eisenacherburg, und es war ihnen noch überdieses vor einem Ueberfall bange. *)

1305. 24. Dieses geschah im Winter, und da nun Wartburg mit neuer Mannschaft und mit frischem Vorrathe versehen war, so wuchs der Muth der Besatzung so sehr, daß sie öftre Ausfälle wagte, und den Eisenachern vielen Schaden zufügte. Sie trieb ihnen das Vieh weg; sie hieb den Eisenachern, die sie in die Hände bekam, die Beine ab, oder schlug sie gar todt. Die Eisenacher thaten daher alles mögliche, um die Thore und die Aussenwerke ihrer Stadt immer mehr zu befestigen. Demungeachtet dauerten die Ausfälle beständig fort. An dem Weihnachtsfeste wollte der Graf von Wildenau, welcher auf der Eisenacherburg lag, in die Stadt zur Messe gehen. Eben that die Besatzung der Wartburg aber einen Ausfall, und der Graf gerieth ihr nebst seinem Gefolge in die Hände. **) Der Abt von Fulda, der Bruder desselben, hatte Friedrichen sehr beleidigt. Dafür mußte der unglückliche Graf büßen. Man steckte ihn, des Winters ungeachtet, in ein hartes Gefängniß, und ließ ihm so viele Drangsalen empfinden, daß er ihnen unterliegen

---

*) Rothe, S. 1767 und 1768.

**) Nach der Chronik des Peterskl. war er, von vier Soldaten begleitet, im Begriff, ein Belagerungswerk zu besichtigen.

gen mußte. Er ward nach seinem Tode von der Wartburg nach Eisenach gebracht, und in dem Dominicanerkloster begraben. *)

25. König Albrecht hatte indessen ein großes Heer zusammen gebracht, welches nicht nur aus den Truppen, die er in den böhmischen Feldzug gebraucht hatte, sondern auch aus frischer Mannschaft, die er in Schwaben, den am Rhein gelegenen Gegenden, Oestreich und Bayern anwarb, bestand. Dieses Heer ließ er zu Anfang des Frühjahrs in das 1307. Osterland einrücken, und da es der Abt zu Pegau mit einem Vorrathe von neuen Lebensmitteln versehen hatte, so schlug es bey Lukka, einer kleinen Stadt im Altenburgischen, sein Lager auf. Es verstrichen einige Tage, ohne daß dieses Heer etwas besonderes ausrichtete, und seine zum Theil noch an keine Kriegszucht gewöhnten Leute plünderten und verheerten indessen die benachbarten Gegenden. Da ihnen von niemand Einhalt gethan wurde, fiengen sie an, die Feinde zu verachten, und sich um die Zurüstungen, die sie machten, wenig zu bekümmern. Aber Friedrich und Tiezmann nutzten die Zeit, die ihnen ihre allzugroße Sicherheit darbot, auf das beste, und boten indessen alle ihre Mannschaft, ihre Miethtruppen, und ihre Bürger und Bauern nach Leipzig auf. Es langten auch drey hundert Reuter an, die ihnen der Herzog von Braunschweig zu Hülfe schickte, und die Fürsten beschlossen nun, das

*) Rothe, am a. O.

Lager bey Lukka anzugreifen. Von dem Ausgange dieses Angriffs hieng das Schicksal Thüringens, Meissens und des Osterlandes ab. Die Fürsten glaubten also nichts versäumen zu dürfen, was ihnen zur Erhaltung des Sieges behülflich seyn könnte, und da ihnen der Beystand des Höchsten am unentbehrlichsten war, so suchten sie sich vorher durch ein reuiges Bekenntniß ihrer Sünden mit Gott auszusöhnen. Hierauf empfiengen sie das h. Abendmahl, und nun legten sie, im Vertrauen auf ihre gerechte Sache und auf Gottes Beystand, ihre Waffen an. Binde mir, sagte Friedrich zu dem Knapen, der ihm den Helm überreichte, an dem heutigen Tage entweder drey Länder, oder keins auf. Hierauf gieng es mit starken Schritten auf die Feinde los. Der Angriff erfolgte am Petronillentage. Die Thüringer und Osterländer, welche zuerst anrückten, fanden einen überaus tapfern Widerstand; aber die Meißner unterstützten sie, und endlich brachen, nachdem das Gefechte fünf Stunden gedauert hatte, die Reuter in die Feinde ein. Dieß machte den Sieg entscheidend. Es wurden viele Edle zu Gefangenen gemacht, und viele Gemeine theils niedergehauen, theils in die Flucht geschlagen. *) Ja die Begierde, sich durch die Flucht zu retten, war bey den königlichen Truppen so groß, daß sie ihren Siegern zu vielerley Spöttereyen Anlaß gab. **) Friedrich und Tiezmann hielten hierauf

31. May.

—————————
*) Der erste Geschichtschr. der Landgrafen giebt die Zahl der Getödteten auf 360 an.

**) Unter andern hat das Sprüchwort: es geht dir wie

den

auf einen feyerlichen Einzug in Leipzig, und dankten dem Höchsten für den Sieg, den er ihnen verliehen hatte.*)

26. Neue Unruhen, die indessen in Böhmen ausgebrochen waren, verhinderten den König Albrecht auf einige Zeit, sich wegen der bey Lukka erlittenen Schmach zu rächen. Doch rückte er bereits im Julius mit einem neuen Heere, womit er nach Böhmen ziehen wollte, durch. Er suchte zwar seinen Unwillen durch einige Verwüstungen zu äußern; da ihm aber die Gefangenschaft so vieler Ritter und andrer Edlen, die in der Schlacht bey Lukka den Feinden in die Hände gerathen waren, ganz besonders zu Herzen gieng, so ließ er sich mit den jungen Fürsten in öftre Unterhandlungen deswegen ein: Aber diese wollten sie ohne ein ansehnliches Lösegeld nicht in Freyheit setzen, und die böhmischen Angelegenheiten gestatteten ihm nicht, sich länger zu verweilen.**) Er richtete also weiter nichts aus, als daß er den Erzbischof Peter zu Maynz, der ihn begleitete, der Geistlichkeit und der Bürgerschaft zu Erfurt vorstellte. Sein Abzug aus Thüringen erfolgte

den Schwaben bey Lukka, seinen Ursprung daher bekommen. Rothe, S. 1770.

*) Wilke, S. 170 – 173.

**) Wilke, S. 273. K. Albrecht bot Friedrichen (wie Rothe, S. 770 meldet) ein großes Lösegeld an; aber dieser wollte sie nur gegen andre Gefangne auswechseln.

folgte zu Ende des Augusts. Aber auch seine übrigen Unternehmungen wurden vereitelt. Der bayrische Herzog Stephan lieferte ihm ein Treffen, in welchem er so sehr geschwächt wurde, daß er sich nach Nürnberg zurück ziehen mußte. Albrecht verlohr nun so ziemlich die Lust, sich des Besitzes von Thüringen zu versichern, und er prieß sich glücklich, daß er die Gefangenen auslösen durfte. Friedrich that mit der Geldsumme, die ihm dieses einbrachte, was wenig Fürsten unter seinen Umständen gethan haben würden; er erließ allen seinen Unterthanen die Abgaben, die sie ihm das folgende Jahr entrichten sollten. *)

27. Die Friedrichen und Tiezmannen unterworfenen Länder genossen nun wieder der Ruhe, und eben fiengen sie an, sich von den ausgestandenen Widerwärtigkeiten zu erholen, als das Haus seiner Beherrscher von einem Schlag getroffen wurde, welcher ihrer Glückseligkeit äußerst empfindlich war. Tiezmann, der sich meistentheils zu Leipzig aufhielte, begab sich am Morgen des Christtages ganz früh in die Thomaskirche, um der Christmetten beyzuwohnen. Als er hier auf den Knien liegt, und der Gesang, der sich mit dem Worte: Benedictus, anfängt, eben angestimmt werden soll, springt ein unbekannter Mensch auf ihn los, und bringt ihm eine tödtliche Wunde bey. Auf das Geschrey des Fürsten eilen seine Diener hinzu. Der Mörder

25. Dec.

*) Wille, S. 174.

Mörder sucht sich unter dem übrigen Haufen zu verbergen; aber der blutige Dolch, den er in der Angst zu verbergen vergißt, verräth ihn den Umstehenden. Man bemächtigt sich seiner Person; man schleift ihn, man rädert ihn; man sucht ihm das Geständniß, warum er diese That verübte, auf alle Art zu entreissen, aber alles umsonst.*) Tiezmann lebte nur noch drey Tage, und vor seinem Tode gieng eine aufrichtige und feyerliche Wiederaussöhnung mit Gott her. Zwar wünschte er zu Reinhardsbrunn, dem Erbbegräbnisse der Landgrafen, begraben zu seyn; es dünkte ihm aber, als wenn er wegen seiner Sünden nicht würdig wäre, unter diesen heiligen und frommen Fürsten seine Ruhestätte zu finden. Er überließ es daher seinen Dienern, ihm einen Begräbnißort auszusuchen; und diese erwählten die Predigerkirche zu Leipzig dazu.**)

28. Auf diese Art wurde Tiezmann der Welt in einem Alter von sieben und vierzig Jahren entrissen. Dieser Fürst, der sich durch Gottesfurcht, Klugheit und Tapferkeit so vorzüglich auszeichnete, ist uns aber nicht allein als Sohn des Landgrafen Albrechts und als Bruder des Markgrafen Friedrichs, sondern auch als Mitbeherrscher Thüringens merk-

---

*) Man beschuldigte K. Albrechts Befehlshaber in Meissen, den Grafen Phillipp von Nassau, daß er diesen Mord veranlaßt habe. Fabricii Origines Saxonicae.

**) Rothe, S. 1769. Wille, S. 343-367.

merkwürdig. Von seinen Bemühungen, des Königs Albrechts Ansprüche auf Thüringen zu heben, ist oben erzählt worden; auch habe ich bereits des Antheils erwähnt, den er an der Regierung unseres Landes nahm. Es gab aber Güter und Gerechtigkeiten in Thüringen, die ihm allein gehörten. Dieß beweisen verschiedene Schenkungen, wodurch er sich um Klöster verdient machte. So verlieh er z. B. dem Kloster Georgenthal die Gerichte in dem Dorfe Hohenkirchen; auch bestätigte er demselben den Besitz des sogenannten Freywaldes, nebst einigen Hufen zu Rettbach, Grabsleben und Teutleben, die ihm sein Vater geschenkt hatte. Dem Kloster Ichtershausen trat er alle seine Rechte ab, die ihm in Ansehung der zu Ichtershausen und Dachwig gelegenen Güter gehörten; auch gewährte er demselben die Gerechtsamen, die ihm sein Vater verliehen hatte. Vorzüglich aber scheint der Besitz des Schlosses Tenneberg sein Eigenthum gewesen zu seyn. Denn als er dem Kloster Reinhardsbrunn die Gerichte über seine Dörfer bestätigte, so sagte er ausdrücklich, daß ihm dieses vermöge der Erbfolge und der Landeshoheit auf Tenneberg zukäme. Er erwähnt bey dieser Gelegenheit seiner Voigte und Beamten, die an diesen Oertern angestellt waren, und er macht sich anheischig, daß die Freyheiten des Klosters auch in dem Fall, wenn er das Schloß Tenneberg veräußern, verpfänden oder einem andern verleihen würde, auf keine Weise gekränkt werden sollten. Daß der Bezirk von Tenneberg Tiezmannen gehört hat, läßt sich also gar nicht bezweifeln. Es

entsteht

entsteht aber die Frage, wie er zu dem Besitz desselben gelangt ist. Darf man einer alten Chronik der Bischöfe zu Merseburg trauen, so schlossen Heinrich von Ammendorf, der von 1282 bis 1300 diesem Stifte vorstand, imgleichen Landgraf Albrecht und seine Söhne einen Vergleich, vermöge dessen Albrecht dem Stifte das Schloß und den Bezirk von Tenneberg schenkte. Gedachter Bischof ertheilte hierauf Albrechten und seinen Söhnen über alle ihre Besitzungen, und besonders über den Bezirk von Tenneberg die Lehn, und Albrecht hat ihn vielleicht hernach an Tiezmannen abgetreten. *) Daß Tiezmannen aber ein ganz besondres Recht auf Thüringen zukam, beweiset auch der Titel und die Siegel, deren er sich zu bedienen pflegte. Er nannte sich beständig Dietrich von Gottes Gnaden Jüngerer Landgraf der Thüringer oder in Thüringen, und er setzte den Landgrafen dem Markgrafen des Osterlandes und der Lausitz vor. **) Es legte sich außer seinem Vater sonst niemand den Titel eines Landgrafen von Thüringen bey, und er setzte, um sich von demselben zu unterscheiden, die Benennung:

der

---

*) Wilke, S. 276 – 279.

**) In lateinischen Urkunden: Theodoricus Dei Gratia junior Thuringorum Lantgravius, doch mit verschiedener Versetzung der letztern Worte; im Deutschen Dietrich von Gots Gnaden der jünger (oder) jünger Landgrave in Doringen. Er legt sich diesen Titel 1283 das erstemal bey. Wilke, S. 382 – 385.

der Jüngere, hinzu. Es ist daher bey den Geschichtschreibern dieses Zeitalters etwas gewöhnliches, daß sie Albrechten den ältern und Tiezmannen den jüngern Landgrafen nennen. Forscht man nun nach den Ursachen, welche Tiezmannen bewogen haben, sich vorzüglich einen Landgrafen von Thüringen zu nennen, so läßt sich gar nicht zweifeln, daß Tiezmann ein besondres Erbrecht auf Thüringen gehabt haben müsse, und daß es ihm, wenn er seinen Vater überlebt hätte, ganz gewiß zu Theil geworden seyn würde. Aber die Vorsehung hatte es anders bestimmt, indem sein ältrer Bruder Friedrich, der sich bisher den Titel eines Markgrafen von Meissen vorzüglich beygelegt hatte, durch seinen unvermutheten Tod der alleinige Erbe aller Länder Heinrichs des Erlauchten, und also auch Thüringens, wurde. *)

1308. 29. Friedrich war, nach dem Tode seines Bruders, sogleich darauf bedacht, sich des Besitzes von Thüringen zu versichern, und er berief deswegen zu Anfang des folgenden Jahres die Stände und die Voigte nach Erfurt zusammen. Das Petersklöster war zum Orte der Zusammenkunft bestimmt, und die thüringischen, meißnischen und osterländischen Herren stellten sich in großer Anzahl ein. Aber die Grafen von Käfernburg, imgleichen Eisenach und verschie-

*) Tiezmann hatte Jutta, die Tochter des Grafen Bertholds VIII von Henneberg, zur Gemahlin; er zeugte aber keine Kinder mit derselben. Wilke, S. 50-59.

verschiedene andre Städte konnten sich noch nicht entschließen, sich Friedrichen zu unterwerfen. Die übrigen gelobten und schwuren ihm, wenn sie es noch nicht gethan hatten, eine Mannschaft, *) und huldigten ihm als einem rechten Landgrafen in Thüringen, und Markgrafen von Meissen und dem Osterlande. Sie versprachen ihm, als ihrem Landesherrn, bey allen Gelegenheiten beyzustehen, und er gelobte ihnen das nemliche. Er lösete sie hierauf nicht nur sämmtlich aus den Herbergen aus, sondern er beschenkte auch sehr viele unter ihnen mit Pferden, mit Geld und mit allerley Kleinodien. Endlich ermahnte er sie gutes Muths zu seyn, indem er Land und Leute ihrentwegen auf das Spiel zu setzen versprach, und zugleich erklärte, daß sie, wenn sie der Kaiser Albrecht aufs neue überziehen sollte, sicher darauf rechnen könnten, daß er sich in keinem Falle von ihnen trennen würde. Die Voigte brachte er durch Geldsummen dahin, daß sie ihm die Schlösser und Festungen seines Bruders einräumten, und er bestätigte sie in den Stellen, die sie bisher verwaltet hatten. **) Friedrichs Lehnsleute und Voigte zogen hierauf wieder heim, und griffen sowohl die Eisenacher als andre, die es noch mit dem König hielten, von allen Seiten an. Bey dieser Gelegenheit wurden verschiedene Dörfer der Grafen von Käfernburg geplündert und abgebrannt. Dieses

that

---

*) So nennte man im Mittelalter die Lehnspflicht. Vergl. Band II, S. 343.

**) Chronik des Peterskl. Rothe, S. 1770.

that die Würkung, daß alle Feinde Friedrichs, Eisenach ausgenommen, sich ihm unterwarfen. Die Bürger dieser Stadt schickten Abgeordnete an den König Albrecht nach Nürnberg, und ließen ihn aufs dringendste bitten, ihnen Beystand zu leisten. Er begab sich daher bereits im Jenner d. J. nach Eisenach, und er that alles mögliche, um die thüringischen Herren zur Untreue gegen Friedrichen zu bewegen, und sie auf seine Seite zu bringen. Aber alle seine Bemühungen waren umsonst. Er faßte daher den Entschluß, Thüringen aufs neue mit einem großen Heere zu überziehen. Allein die Furcht, welche die Thüringer deswegen empfanden, war vergeblich. König Albrecht wurde von seinem eignen Vetter, dem Herzog Johann von Oestreich, ermordet, und die Vorsehung gestattete es auf diese Art, daß Johann nicht nur der Schweiz, auf welche Albrecht eigennützige Absichten hatte, sondern auch Thüringen, das er seinen rechtmäßigen Herren zu entziehen suchte, einen großen Dienst erwieß.

1. May.

30. Die Nachricht von Albrechts Tode verursachte den Eisenachern ein großes Schrecken, und da sie alle Hoffnung aufgaben, Friedrichen ferner Widerstand thun zu können, so waren sie nunmehr auf eine Wiederaussöhnung mit demselben ernstlich bedacht. Einige Edele des Landes übernahmen es, ihnen Friedrichs Gnade zu verschaffen. Diese waren: Graf Dietrich von Hohnstein der Aeltere, Graf Friedrich von Beichlingen der Aeltere, Graf Günther von Schwarzburg, Graf Günther von Käfernburg,

burg, Konrad Schenk von Nebra, Ludwig von Blankenhayn, Hermann von Spangenberg und Friedrich von Salza. Diese vermittelten einen Vergleich, welcher einige Wochen nach Albrechts Ermordung zu Eisenach zu Stande kam. Friedrich, der sich jetzt zum erstenmal einen Landgrafen zu Thüringen nennt, bekennt in der darüber ausgestellten Urkunde, daß er, mit Bewilligung und auf Befehl seines lieben Vaters, des Landgrafen Albrechts, wegen aller der Irrungen und Streitigkeiten, die sein Vater und er mit den Bürgern von Eisenach gehabt hat, sich verglichen habe, und daß weder sein Vater noch er sich jemals deswegen an ihnen rächen würden. Zugleich verspricht er seinen lieben Bürgern zu Eisenach, daß alle ihre Gerechtsamen und Vorzüge, die sie vor Alters besessen haben und noch besitzen, ungekränkt bleiben sollen. *)

22. May.

31. Auf diese Art befand sich nun Friedrich in dem Besitz des ganzen Thüringens, und alle seine Bemühungen waren nun darauf gerichtet, den Frieden recht dauerhaft zu machen, und den Wohlstand seiner Länder wieder herzustellen. Er wandte, wie schon oben erwähnt worden, das ansehnliche Lösegeld, das ihm die Gefangenen entrichten mußten, dazu an, um die Ausgaben, die sein Hof und sein Land erforderten, damit zu bestreiten. Dagegen erließ er seinen Unterthanen die Geschoße, die Bethen, die Zinsen und alle andere Abgaben auf ein Jahr,

*) Rothe, S. 1772. Tenzel, S. 958.

Jahr, und die Einwohner Thüringens vergaßen nun allmählig das Ungemach, das sie seit langer Zeit ausgestanden hatten. Die Landleute bauten ihre verwüsteten Dörfer und Aecker wieder, und die Edlen stellten ihre Vorwerke und Höfe wieder her. Eisenach hatte für die Untreue, der es sich gegen seinen gebohrnen Landesherrn schuldig gemacht, nicht wenig büßen müssen. Ein großer Theil desselben war verwüstet; auf dem Markte wuchs Gras, und viele Häuser lagen unter ihren Trümmern. Doch alles dieses wurde nun wieder in seinen vorigen Stand versetzt. Auch bauten die Bürger, dem mit Friedrichen geschlossenen Vergleiche zufolge, das Schloß Klemme wieder auf; aber die Kemnaten einiger Burgleute, die sie gleichfalls zerstört hatten, stellten sie nicht wieder her, und der Landgraf sah es ganz gern. Eben dieses Schicksal hatten die niedergerissenen Thürme der Marienkirche; aber die Bürger stellten die Geistlichen, die sie deswegen zu Rom verklagt hatten, auf andre Art zufrieden.*)

32. Deutschland bekam zu Ende dieses Jahrs an Heinrichen, Grafen von Luxenburg, ein neues Oberhaupt, der als Kaiser Heinrich VII sowohl wegen seiner kurzen Regierung, als weil er sich meistens in Italien aufhielt, auf Deutschland, und noch weniger auf Thüringen großen Einfluß haben konnte. Indessen hinderten ihn die Absichten, die ihn in Italien beschäftigten, vielleicht am Entwurfe,

*) Rothe, S. 1772. 1773.

fen, welche für Thüringen hätten gefährlich werden
können. Er ernannte, als er über die Alpen ziehen
wollte, seinen Sohn, den König Johann von Böh= 1310.
men, zum Generalstatthalter des Reichs, und weil
dieser erst sein vierzehntes Jahr zurück gelegt hatte,
so gab er ihm den Erzbischof Peter von Maynz und
den Grafen Bertold von Henneberg zu Gehülfen.
Letzterer, der sich besonders viele Verdienste um Kaiser Heinrich VII erworben hatte, wurde von demselben in den Reichsfürstenstand erhoben. Er ist
aber in andrer Rücksicht ungleich merkwürdiger für
uns, da es durch seine und des Erzbischofs Peter
Vermittlung geschah, daß Kaiser Heinrich VII allen den Ansprüchen auf Thüringen, die er von seinen Vorfahren geerbt haben konnte, entsagte, und
den Landgrafen Friedrich nebst allen seinen Erben,
mit der Landgraffschaft Thüringen und der Markgräffschaft Meissen belieh. Der Beystand, den
Heinrich auf seinem Zuge nach Italien sich von Friedrichen versprach, scheint nicht wenig dazu beygetragen zu haben, ihn zu dieser Entschließung zu bewegen. Genug, der Erzbischof Peter und der gefür-
stete Graf Bertold setzten, seinem Auftrage gemäß,
den Landgrafen Friedrich, noch zu Ende dieses Jah- 19.
res, in den Besitz der Landgraffschaft Thüringen Dec.
und der Markgräffschaft Meissen ein, und der junge König Johann ertheilte ihm seine Bestätigung
darüber. *)

H 3 {3. Fried-

*) Tenzel, S. 956 - 958.

93. Friedrichs Besitz Thüringens war nunmehr auf alle Art gegründet, und die Unterthanen desselben hätten vollkommen glücklich seyn können; aber einige unter ihnen, die sich unabhängig zu machen suchten, nöthigten denselben, harte Maaßregeln zu ergreifen, und die Ruhe des Landes wurde also aufs neue unterbrochen. Mühlhausen und Nordhausen, zwo ansehnliche Städte, hatten sich in dem Besitz der sogenannten Reichsfreyheit nun schon lange festgesetzt. Eisenach und Erfurt, die vornehmsten unter den übrigen Städten Thüringens, giengen mit ähnlichen Entwürfen schwanger, und die vorige Geschichte hat uns die Bemühungen, welche Eisenach in dieser Absicht anwendete, lebhaft dargestellt. Aber Eisenachs Absicht wurde, wie wir kurz vorher gehört haben, vereitelt. Nun war noch Erfurt übrig, das zur Ausführung eines solchen Plans schon lange Anstalten gemacht hatte. Der Reichthum, den Handel und Manufakturen seinen Bürgern verschafften, noch mehr aber die schwankende Oberherrschaft über diese Stadt, welche die Landgrafen nicht ganz behaupten, und die Erzbischöfe von Maynz nicht völlig sich anmaßen konnten, flößte den Häuptern ihrer Bürgerschaft den Gedanken ein, sich immer unabhängiger zu machen. Die verwirrte Regierung des Landgrafen Albrechts, dem sie so viele Dienste erwiesen hatten, bot ihnen eine schöne Gelegenheit dazu an. Albrecht, dem die Veräußerung der Güter und Gerechtsamen seines Hauses gleichsam zur Gewohnheit geworden war, überließ der Stadt Erfurt viele Gerichte

Gerichte und Voigteyen in den herumliegenden Dörfern. Dieses geschah ohne Bewilligung seines Sohnes, und Friedrich verlangte sie daher von den Erfurtern zurück. Er hatte aber auch als Lehnsherr Ursache, über sie aufgebracht zu seyn, da sie, während der Uneinigkeit, die zwischen ihm und seinem Vater herrschte, verschiedene Dörfer, Schlösser und Gerichte seiner Lehnsleute in Besitz genommen hatten, und nicht wieder ausliefern wollten. Friedrich stellte, um die Sache in der Güte beyzulegen, viele Zusammenkünfte mit ihnen an. Allein sie behaupteten, sie hätten die Güter, Gerichte und Dörfer seinem Vater abgekauft und gut bezahlt; auch wären ihm die Verträge, die sie deswegen mit seinem Vater geschlossen hätten, sehr wohl bekannt gewesen, und er hätte ihnen doch nicht widersprochen. Was aber die von seinen Lehnsleuten an sich gebrachten Güter beträfe, so hätte sie der Kaiser Albrecht als Besitzer derselben erkannt, und ihnen die Lehn darüber ertheilt. Sie hofften daher, daß er ihnen im Genuß derselben nicht hinderlich seyn würde. Ueberhaupt wären sie entschlossen, das, was sie öffentlich gekauft und bezahlt hätten, auf alle Weise zu behaupten. Die Erfurter hatten, wenn sich dieses alles würklich so verhielt, einigermaßen Ursachen, ihren Besitz zu behaupten. Indessen war es auf der andern Seite doch ganz richtig, daß sowohl der Kaiser als der Landgraf Albrecht durch das, was sie ihnen abgetreten hatten, die Rechte Friedrichs kränkten, und daß dieser folglich gegründete Ursache hatte, von den Erfurtern zu verlangen, daß sie alles in den vorigen Stand setzen sollten. Hierzu bewogen ihn unter andern auch die Vorstellungen seiner Grafen und Herren, welche erklärten, daß es nach den Rechten keinem Bürger verstattet sey, Lehngüter, die nur für Ritter und Knechte bestimmt wären, im Besitz zu haben. Friedrich beschloß demnach, die Erfurter zu dem, was sie ihm in der Güte nicht eingestehen wollten, mit Gewalt zu bringen, und er machte damit den Anfang, daß er durch seine Lehnsleute und Voigte ihnen alle Zufuhre abschneiden ließ.

34. Die Erfurter verspürten aber nach einiger Zeit einen so großen Mangel an Kohlen, Holz und Salz, daß sie es endlich wagten, mit vielen Wagen auszuziehen, und sich ihre Bedürfnisse zu holen. Allein sie wurden von Friedrichs Lehnsleuten und Voigten überfallen, und nicht nur der Pferde beraubt, sondern auch theils todt geschlagen, und theils gefangen genommen. Um sich zu rächen, überfielen die Erfurter das unweit Erfurt gelegene Schloß Andisleben, wo sich Friedrich zuweilen aufzuhalten pflegte, nahmen es ein und zerstörten es. *) Friedrichen verdroß das Betragen der Erfurter außerordentlich, und da er es als einen Landfriedensbruch betrachtete, so glaubte er, daß die Sache vor dem Landgerichte zu Mittelhausen müsse anhängig gemacht werden. Er berief es daher zusammen, und die Erfurter wurden förmlich vorgeladen. Da sie aber, wie wir unten hören werden,

*) Rothe, S. 1774.

werden, sowohl Landgraf Albrecht als Kaiser Rudolf von aller fremden Gerichtsbarkeit befreyt hatten, so waren sie nicht schuldig, dieser Vorladung zu folgen. Sie erschienen indessen aber in einem Aufzuge, welcher ihre Denkungsart lebhaft an den Tag legte. Vorher kam eine lange und schöne Procession von allen Geistlichen, Mönchen und Schülern, die sich in der Stadt befanden. Diese mußten sie (wie sie sagten) mit Gesang und Gebet geleiten, damit ihnen Gott beystehen möchte. Der Procession folgte die ganze wehrhafte Bürgerschaft bewafnet und mit ihrem Paniere nach, und sie war so zahlreich, daß es der Landgraf und seine Beysitzer, welche auf einen solchen Fall nicht vorbereitet waren, nicht für rathsam hielten, länger zu verweilen. Friedrich lud hierauf die Erfurter zum zweytenmale vor das Landgericht; und er hatte insgeheim seinen Lehnsleuten Befehl gegeben, sich in der Nähe aufzuhalten. Die Erfurter stellten sich ein, aber ohne Procession, und Friedrich demüthigte sie auf eine äußerst schimpfliche Art. Er verbot es seinen Lehnsleuten bey höchster Strafe, ein Schwerdt wider sie zu ziehen. Sie sollten vielmehr nur unter sie reuten, und sie mit Zaunstöcken schlagen. Dieß geschah, und die Erfurter wurden genöthigt, eine schändliche Flucht zu ergreifen.

35. Eine solche Beschimpfung mußte sie, wie man sich leicht vorstellen kann, in Wuth bringen, und alle ihre Gedanken waren nun darauf gerichtet, sich um einen mächtigen Beystand zu bewerben. Zu Weimar, in der Nähe von Erfurt, lebte der reiche,

H 5   mächtige

mächtige und stolze Graf Hermann, der unter allen thüringischen Grafen und Herren die größte Rolle zu spielen wünschte. Der verwirrte Zustand, der unter Landgraf Albrechts Regierung herrschte, begünstigte seine Absicht nicht wenig, und da es ihm am liebsten gewesen wäre, wenn Thüringen gar keinen Oberherrn gehabt hätte, so dachte er unpatriotisch genug, dem jungen Fürsten zu keiner Zeit Beystand zu leisten. Es kostete daher den Erfurtern nur wenig Mühe, ihn zu einem Bündnisse zu bereden. Diesem traten auch die Bürger von Mühlhausen und Nordhausen bey, die dem Landgrafen bereits in den vorigen Kriegen vielen Schaden zugefügt hatten. Die drey verbundenen Städte machten nun die eifrigsten Anstalten zum Kriege, indem sie nicht nur viele Truppen in ihren Sold nahmen, sondern auch eine Menge Edelleute aus Franken, der Buchau, Hessen und dem Eichsfelde auf ihre Seite brachten. Hierauf wurde auf allen Seiten geplündert und abgebrannt. Die Erfurter beschlossen aber, den ersten förmlichen Angriff zu thun, und da sie ihrer Unternehmung ein frommes Ansehen zu geben wünschten, so ließen sie sich durch ihre ganze Geistlichkeit, welche die Heiligthümer aus allen Kirchen und Klöstern bey sich hatte, vor die Stadt begleiten. Hierauf rückten sie vor Utstedt, ein Schloß, das dem Landgrafen gehörte. Zu gleicher Zeit riefen sie den Grafen von Weimar und die Mühlhäuser zu Hülfe. Das Schloß wurde fünf Tage hinter einander auf das lebhafteste bestürmt, und die Besatzung war endlich genöthigt, sich zu ergeben. Sie erlangte die Bedingung, daß ihr weder am Leibe noch

am

ihm etwas Böses widerfahren sollte; aber das Schloß wurde von Grund aus zerstört. Die Mühlhäuser und Nordhäuser wünschten hierauf, daß man noch vor die Schlösser einiger andern Herren, die ihre Feinde waren, ziehen möchte. Allein der Graf von Weimar weigerte sich, weil er die Kosten nicht aufwenden wollte. Die Erfurter fiengen an, den Muth sinken zu lassen, und sie befürchteten, daß es ihnen, wenn sie länger verweilten, eben so wie bey Mittelhausen gehen könnte. Sie trennten sich also von ihren Bundesgenossen, und zogen wieder heim.

36. Ohne Zweifel dachten sie, Friedrich oder seine Lehnsleute würden mit einer starken Mannschaft gegen sie anrücken. Da dieses aber nicht geschah, so stießen sie abermals mit ihren Bundesgenossen zusammen, und verübten alle die Grausamkeiten, welche in den damaligen Kriegen gewöhnlich waren. Sie nahmen ihre Streifzüge selbst an Feyertagen vor, und auch die Gotteshäuser, die Klöster und die Kirchen blieben vor ihren räuberischen Ueberfällen nicht verschont. Sie verursachten sogar den Klöstern in ihrer eignen Stadt viele Ueberlast, indem sie ihre Söldner in die Häuser der Domherren und anderer Geistlichen einlegten. Ihr Frevel wurde aber auf einmal nachdrücklich geahndet. Friedrichs Lehnsleute waren insgeheim zusammen gestoßen, und sie lauerten nur auf eine Gelegenheit, sie auf einem ihrer Streifzüge anzugreifen. Diese ereignete sich acht Tage nach Himmelfahrt, und das Gefecht fiel so sehr zum Nachtheil der Erfurter aus, daß nicht nur ihr Hauptmann,
Ludewig

Ludewig von Gottern, sondern auch über siebzig von ihren Wappnern in die Gefangenschaft geriethen, und mehr als hundert reißige Pferde ihnen weggenommen wurden. Den Hauptmann ließ Landgraf Friedrich in ein Gefängniß werfen, und so wie oben den Grafen von Wildenau Hungers sterben. Die übrigen mußten ein Lösegeld bezahlen, das ihrem Vermögen angemessen war.

37. Die Erfurter hörten aber, dieses Unfalles ungeachtet, nicht auf, sich immer mehr zu rüsten. Sie legten ihre Söldner mit Gewalt in das Peters-Kloster, und in die Höfe verschiedener Domherren, und ließen ihnen nehmen, was sie wollten. Aber sie hatten abermals das Unglück, von Friedrichs Lehnsleuten überfallen zu werden. Deiß geschah bey dem Dorfe Zimmern, *) und es wurden nicht nur mehr als hundert gute Wappner derselben gefangen genommen, sondern auch viele todt geschlagen. Dieser Verlust entkräftete die Erfurter so gewaltig, daß sie nicht mehr im Stande waren, der Parthey des Landgrafen Widerstand zu thun. Letzterer hatte indessen aus Meissen, aus Böhmen, aus dem Osterlande und aus dem Voigtlande ein zahlreiches Kriegsvolk zusammen gebracht, und er stellte sich, als wenn er einen Zug nach Wieße, einem Wohnsitz der Grafen von Orlamünda, im Sinne hätte. Er rückte aber unvermuthet vor Weimar, und nöthigte den Grafen, sich ihm zu unterwerfen. Die Mühlhäuser und Nordhäuser scheinen

*) Ein Dorf im erfurtischen Gebiete.

nen, an diesem Kriege keinen Antheil mehr gehabt zu haben. Also hatte es Friedrich nur noch mit den Erfurtern zu thun, und seine Lehnsleute thaten denselben im Sommer des folgenden Jahres viele Drangsalen an. Sie verfolgten sie oft bis an die Stadthore, und erschwerten ihnen die Zufuhre so sehr, daß Holz, Salz und andre gemeine Bedürfnisse außerordentlich theuer wurden. Doch Friedrich hatte den Entschluß gefaßt, sich der Stadt zu bemächtigen, und er fieng die Belagerung zu Ende des Augusts an. Zu seinem Hauptquartiere erwählte er das Dorf Veitshochheim, und das Erste war, daß er die Häuser und Gärten vor der Stadt abbrennen und verwüsten ließ. Hierauf kam die Reihe an die Weinberge. Drey Wochen hernach ließ er den sogenannten Brüel und die Gebäude an der Mauer und in den Stadtgraben in Brand stecken, und hätte sich der Wind nicht gedrehet, so würde die Stadt in die größte Gefahr gerathen seyn. Die Erfurter besetzten in der Verzweiflung ihre Mauern und Thürme mit Juden und Christen; und Friedrich hielt es, nachdem er der Stadt so gewaltig zugesetzt hatte, für rathsam, die Belagerung aufzuheben.

38. Noch immer aber konnten sich die Erfurter nicht entschließen, Frieden zu halten, und sie waren daher darauf bedacht, sich neuen Beystand zu verschaffen. Sie wendeten sich vorzüglich an den König Johann, welcher ihnen nicht nur einen Hauptmann, Nahmens von Nürnberg, schickte, sondern auch die Reussen und andre dahin brachte, daß sie ihnen Hülfe leisteten.

1312.
B‒
Jen
leisteten. Dieß beweiset ein Bündniß, das er zu Anfang des folgenden Jahres mit den Voigten Heinrich von Weida, Heinrich den Langen und Heinrich Reussen von Plauen, imgleichen Heinrich von Gera, errichtete. Diese machten sich vermöge desselben anheischig, Friedrichen, den Sohn des Landgrafen Albrechts, wegen der Beleidigungen, die er seinem Vater und ihm zugefügt hatte, aus allen Kräften anzugreifen. Dagegen verspricht König Johann den Voigten den Schaden, den sie in diesem Kriege leiden würden, zu vergüten. *) Von den hier von König Johann erwähnten Beleidigungen, die Landgraf Friedrich ihm und seinem Vater zugefügt haben sollte, haben uns die Geschichtschreiber dieser Zeit keine Nachricht hinterlassen. Wahrscheinlich aber gründeten sie sich bloß auf das Vorgeben der Erfurter, die den Kaiser Heinrich und seinen Sohn wider Friedrichen aufhetzen wollten. Sie suchten demselben von allen Seiten her Feinde zu machen; daher baten sie auch den Landgrafen von Hessen um Beystand, und dieser schickte ihnen seinen Sohn Johann. Unter dessen Anführung wagten sie es hierauf wieder in das Feld zu rücken; aber sie richteten durch ihren Kriegszug weiter nichts aus, als daß sie Rinkleben und Sömmeringen, zwey Dörfer des Landgrafen, verwüsteten. Friedrich hatte alle Schlösser mit Mannschaft besetzt, und diese thaten den Erfurtern auf ihren Streifzügen nachdrücklich Einhalt. Landgraf Johann und der

Herr

---

*) Tenzel, S. 562.

Erfurt befindet sich in Noth.

Herr von Nürnberg wurden es endlich überdrüßig, und zogen wieder heim. *)

39. Die Lage der Erfurter verschlimmerte sich nun immer mehr. Die Lehnsleute des Landgrafen fielen ihnen durch tägliche Streifzüge beschwerlich, und verfolgten sie oft bis an die Thore. Die Felder lagen wüste, und die Dörfer standen leer. Die Stadt hatte durch das Wegziehen der meisten Handwerksleute einem großen Theil ihrer Einwohner verlohren. Viele Häuser waren deswegen ihrer Einwohner beraubt, und vor den Gärten und auf dem Petersberge wuchs Gras. Auch hatten die beständigen Beschäftigungen des Krieges die Bürger der Zucht und Ordnung dergestalt entwöhnt, daß sie sich gar nicht mehr strafen lassen wollten, und niemand scheute sich daher, den alten Stadtgesetzen zuwider zu handeln. Zu allem diesen gesellete sich noch der große Mangel an allerley Bedürfnissen, der den gemeinen Mann am meisten drückte. Dieser wollte daher, als die Rathsveränderung vorgenommen wurde, nicht eher schwören und angeloben, als bis man ihm versprochen hatte, daß man sich mit dem Landgrafen vergleichen wollte. **) Aber die Thüringer sollten das Glück, den Frieden zu genießen, noch nicht empfinden, und Friedrich hatte noch auf allen Seiten mit Feinden zu kämpfen.

40. Einer der mächtigsten war der Markgraf Woldemar I von Brandenburg, der sich nach dem Tode

---

*) Rothe, S. 1776.
**) Rothe am a. O.

Tode des Markgrafen Tiezmanns die Lausitz angemaßt hatte, und immer weiter um sich griff. Landgraf Friedrich, den die Eisenacher und Erfurter bisher so sehr beschäftigt hatten, war nicht eher als jetzt im Stande, auf die Wiedereroberung derselben zu denken. Er fiel dem Markgrafen ins Land, und fügte ihm durch Plündern, Verwüsten und Abbrennen vielen Schaden zu. Bey der Stadt Großenhayn, deren sich Friedrich bemächtigt hatte, kam es zwischen ihm und den Truppen des Markgrafen zu einem Treffen, welches für den erstern sehr unglücklich ablief. Friedrich wurde gefangen genommen, und dem Markgrafen überliefert, der ihn zu Brandenburg in ein hartes Gefängniß werfen ließ. So wird diese Begebenheit von den thüringischen Geschichtschreibern erzählt; *) die meißnischen führen aber noch einige andre Umstände an. Die Stadt Großenhayn, welche damals stark befestigt war, hatte landgräfliche Truppen zur Besatzung. Woldemar, der diesen Ort zu besitzen wünschte, brachte einige Einwohner derselben auf seine Seite, damit sie seine Mannschaft des Nachts einlassen möchten. Aber der Anschlag misglückte, und dreyßig Brandenburger, welche bereits die Mauern erstiegen hatten, wurden von den Bürgern gefangen genommen. Friedrich, der sich zu Meissen, und also in der Nähe aufhielt, eilte auf die erhaltene Nachricht dahin, und unvermuthet stieß er auf Woldemars übrige Truppen, die sich Großenhayns

—————
*) Forf. zum Lambert vom X., beym J. 1312, Köhler, 1778.

Hayns bemächtigen sollten. Ihre Anzahl war denen, die ihn begleiteten, weit überlegen, und Friedrich wurde überwältigt. *)

41. Friedrich hatte mit einem Worte das unglückliche Schicksal, dem Markgrafen in die Hände zu gerathen, und dieser freute sich über alle Maaßen, daß er eine so gute Gelegenheit bekam, manches zu erzwingen, was ihm in der Güte nicht eingeräumt worden wäre. Friedrichs übrige Feinde suchten diesen Zeitraum gleichfalls zu benutzen. Die Mühlhäuser und Nordhäuser thaten dem Landgrafen durch Streifzüge vielen Schaden, und der Graf Hermann von Weimar suchte nicht nur Friedrichs Besitzungen in Thüringen, sondern auch im Osterlande heim. Die Erfurter rückten vor das Schloß Rinkleben. Die Belagerung desselben beschäfftigte sie einen Monat hindurch, und verursachte ihnen vielen Aufwand. Endlich eroberten sie es aber, und es wurde von ihnen zerstört. Indessen bemächtigten sich die Aebte zu Hersfeld und Fulda der beyden Schlösser Rotenburg und Breitenbach, und rissen sie gleichfalls nieder. Die Nachricht von diesen Anfällen, denen Friedrichs Vestungen auf allen Seiten ausgesetzt war, brachte ihn zu dem Entschlusse, seine Freyheit auf alle Art zu bewürken. Aber Woldemar machte ihm harte Bedingungen. Friedrich mußte sich verbindlich machen, dem Grafen Albrecht von Köthen, dem

Schwe-

*) Fabricii Annales Misn. p. 631, 632.

Schwestersohne Woldemars, seine Tochter Elisabeth zur Gemahlin zu geben. Sodann mußte er versprechen, ihm nicht nur verschiedene im Osterlande gelegene Städte und Schlösser, sondern auch das ganze Pleißnerland einzuräumen. *) Elisabeth wurde ihrem Bräutigam sogleich ausgeliefert; auch mußten die Voigte der gedachten Schlösser und Städte sie dem Grafen Albrecht von Köthen, auf Friedrichs Befehl, übergeben. Aber die Voigte des Pleißnerlandes, welchen Friedrich das nemliche gebot, behaupteten standhaft, daß sie dessen Befehl nicht eher vollziehen könnten, als bis er ihnen denselben mündlich und bey gesunden Leibe ertheilt würde. Woldemar sah sich also genöthigt, Friedrichen mit einer Bedeckung von zwey hundert Rittern und Knechten, die der Graf von Köthen anführte, in sein Land zurück zu schicken. Jetzt führten die Patrioten einen kühnen Streich aus, welcher ihrem Landesherrn zum großen Vortheil gereichte.

*) Rothe, S. 1778., mit dem auch die übrigen thüringischen Geschichtschreiber übereinstimmen; Tenzel, S. 964. Die meißnischen geben einige andre Bedingungen an. Ihrer Erzählung zufolge sollte Friedrich dreyßig tausend Mark (eine viel zu große Summe) für seine Befreyung bezahlen, sodann für sich und alle seine Erben auf die Lausitz und die Schlösser Landsberg, Eckardsberg und Neuenburg, welche sein Vater Waldemarn verpfändet hatte, Verzicht leisten, und zur Sicherheit der Erfüllung dieser hatten Bedingungen das Schloß Meissen und die Stadt Freyburg einräumen. Annales Vet. Cell.

Friedr. demüthigt seine Feinde. 131

ic. Sie überfielen Friedrichs Begleitung nicht weit von Altenburg, nahmen den Grafen von Köthen nebst allen den Seinigen gefangen, und brachten sie nach gedachter Stadt. Friedrich, der sich auf diese Art so unvermuthet in Freyheit sah, stattete seinen treuen Lehnsleuten und Voigten den wärmsten Dank ab, und bemächtigte sich aller der Oerter wieder, die ihm Woldemar weggenommen hatte. Der gefangne Graf von Köthen mußte Friedrichs Tochter, mit welcher er ihrer Jugend wegen die Ehe noch nicht vollzogen hatte, nicht nur wieder zurück geben, sondern auch noch über dieses eine große Geldsumme bezahlen. *)

42. Friedrich hatte seine Freyheit vorzüglich deswegen zu erhalten gewünscht, um sich an den Feinden, die ihn während seiner Gefangenschaft angegriffen hatten, rächen zu können. Die Aebte von Fulda und von Hersfeld traf die Reihe zuerst, indem er mit einem großen Kriegsvolke in die Buchau zog, und ihnen so viele Drangsalen anthat, daß sie sich mit ihm vergleichen mußten. Er hatte ihnen ihre thüringischen Besitzungen weggenommen, und die Wiedereinlösung derselben kostete ihnen ansehnliche Geldsummen. Nun gieng er ganz plötzlich auf die beyden Städte Mühlhausen und Nordhausen los, und fügte ihnen durch Brand und Plündern großen Schaden zu. Sie sahen sich also genöthigt um Gnade zu bitten, und sie erhielten sie nicht eher, als bis sie

*) Rothe, S. 1779.

sie dem Bündnisse mit den Erfurtern entsagt, und eine große Geldsumme erlegt hatten.*) Dem Grafen von Weimar nahm er verschiedene Schlösser weg. Endlich schloß er auch die Stadt Erfurt wieder ein, und da der Zustand dieser Stadt, wie oben beschrieben worden, sich in einer schlimmen Lage befand, und der gemeine Mann des Krieges völlig überdrüßig war, so sah sich der Stadtrath genöthigt, dem Landgrafen Friedensvorschläge zu thun. Es dauerte aber noch einige Jahre, ehe der Friede zu Stande kam. Ohne Zweifel waren die harten Bedingungen, welche Friedrich den Erfurtern machte, an dieser Verzögerung Ursache. Indessen stieg die Noth immer höher, und die Hungersnoth, welche drey Jahr gedauert hatte, wurde so groß, daß zuletzt ein eisenacher Malter Korn mit zwey, und ein erfurter Malter mit fünf Mark löthigen Silbers bezahlt wurde. Man sah sich genöthigt, Pferde und Hunde zu schlachten, und es starb eine große Menge armer Leute.**) Es war also am Ende kein anderes Mittel übrig, als zu Friedrichs Gnade seine Zuflucht zu nehmen, und die Erfurter mußten sich nicht nur anheischig machen, allen Gerechtsamen und Freyheiten, die ihnen Landgraf Albrecht verliehen hatte, zu entsagen, sondern auch für gewisse Dörfer eine größere Geldsumme bezahlen, und zur Strafe ihres Muthwillens zehn tausend Mark Silber erlegen. Der gemeine Mann war, dieser Hät-

---

*) Rothe, S. 1779. Gudeni Historia Erfurt. p. 90;
**) Rothe, S. 1780.

ten Bedingungen ungeachtet, ganz entzückt, den Frieden wieder hergestellt zu sehen, und stattete Gott und der Obrigkeit seinen Dank ab. *)

43. Auf diese Art hatte Friedrich nun alle seine Feinde gedemüthigt. Indessen war nicht nur Kaiser Albrecht in Italien am Gifte gestorben, sondern auch Landgraf Albrecht hatte sein Leben geendigt. Letzterer hielt sich, seitdem er seinem Sohne die Wartburg eingeräumt hatte, zu Erfurt auf, und er hatte mit dem dasigen Stadtrathe den Vertrag gemacht, daß er ihn für einige Dörfer, die er ihm abtrat, nebst seinem Gefolge, das aus neun Personen bestand, lebenslang ernähren sollte. Aber Albrecht, welcher zum Verschwenden immer einen großen Hang gehabt hatte, lud alle Landedelleute, die ihm begegneten, zu seiner Tafel ein, und es trug sich daher nicht selten zu, daß die Lebensmittel, welche auf drey oder vier Tage bestimmt waren, in einem verzehrt wurden. Der Stadtrath, welcher dem geschlossenen Vertrage sehr genau nachlebte, gab weiter nichts her, als das, was ausgemacht worden, und Albrecht hatte daher mit seinen Leuten sehr oft das Schicksal, daß sie einige Tage sehr kümmerlich leben mußten. Seine Leute schämten sich unter solchen Umständen nicht, sich bey ihren guten Freunden zu Gaste zu bitten; aber dieses erlaubte ihm der Wohlstand nicht, und er sah sich daher manchen Tag genöthigt, mit trocknem Brodte vorlieb

1316.

*) Fabricius Annalen, S. 634.

zu nehmen. Seine Dürftigkeit nahm indessen immer mehr zu, und es hat wohl wenig Fürsten gegeben, die in kläglichern Umständen gestorben wären. Sein Tod erfolgte am 18ten November 1314, und er hatte folglich ein Alter von vier und siebzig Jahren erreicht. *) — Thüringen hat zum Glücke keinen Fürsten mehr gehabt, der ihm so viel Unglück wie Albrecht zugezogen hätte, und dessen Geschichte unter diesem Landgrafen ist der lebhafteste Beweiß, wie sehr ein Fürst, der sich von sinnlichen Leidenschaften beherrschen läßt, seine Unterthanen unglücklich machen kann. Die spätern Geschichtschreiber haben ihm daher einen lateinischen Beynahmen gegeben, welcher so viel als: der Ausgeartete bedeutet. **) Sie zielen mit demselben ohne Zweifel auf das mannigfaltige Unglück, das er seinem eignen Geschlechte zugezogen hat. Indessen hat seine Regierung in Thüringens Verfassung unstreitig manche wichtige Veränderung hervorgebracht, die wir im folgenden Buche erzählen wollen.

*) Rothe, S. 1780. Tenzel, S. 966.

**) Sie nannten ihn Degenerem, welches unsere deutschen Geschichtschreiber ehemals durch: den Unartigen, übersetzten.

Vierzehntes Buch.

I. Albrechts Verhältniß gegen seine Lehnsleute. Dessen Minister und geheime Kanzley. Grafen und Herren, die seinen wichtigsten Handlungen als Zeugen beywohnten. Grafen dieses Zeitraums: von Beichlingen, von Gleichen, von Hohnstein, von Stolberg, von Mannsfeld, von Schwarzburg, von Käfernburg, von Rabenswalde, von Kirchberg, von Orlamünda. Städte: Erfurt, Eisenach, Kreuzburg, Gotha, Weimar, Weissensee, Eckardsberga, Arnstadt, Mühlhausen, Nordhausen. Klöster: Reinhardsbrunn, Georgenthal, Jchtershausen, Volkenroda, Marksussra, Cölleda. Güter und Gerechtsame, welche auswärtige geistliche Fürsten, als der Erzbischof von Maynz und die Aebte von Fulda und Hersfeld in Thüringen besaßen. Politische Verfassung des Landes — Gerichtsverfassung — geistl. Verfassung — Kameralverfassung — Kriegsverfassung — Handel, Münze, Policey, Rangordnung.

I.

Es hatte nach dem Tode des letzten Landgrafen vom vorigen Stamme, Heinrich Raspens, das Ansehen, als wenn Thüringen das Schicksal haben würde, mit Meissen und dem Osterlande vereiniget zu werden. Aber die der Staatsklugheit so nachtheiligen Ländertheilungen, welche unter den fürstlichen Häusern damals gewöhnlich waren, verhinderten diese Vereinigung, und Thüringen machte noch lange einen eignen Staat aus. Das Verhältniß, welches unter den vorigen Landgrafen, zwischen dem Landesherrn und den Ständen obwaltete, dauerte noch meistentheils fort. Albrecht, der sich so vieler Fehler in der Regierungskunst schuldig machte, konnte es weder durch Gewalt, noch durch Güte dahin bringen, daß die thüringischen Herren in Dingen, die sie für ungerecht hielten, seinem Willen gemäß lebten, und der Freyheitsgeist, welcher Thüringens Edle beseelte, hat sich nicht leicht stärker als in diesem Zeitraume geäußert. Die Waffen wider ihren Landesherrn, mit dem sie unzufrieden waren, zu ergreifen, oder sich mit dessen Feinden zu vereinigen, wurde den thüringischen Grafen, Herren und Städten immer mehr zur Gewohnheit, und es war so weit gekommen, daß sich Albrecht für ein Glück schätzen mußte, wenn er einen von den thüringischen Ständen durch allerley vortheilhafte Bedingungen auf seine Seite bringen konnte. Solche Umstände konnten den Hoheitsrechten des Landgrafen unmöglich vortheilhaft seyn, und die Figur, die Albrecht als Landesherr spielte, war daher zuweilen nichts weniger als ansehnlich. Indessen treffen wir bey ihm doch alles das an, was zum Dienste und zum Glanze eines damaligen deutschen Fürstens vom ersten Range erfordert wurde.

2. Landgraf Albrecht hatte einige einsichtsvolle Männer an seinem Hofe, welche die Stelle seiner Minister versahen, und sich bloß mit dem bescheidenen

denen Titel eines Raths begnügten.*) Diese Würde begleitete 1289 Heinrich von Mila, den er, in dem Beglaubigungsschreiben an den Abt von Fulda, seinen Rath nennt. Eben diesen Titel legt er in einer Urkunde von 1294 Albrechten von Brandenberg, Hermannen von Miela und Otten vom Wechmar bey, und in einer andern Urkunde von 1297 kömmt zu den beyden erstern noch Heinemann von Hayn und Hermann von Hürsingerode hinzu.**) Letzterer war der Oberaufseher seines Hofstaats, oder nach unserer Art zu reden sein Hofmarschall.†) Diese Herren konnten aber vielleicht wenig mehr als ihren Rahmen, oder vielleicht den nicht einmal schreiben, denn nur die Geistlichen pflegten sich damals auf die Schreibkunst zu legen. Es tritt daher in Landgraf Albrechts meisten Urkunden ein sogenannter Schreiber oder Oberschreiber auf.††) Die Geschäffte waren damals noch nicht so mannigfaltig als jetzt;

---

*) Sie werden in lateinischen Urkunden consiliarii genennt.

**) Wilke im Urkundenbuche S. 84. 118. 127.

†) Dieß bedeutete damals der lateinische Titel magister curiae, der in der Folge durch Hofmeister, verdeutscht worden. Wilke am a. O. S. 112. 126.

††) Ein Schreiber hieß notarius und ein Oberschreiber protonotarius curiae. Als protonotarii kommen vor: Mathias, 1293–1299; Conrad von Amera, 1301. Als notarii Gebhard 1263 u. 1265; Mathias 1272; Marquard 1286; Christian von Gotha 1297; Wilhelm von Welffensee 1301, 1305.

jetzt; auch wurde damals weit weniger als in unsern Zeiten aufgeschrieben. Einer oder zwey Schreiber waren daher im Stande die ganze Kanzley eines Fürsten zu versehen, und ein solcher Schreiber gehörte eben deswegen unter die vornehmsten Personen des Hofes.

3. Die Landgrafen pflegten aber nicht leicht eine wichtige Handlung vorzunehmen, ohne einige von ihren Lehnsleuten dabey zu Rathe zu ziehen. Es treten daher verschiedene von den Grafen, Herren und Edlen Thüringens in Albrechts Urkunden als Zeugen auf. Von Grafen kommen: Hermann von Orlamünda, Friedrich von Beichlingen, Otto von Lutterberg, Günther von Schwarzburg, Heinrich von Hohnstein, Friedrich von Lahra, Heinrich von Rabenswalde, Heinrich von Stolberg, und zween Grafen von Käfernburg, Nahmens Günther, vor. Unter den Herren zeichnen sich Hermann der Aeltere und der Jüngere, genannt Stranz von Döllstedt, Friedrich der Aeltere von Dreffurth, Hermann von Hayn, Ludwig von Hörselgau, Günther und Christian von Laucha, Hermann von Furre, Conrad und Johann von Amera, Heinrich von Uelleben, Heinrich von Liebstedt, Heinrich von Gleisberg, Heinrich und Kunemund von Molschleben, Hermann und Heinrich von Ballstedt, Siegfried von Hopfgarten, Dietrich von Beringen u. a. m. aus. Die meisten von den Oertern, von welchen sich diese Herren nennen, liegen nicht weit von der Wartburg, welche Albrechts gewöhnlichen Wohnsitz abgab.

abgab.*) Hieraus erhellt, daß die Fürsten, wenn sie eine wichtige Handlung vornehmen wollten, die zunächst wohnenden Herren an ihren Hof zu fordern pflegten. Vielleicht hielten sich auch manche derselben beständig an demselben auf. Unter diese scheint in Ansehung Albrechts besonders Hermann Stranz von Döllstedt zu gehören, welcher in so vielen Urkunden desselben als Zeuge auftritt. Auch die thüringischen Erbhofbeamten, der Truchses Günther von Schlotheim, die Marschälke Hermann und Dietrich von Eckardsberge, der Schenke Dietrich von Nebra und der Kämmerer Hermann von Jahner kommen in Albrechts Urkunden vor.

4. Jetzt wollen wir die thüringischen Grafen, welche sich damals am meisten hervorthaten, kennen lernen. Die Grafen von Beichlingen hatten (B. II, S. 307) die Güter der Grafen von Rotenburg, und von Lahra an sich gebracht. Daher kam es, daß sich Friedrichs III ältester Sohn, Friedrich IV, bey Lebzeiten seines Vaters, einen Grafen von Lahra nennte. Nach seines Vaters 1275 erfolgten Tode trat er die Graffschaft Lahra an seinen Bruder Fried-

---

*) So liegen z. B. Döllstedt, Hayna, Hörselgau, Laucha, Uelleben, Molschleben, Ballstedt, Beringen, Laucha, Wechmar, Hayna im Gothaischen, Furre (vermuthlich Grossenfurre) im Kursächsischen, Amera und Hopfgarten im Erfurtischen, Liebstedt im Weimarischen, Brandenberg und Miela im Eisenachischen.

Friedrich V ab. Sie nahmen aber in der Folge ei=
ne Theilung vor, wobinn der größte Theil von Ro=
tenburg und Lahra dem ältern, Beichlingen aber
dem jüngern zufiel. Auf diese Art entstanden die
beyden Linien der Grafen von Beichlingen. Fried=
rich IV war Kaiser Rudolfs Burggraf zu Kifhau=
sen.*) Uebrigens gehörten die Grafen von Beich=
lingen unter die thüringischen Patrioten, die sich
der gerechten Sache der Söhne Albrechts lebhaft
annahmen.

5. Eine eben so wichtige Rolle spielten die Gra=
fen von Gleichen, deren Geschlecht Ernst II, der
zwo Gemahlinnen hatte, fortsetzte. (B. II, S.
311.) Dieses gräfliche Haus besaß damals, außer dem
Schlosse Gleichen und dem größten Theile der Herr=
schaft Tonna, auch das Eichsfeld und die Voigtge=
rechtigkeit über die Stadt Erfurt. Den Bezirk des
Schlosses Gleichen bekam Ernsts II ältester Sohn,
Ernst III. Das Eichsfeld wurde dem zweyten,
Heinrich II zu Theil, der sich einen Grafen von
Gleichenstein nennte. Der dritte, Albrecht der
Aeltere bekam die erfurtische Voigtgerechtigkeit. Die
beyden letzten Söhne Ernsts II, Hermann und
Lambrecht, widmeten sich dem geistlichen Stande.
Jener starb als Bischof zu Kamin in Pommern,
und dieser als Probst des Marienstiftes zu Erfurt.
Heinrichs II ansehnliche Nachkommenschaft, die aus
fünf oder sechs Söhnen bestand, starb in dem letz=
ten

*) Falkensteins thüringische Chronik, II, 755—758.

ten Viertheil des dreyzehnten Jahrhunderts aus. Sein erster und vierter Sohn, Albrecht II und Heinrich III regierten gemeinschaftlich und nannten sich daher beyde Herren zu Gleichenstein. Erwin, welcher Töttelstedt, Zimmern, Ilfhausen, Bienstedt und Hebech zu seinem Antheile bekommen hatte, bewieß sich als ein Gegner des Markgrafen Heinrichs, und dieser nahm ihm deswegen die gedachten Oerter weg. Ohne Zweifel hatte er an dem Treffen Antheil, welches um diese Zeit (1249) bey Lonna vorfiel. Landgraf Albrecht gab ihm die weggenommenen Oerter wieder zurück. Er und sein Bruder Albrecht bewiesen sich hierauf beständig als treue Anhänger desselben. Albrecht II hatte ein Sohn, Nahmens Heinrich, welcher dem Ritter Hermann von Husingeroda erlaubte, der Stadt Erfurt die Grafschaft Viselbach zu verkaufen. Er hinterließ aber keine Nachkommenschaft.*) Die Güter seiner Linie und folglich auch das Eichsfeld, fielen nach dem Abgange derselben, Ernsts III Sohne, Heinrich IV, zu. Dieser leistete Albrechten nachdrücklichen Beystand. Aber die Kriegsrüstungen, die er deswegen machen mußte, verursachten ihm einen solchen Aufwand, daß er einen ansehnlichen Theil seiner Besitzungen darüber aufzugeben genöthigt war. Er verkaufte dem Erzbischof Gerhard 1294 von Maynz die Schlösser Gleichenstein, Scharfenstein, Birkenstein und das ganze Eichsfeld, für sechszehn hundert Mark Silber, welche nach unserm

Gelde

---

*) Falkenstein Thür. Gesch. II, 217.

Gelde ungefähr vier und zwanzig tausend Thaler ausmachen würden. *) Auf diese Art gelangte das Erzstift Maynz zu dem Besitze eines so ansehnlichen Landstriches von Thüringen. Graf Heinrich IV veräußerte auch noch andre Güter und Gerechtsamen seines Hauses, und er hat demnach die Macht desselben beträchtlich vermindert.

6. Sein Vatersbruder, Albrecht I, war, wie oben erwähnt worden, Besitzer der erfurtischen Voigtgerechtigkeit. Es kamen ihm, vermöge derselben, manche Rechte über die Bürger der Stadt Erfurt zu, und die Grafen von Gleichen betrachteten sich in gewisser Rücksicht als Herren dieser Stadt. Als daher Graf Albrecht mit derselben (1272) ein besonderes Schutzbündniß errichtete, so nannte er ihre Bürger seine geliebten Getreuen, und wie er dasselbe (1277) aufs neue bekräftigte, so that er es, wie er ausdrücklich hinzufügt, deswegen, weil seine Vorfahren bis auf diese Zeiten der Stadt Erfurt Herren gewesen waren. **) Solche Ausdrücke mußten aber, wie man sich leicht vorstellen kann,

---

*) Eigentlich bestand die Kaufsumme 1) in 1100 Mark examinati Argenti und 500 M. Fribergensis argenti, non examinati, ponderis Erfordensis, *Gudeni codex diplom. I, p. 887.*

**) Quia progenitores nostri Erfordensis civitatis usque ad haec tempora Domini extiterunt. Lünig Reichsarchiv, *Pars Spec. Contin. IV. Th. 2. S. 430.*

kann, den nach der Unabhängigkeit so begierigen Erfurtern sehr wenig gefallen, und sie waren daher darauf bedacht, diese Voigtgerechtigkeit den Händen eines Auswärtigen zu entreißen. Hierzu bot sich jetzt eine günstige Gelegenheit dar. Graf Albrecht hielt sich damals in Dänemark auf, wo er, wie es scheint, ansehnliche Geldsummen nöthig hatte. Er bewog daher die Stadt Erfurt, ihm hundert Mark Silber zu leihen, die er mit zehn vom hundert zu verzinsen sich anheischig machte. Zugleich machten es die Erfurter zur Bedingung, daß er ihr Bürgerrecht annehmen mußte. Dieses legte ihm die Verbindlichkeit auf, eben den Gesetzen zu folgen, welche die erfurtischen Bürger für gültig erkannten, und diese hatten daher schon einen großen Schritt zur Erreichung ihrer Absicht gethan. Albrechts Aufenthalt in Dänemark dauerte aber noch immer fort, und verursachte demselben immer stärkern Aufwand. Es kam daher nach einigen Jahren so weit, 1283. daß er sich entschloß, dem erfurtischen Stadtrath die Schutzvoigtsgerechtigkeit, nebst dem sogenannten Voigtsgedinge, und allen den damit verbundenen Gerechtsamen, Nutzungen und Ehren, für zwey hundert und zehn Mark Silber wiederkäuflich zu überlassen. Seine Vettern bestätigten diesen Vertrag, und das gleichische Haus verlohr also auf diese Art aufs neue einen ansehnlichen Theil seiner Gerechtsamen. Noch besaß es zu Erfurt das Oefnungsrecht des hinter dem Petersstifte gelegenen Löwenthores, vermöge dessen es bey Tag und bey Nacht in die Stadt kommen konnte. Auch dieses

war

war den Erfurtern so verhaßt, daß sie nicht eher
1308. ruheten, als bis sie den Grafen Heinrich IV zur
Abtretung desselben beredt hatten, und sie ließen
es so geschwinde zumauern, daß es die Grafen, wi=
der ihr Vermuthen, schon zugemauert fänden.*)
Die Grafen von Gleichen hatten also in diesem Zeit=
raume sehr viel verlohren.

7. Die Besitzungen der Grafen von Hohnstein
nahmen hingegen ansehnlich zu. Dietrichs Sohn,
Heinrich II, vermehrte seine Grafschaft, durch die
Schlösser Klettenberg, Spatenberg, Kirchberg und
die Stadt Greußen.**) Dessen Sohn, Dietrich
III, fügte noch Sondershausen, Straußberg und
Bückstedt hinzu, und der Nachfolger desselben,
Heinrich IV, brachte Schartfeld, Lahra, Bleiche=
roda und Artern an sein Haus.†) Er befehdete,
wie oben erzählt worden, den Abt von Fulda; die=
se Unternehmung mislang ihm aber. Er und seine
Vorfahren bewiesen sich fast immer als treue Anhän=
ger des landgräflichen Hauses. Dietrich II und
sein Sohn Heinrich III unterwarfen sich (1249) dem
Markgrafen Heinrich.††) Dietrich III ergriff die
Parthey

*) Goth. Gesch. Th. IV, S. 9–14.
**) Menken, Th. III, S. 1906, 1933. Melissantes
Bergschlösser, S. 542.
†) Falkenstein am a. O. 872.
††) Man vergl. S. 10, 72. 73. 74. Dem letztern Orte
zu folge befand sich Graf Dietrich IV beym Heere des
Kaisers.

Parthey der jungen Fürsten. Darüber wurde sein Land von den Truppen des Kaiser Adolfs grausam verwüstet. Die benachbarten Grafen von Stolberg nahmen an den damaligen Begebenheiten Thüringens gleichfalls lebhaften Antheil. Graf Friedrich befand sich unter den thüringischen Grafen, die sich 1249 dem Markgrafen Heinrich unterwarfen. In dem Kriege, den K. Albrecht mit seinen Söhnen führte, hielten sie es mit den letztern. Ihr Gebiete war daher den Verwüstungen der Truppen des Kaiser Adolfs gleichfalls ausgesetzt. *)

8. In Ansehung der Grafschaft Mannsfeld trugen sich in diesem Zeitraume sehr wichtige Veränderungen zu. Graf Hoier I, dem seine große Thaten den Beynahmen des Großen erwarben, ist derjenige, mit dem sich die ununterbrochene Reihe der Grafen von Mannsfeld anhebt. **) Seine Urenkel, Ulrich I und Burkhard I, theilten 1220. Letzterer hatte zwo Töchter: Gertrud, die an seinen Brudersohn, Burkhard II, vermählt wurde, und Sophie, die Burkhard VI, edlen Herren zu Querfurth, Grafen von Hardeck und Burggrafen von Magdeburg, zum Gemahl bekam. †) Diese theilten sich in Burkhards I Güter. Dessen Bruder, Ulrich I, hatte zween Söhne, Hermannen I und den obengedachten

---

*) Man vergl. S. 10. 73.
**) Band II, S. 95.
†) Frankens Historie der Grafschaft Mannsfeld, Leipzig 1723, 4.

dachten Burkhard II. Jener hinterließ einen Sohn gleiches Nahmens, der sich, wegen vieler Schulden, (1264) genöthigt sah, seinen Theil des Schlosses und der Grafschaft Mannsfeld an die edlen Herren zu Querfurth zu verkaufen, die ihm zwey tausend und fünf hundert Mark Silber dafür bezahlten.*) Er hatte keine Söhne, aber eine Tochter, die sich durch ihre große Kenntnisse auszeichnete.**) Sein Vatersbruder, Burkhard II, brachte durch seine obenerwähnte Vermählung mit Burkhards I Tochter, einen Theil von dessen Gütern an sich. Er hinterließ verschiedene Söhne, Ruprechten, der sich als Erzbischof von Magdeburg hervorthat, und Bussen I, der das Geschlecht fortpflanzte, welches aber mit dessen Söhnen erlosch. Nun gelangten Burkhards VI, edlen Herrns zu Querfurt Söhne, zum Besitz der Grafschaft Mannsfeld. Dessen Enkel Burkhard, als Graf von Mannsfeld, der vierte dieses Nahmens, überließ seinen Brüdern die Herrschaft Querfurth, und behielt die Grafschaft Mannsfeld für sich. †)

9. Die Grafen von Schwarzburg theilten sich, wie wir Band II, S. 312 gesehen haben, in die eigentliche schwarzburgische und in die blankenburgische

---

*) Spangenbergs mannsfeldische Chronik, Bl. 307. Franke, S. 214.

**) Franke, S. 215.

†) Franke, S. 224.

burgische Linie. *) Diese erlosch bereits 1230, und die Güter derselben fielen an ihren Vatersbruder, Heinrich X. Dieser hinterließ drey Söhne: Heinrich XI, Günthern VII und Albrecht II. Letzter kriegte mit den Grafen von Hohnstein, und nahm Sondershausen ein; **) er starb als Großmeister des Johanniterordens. Heinrich XI und Günther VII wurden von den Schenken Walther gefangen, und mußten sich dem Markgrafen Heinrich unterwerfen. †) Sie theilten, und jener stiftete eine neue schwarzburgische, und dieser eine neue blankenburgische Linie. Heinrich XIII und Günther VIII, Heinrichs VII Söhne, starben beyde, ohne Nachkommen zu hinterlassen. Ihre Güter fielen daher an die Söhne ihres Vatersbruders, Günthers VII. ††) Dieser stiftete das Nonnenkloster zu Ilm. Seine Söhne, Günther IX und Heinrich IX, theilten abermals. Jener wählte den eigentlich schwarzburgischen, und dieser den blankenburgischen Theil. Die Söhne des letztern kauften den Grafen von Orlamünda (1306) die Pflege Arnstadt, imgleichen die Schlösser Wachsenburg und Schwarzwald ab, und nannten sich hierauf Herren zu Arnstadt. *)

10. Auch

---

*) Nicht in die blankenhaynische, wie es B. II, S. 312. heißt. Sie hatte ihren Nahmen von der Stadt Blankenburg in der obern Grafschaft. Heydenreich, S. 390.
**) Heydenreich, S. 48.
†) Man vergl. S. 10.
††) Heydenreich, S. 43.
*) Heydenreich, S. 88.

10. Auch die Grafen von Käfernburg treten auf dem Schauplatz dieses Zeitraums öfters auf. Günther V und sein Sohn, Berthold I, geriethen in des Schenken Rudolfs Gefangenschaft, und unterwarfen sich dem Markgrafen Heinrich. *) Berthold hatte keine männlichen Nachkommen. Dagegen pflanzte sein älter Bruder, Günther VI, das Geschlecht fort. Er hatte zween Söhne, Günther VII und Günther VIII, die sich häufig an Landgraf Albrechts Hofe aufhielten. Sie theilten, und der jüngere bekam Arnstadt, Ilm, Wachsenburg und Schwarzwald zu seinem Antheil. Er stand, nebst seinem ältern Bruder, dem Landgrafen Albrecht wider seine Söhne bey. **) Mit den Erfurtern gerieth er in eine Fehde, worinn ihm diese das Schloß Ilm wegnahmen. †) Er hinterließ zwo Töchter: Adelheide und Irmengard. Jene wurde an den Grafen Otto von Orlamünda, und diese an den Grafen Heinrich von Hohnstein vermählt, und seine beyden Schwiegersöhne setzte er, mit Landgraf Albrechts Bewilligung, zu Erben ein. Seine Vettern wurden zwar hierdurch gekränkt; es scheint aber, als wenn sie ihre Rechte nicht hätten behaupten können, denn jene verkauften ihre Erbschaft an die Grafen von Schwarzburg. ††) Günther VII stand bey dem Land=

---

*) Man vergl. B. II, S. 313. (Engl. B. III, S. 10.

**) Man vergl. S. 48. 49.

†) Jovius käfernburgische Chronik, S. 201. Dem Rothe zufolge war es Ilmenau. Man vergl. S. 65.

††) Jovius, S. 203. 204. Man vergl. S. 147.

Landgrafen Albrecht in großem Ansehen, und leistete ihm manchen wichtigen Dienst. Er schaffte ihm z. B. seinen Sohn Friedrich in die Hände. In der Theilung fiel ihm unter andern das Schloß Käfernburg, das Schloß Elgersburg, und die Hälfte der Stadt Ilm zu. Im Jahr 1285 gerieth er mit dem Grafen Heinrich von Henneberg in eine Fehde, die sehr unglücklich für ihn ablief. Er wurde gefangen genommen, und mußte ein großes Lösegeld bezahlen. In seiner Wirthschaft war er so unordentlich, daß er darüber in große Schulden gerieth. Da sah er sich genöthigt, verschiedene von seinen Gütern, und unter andern auch das Schloß Elgersburg zu verkaufen. Letzteres überließ er den Grafen von Henneberg für 400 Mark Silber. Eben diese Schuldenlast, die er seinem Hause zugezogen hatte, setzte seine Söhne außer Stand, die Güter ihres Vatersbruders, die ihnen dessen Schwiegersöhne anboten, zu kaufen, doch bekamen sie die Pflege Ilm wieder. *) Graf Günther V von Käfernburg hatte einen Bruder, der Albrecht hieß, und der sich einen Grafen von Rabenswalbe nennte. **) Die Grafschaft Rabenswalde war demnach, durch Zufälle und zu einer Zeit, die uns nicht bekannt ist, an die Grafen von Käfernburg gefallen. Nachkommen dieses Albrechts waren ohne Zweifel die Grafen von Rabenswalbe,

---

*) Jovius, S. 214, 215.

**) Dieß beweiset eine Urkunde vom Jahr 1240, wo es heißt: Guntherus, comes de *Kevernberg* et frater Albertus, comes in *Rabenswalde*. Heydenreich, S. 39.

walde, welche 1278 vorkommen. *) Auch lebte um 1290 ein Graf Friedrich von Rabenswalde. **) Grafen von Berka und von Brandenberg gab es um diese Zeit gleichfalls noch. †) Letztre besaßen zu Goldbach bey Gotha viele Güter, die sie dem gothaischen Kreuzkloster verkauften. ††)

17. Unter den thüringischen Grafengeschlechtern dieses Zeitraums zeichnete sich aber vorzüglich das kirchbergische Haus aus, von dem ich bereits im zweyten Bande (S. 313) einige, aber nicht ganz richtige, Nachrichten mitgetheilt habe. Dieses Geschlecht theilte sich in zween Hauptäste, nemlich in den eigentlich gräflichen, und in den burggräflichen. *) Jener hatte das Schloß Kirchberg unweit Sondershausen, und dieser das Schloß gleiches Nahmens bey Jena zum Wohnsitz. Welcher von beyden der ältre war, läßt sich, aus Mangel an Nachrichten, nicht bestimmen. Auch ist es nichts weniger als ausgemacht, daß diese beyden kirchbergischen Häuser mit einander verwandt gewesen. Das gräfliche hörte aber zuerst auf; wir wollen daher mit ihm den Anfang machen. Das Stammhaus desselben war bereits 977 vorhanden,

*) Man vergl. S. 47.
**) Wilke, Urkundenbuch, S. 79. 87. 123.
†) Man vergl., S. 46.
††) Goth. Gesch. II, 20.
*) Avemanns vollständige Beschreibung des Geschlechts der Reichsgrafen und Burggrafen von Kirchberg, Franff. am Mayn, 1747, 4.

den; denn Kaiser Otto III hielt sich, als er um diese Zeit aus Italien zurück kehrte, einige Zeit auf demselben auf. Eben dieses beweiset eine Urkunde von seinem Nachfolger, Kaiser Heinrich II. Der zu diesem Schlosse gehörige Bezirk lag in der untern Grafschaft Schwarzburg, und er scheint von ziemlich großem Umfange gewesen zu seyn. *) Schon in der ersten Hälfte des zwölften Jahrhunderts kommen Grafen von Kirchberg vor, deren Geschichte aber für uns nur wenig interessant ist, und wir wollen daher bey Friedrich I, der 1184 bey der unglücklichen Conferenz zu Erfurt sein Leben einbüßte, stehen bleiben. **) Er hinterließ drey Söhne: Friedrich II, Gosmar I und Christian I. †) Friedrich studirte zu Cöln, Paris und Rom und widmete sich dem geistlichen Stande. Er zeichnete sich durch seine Kenntnisse und seinen erbaulichen Lebenswandel so vortheilhaft aus, daß er sich zur Würde eines Bischofs von Halberstadt empor schwang. Seinen Religionseifer beweiset die Veränderung, die er mit dem bekannten Jobütte vornehmen ließ. Er ließ ihn wegschaffen und an dessen Stelle ein Kloster bauen. ††) Er starb ungefähr 1236. Von seinen beyden Brüdern, Gosmar und Christian, pflanzte jener

---

*) Avemann, S. 28, 29.

**) Man vergl. B. II, S. 96. 154. 313. Avemann, S. 99 – 106.

†) Avemann, S. 108. Letztern haben verschiedene mit einem Vollrad verwechselt, dessen Daseyn sich aber nicht beweisen läßt. B. II, S. 313.

††) Band II, S. 87. Avemann, S. 114.

jener das Geschlecht fort; indem er sechs Söhne hinterließ. Der zweyte, Christian II, hatte fünf, und der dritte, Friedrich III, eben so viel Söhne, und bemungeachtet endigte sich um das Jahr 1320 das ganze Geschlecht der Grafen von Kirchberg mit einem Enkel Christians II. *) Das Stammhaus derselben hatte bereits 1260 Graf Heinrich von Hohnstein an sich gebracht, und ihre übrigen Güter kamen theils an die Klöster Ilefeld, Jecheburg und Walkenried, theils an die Grafen von Hohenstein, und von diesen an die Grafen von Schwarzburg. **)

12. Das Stammhaus der Burggrafen von Kirchberg war bereits in der ersten Hälfte des zehnten Jahrhunderts vorhanden. Sie bauten aber auf eben dem Berge, auf dem dasselbe gelegen ist, in der Folge noch zwey Schlösser, nemlich Windberg und Greifberg. Ihre Güter waren sehr ansehnlich; es gehörte ihnen unter andern Lehsten, Capellendorf und Altenberge. †) Der erste Burggraf von Kirchberg, Nahmens Otto, kömmt in der ersten Hälfte des zwölften Jahrhunderts vor. Seine Söhne, Otto II und Dietrich I, stifteten zwo Linien; die eigentliche kirchbergische und die kapellendorfische. Von der letztern rührt die Stiftung des Klosters zu Capellendorf her. ††) Sie theilte sich in zwey Aeste, in den capellen-

*) Avemann, S. 130/142.
**) Avemann, S. 30.
†) Avemann, S. 31/34.
††) Band II, S. 322.

pellendorfischen, und in den altenbergischen. Jener endigte sich um das Jahr 1281, und die Güter desselben fielen an die kirchbergische Linie.*) Die Burggrafen von der altenbergischen Linie nennten sich, wegen ihrer Güter, die sie zu Altenberg und zu Orlamünda besaßen, auch Burggrafen von Altenberg und von Orlamünda. **) Dietrich II von der kirchbergischen Linie eilte dem Schenken Rudolf in der Schlacht bey Mühlhausen zu Hülfe. †) Er wohnte 1268 einem Turnier zu Merseburg bey. Auf dem Rückweg hatte er das Unglück, nebst dreyen seiner Knapen, bey Naumburg in der Sale zu ertrinken. ††) Sein Bruder, Otto IV, vereinigte hierauf alle Güter der kirchbergischen Linie, und wohnte meistens auf Windberg. Er wurde mit den Erfurtern in eine unglückliche Fehde verwickelt, die ihm, wie wir oben (S. 94) gehört haben, drey Schlösser kostete. Burggraf Otto hatte die Parthey der jungen Fürsten ergriffen, und man glaubt, daß die Erfurter von dem Landgrafen Albrecht angereizt worden, ihn zu überziehen. Friedrich kam den Belagerten mit einiger Mannschaft zu Hülfe, und schlug sich durch das Lager der Feinde bis in das Schloß Windberg durch. Er zeigte, wie man erzählt, von

einem

---

*) Avemann, S. 162.

**) Loeber de Burggraviis Orlamundanis hat hieraus geschlossen, daß sie der Grafen von Orlamünda Burggrafen gewesen wären; aber Avemann widerlegt ihn, S. 164.

†) Avemann, S. 171. Man vergl. S. 8.

††) Avemann, S. 173.

einem Thurme des Schlosses seinen Harnisch; aber die Belagerer ließen sich dadurch nicht irre machen, und Friedrich mußte sich noch glücklich schätzen, daß er einen freyen Abzug erhielt. Otto und seine Söhne bauten hierauf die niedergerissenen Schlösser wieder auf. Jener scheint um das Jahr 1308 gestorben zu seyn. Er hinterließ sechs Söhne und eine Tochter.*)

13. Auch von den Grafen von Orlamünda habe ich bereits (B. II, S. 315) einige Nachrichten mitgetheilt, die ich hier berichtigen und erweitern will.**) Graf Albrecht von Ballenstedt, der Stammvater der neuen Grafen von Orlamünda, zeugte mit der Adelheide, einer Tochter des Markgrafen Ottos II, zween Söhne, den Grafen Otto von Ballenstedt, und den Pfalzgrafen Siegfried. Letztrer eignete sich die Güter der ausgestorbenen Grafen von Orlamünda zu, und hinterließ sie seinen beyden Söhnen, dem Pfalzgrafen Siegfried II und dem Grafen Wilhelm I. Letztrer starb 1140, ohne Erben zu hinterlassen. Jener, der 1123 sein Leben endigte, hatte zwar einen Sohn, Nahmens Hermann, welcher aber ein Jahr vor ihm starb, ohne sein Geschlecht fortgepflanzt zu haben. Die orlamündischen Güter fielen nunmehr an den Markgrafen von Brandenburg, Albrecht I, welcher

*) Avemann, S. 183-188.

**) Ich benutze in dieser Absicht Löber de Burggraviis Orlamundanis, (Jenae 1742, 4) der in außerordentlich weitläuftigen Noten viele Nachrichten von den Grafen von Orlamünda mitgetheilt hat.

welcher den Grafen Otto von Ballenstedt, den Bruder des Pfalzgrafen Siegfrieds I, zum Vater hatte. Dieser überließ sie seinen Söhnen, Hermann I *) und Berthold. Jener pflanzte das Geschlecht fort, und zeugte drey Söhne, Heinrich, Siegfried und Friedrich. Heinrich hinterließ von seiner zweyten Gemahlin, der Wittwe des Grafen Adolfs III von Hollstein, eine Tochter, Luttrude, die den Grafen Ilger II von Hohnstein heyrathete. Siegfried zeugte mit seiner zweyten Gemahlin, Sophie, der Tochter König Waldemars I von Dänemark, zween Söhne, die Albrecht und Hermann hießen. Den letztern überzog Landgraf Ludewig IV. **) Er starb 1247 ohne Kinder. Albrecht, welcher König Waldemars II von Dänemark Statthalter in Holstein, Stormarn und Wagrien war, hatte einen Sohn gleiches Nahmens, der sich bald einen Grafen von Wiehe, und bald einen Grafen von Weimar nennte, und dessen Söhne waren ohne Zweifel drey Grafen von Orlamünda, Nahmens Albrecht, Hermann III und Otto, die um die Mitte des dreyzehnten Jahrhunderts vorkommen. Sie wurden alle drey in dem großen Menschensterben weggerafft, das sich 1283 ereignete. †) Albrecht, der Weimar zu seinem Wohnsitz hatte, starb unverheyrathet; die übrigen beyden pflanzten

das

---

*) Diesen habe ich, durch Falkenstein verführt, B. II, S. 315 für einen Sohn des Pfalzgrafen Siegfrieds I angenommen.

**) Band II, S. 314.

†) Man vergl. S. 50. Löber, Bl. 91.

das Geschlecht fort. Otto verschaffte seinem Hause, durch die Verbindung mit Beatrix, der Tochter Herzog Ottos I von Meran, nicht nur einen neuen Glanz, sondern er erwarb sich auch hierdurch auf das Land der Herzoge von Meran, *) die mit Otto II, dem Bruder Ottos I ausstarben, gegründete Ansprüche, die ihm das Schloß Plassenburg und den dazu gehörigen Bezirk einbrachten. **) Er wurde hierdurch der Stifter der plassenburgischen Linie der Grafen von Orlamünda, die seine Söhne, Hermann IV und Otto II, fortsetzten. Jener, der schon 1285 starb, hinterließ einen Sohn, der Heinrich hieß. Otto, dessen Tod sich 1284 ereignete, hatte drey Söhne, Otto III, Hermann V, und Otto IV. Der erste lebte zu Bamberg als Geistlicher. Die beyden übrigen theilten. Otto IV bekam Plassenburg und Culmbach. Hermann V behielt die eigentlichen weimarischen Güter, und auf diese Art entstand die weimarische und die plassenburgische Linie. †) Hermann III stiftete die löwensteinische, und sein Sohn, Friedrich II die droißigische Linie. ††) So breitete sich dieses Grafenge-

---

*) Meran, eine Stadt in der Grafschaft Tyrol, war ehemals die Hauptstadt dieses Landes, und die Beherrscher desselben nennten sich daher Herzoge von Meran.

**) Plassenburg eine im Bareuthischen über Culmbach gelegene Bergfestung, zu deren Bezirk auch Culmbach gehörte.

†) Löber, Bl. 93.

††) Löber, Bl. 95. Jener soll die Wittwe eines Grafen

fengeschlecht immer weiter aus, und die Anzahl der Oerter, die es besaß, war überaus ansehnlich. In Thüringen gehörte ihm Olbersleben, die Voigteyen Brembach, Buffart, Dornburg, Drömlitz, Eberstadt, Hardisleben, Heßler, Hummelshayn, Jena (wenigstens ein Theil desselben) Kahla, Kötendorf, Loesnitz, Magdela, Matstädt, Mellingen, Orlamünda, Teutleben, Tondorf, Schloß Schauenforst, Vippach, Weimar, Schloß Wendelstein, Wiehe, Willerstedt, Zimmern. Die Grafen waren auch Schutzvoigte des Klosters Memleben. Im Osterlande besaßen sie Droißig und die Güter der Grafen von Arnshaug. In Franken waren ihnen von den Besitzungen der Herzoge von Meran Goldcronach, Culmbach, Plassenburg, Lauenstein oder Löwenstein und andre Oerter mehr zugefallen. *) Hieraus kann man sich von der ansehnlichen Figur, die die Grafen von Orlamünda spielten, einen Begriff machen.

14. Dieß waren die wichtigsten Veränderungen, die sich in Ansehung der thüringischen Grafen in diesem

Grafen von Arnshaug zur Gemahlin gehabt haben, die ihm Neustadt an der Orla und Jena mitbrachte, und die junge Gräfin Elisabeth von Arnshaug, mit der sich Landgraf Friedrich 1301 vermählte, wird von den Chronikenschreibern für ihre Tochter ausgegeben. Also müßte sich ihre Mutter, nach dem Tode ihres zweyten Gemahls, des Grafen Hermanns, zum drittenmale mit dem Landgrafen Albrecht vermählt haben. Man vergl. S. 51. 89. imgl. Löber, Bl. 4.

*) Löber, Bl. 3.

sem Zeitraume ereigneten. Wir wollen jetzt zu den Städten übergehen, und mit Erfurt den Anfang machen. Diese Stadt hatte, wie wir schon oben gehört haben, an den vornehmsten Begebenheiten dieses Zeitraums den lebhaftesten Antheil; jetzt wollen wir also die Thatsachen nachholen, welche eine Veränderung in ihrer innern Verfassung bewürkten. Erfurt hatte seit langer Zeit das Schicksal, daß der Besitz der Oberherrschaft über dasselbe ziemlich schwankend war. Der Erzbischof von Maynz hatte sich als geistlicher Oberherr allmählich auch eine weltliche Gewalt angemaßt, und den Landgrafen fiel es nicht selten ein, daß Erfurt, als eine in der Mitte der Landgrafschaft Thüringen gelegene Stadt, sich ihrer Landeshoheit unmöglich rechtmäßigerweise entziehen könnte. Indessen übte, wie man gar nicht leugnen kann, der Erzbischof doch verschiedene Landesherrnrechte über Erfurt aus. Er behauptete, der Lehnsherr von der Obergerichtsbarkeit zu seyn, welche die Grafen von Gleichen unter dem Nahmen des Voigtsgedings ausübten. Als daher Graf Albrecht II von Gleichen die Voigtgerechtigkeit an den Stadtrath verkaufte, so machte sich sein Vetter, Graf Heinrich von Gleichenstein, der diesen Vertrag bestätigte, verbindlich, dem Stadtrathe für die Ansprüche Bürge zu seyn, welche der Hauptlehnherr, der Erzbischof von Maynz, darauf machen könnte. *)

Die

---

*) Saglittar ist der Meynung, daß diese Lehnsherrschaft sich nur auf den Grafen Heinrich, und nicht auf die Voigtgerechtigkeit, bezogen habe; aber seine Gründe sind nicht entscheidend genug. Gleich. Historie, S. 66-75.

Die Erzbischöfe hatten sich also wahrscheinlich die Voigtgerechtigkeit zu Erfurt angemaßt, und sie in der Folge den Grafen von Gleichen verliehen, und diese benutzten sie auf eine Art, die den Absichten der Erfurter hinderlich war. Diese suchten es daher dahin zu bringen, daß sie diese Gerechtigkeit in ihre eigne Hände bekämen, und es gelang ihnen auch. Von der Art, wie sich der Erzbischof bey dieser wichtigen Veränderung in der Stadtverfassung betragen hat, haben wir keine Nachricht; aber so viel ist ausgemacht, daß er in allem Betrachte viel durch dieselbe verlohren hat.

15. Er unterhielt aber noch außerdem einen Oberbeamten, der unter dem Nahmen des Vitzthums vorkömmt, und welcher ohne Zweifel die Stelle eines Statthalters versah. Er befindet sich in Urkunden entweder an der Spitze der Stadtregierung, oder er folgt ganz zunächst auf den Voigt. *) Die übrigen maynzischen Beamten, die die Stadtregierung führten, wurden Richter (judices) genannt. Dieß dauerte bis 1255, wo, wie wir weiter unten hören werden,

---

*) So heißt es z. B. in einer Urkunde von 1212: Lambertus, Dei Gratia comes de Glichen, et *Advocatus Erfordensium*, et Theodoricus *Vicedaminus* de Appolde, Germanusque ejus Th., Camerarius, et Burgenses, *quibus dispensatio reipublicae ejusdem civitatis Erfordensis credita est*. Lünigs Reichsarchiv, *Pars Spec. Contin.* IV, Th. 2, S. 426. 358.

den, eine große Veränbrung in der Stadtregierung vorfiel. Der Erzbischof bestellte auch einen Schultheißen, einen Marktmeister, und einen Münzmeister.*) Die Ausübung dieser Rechte gab aber zu öftern Streitigkeiten Anlaß, die zwischen den maynzischen Beamten und den Häuptern der Stadtregierung ausbrachen. Dergleichen ereigneten sich unter andern im Jahr 1277, und der damalige Erzbischof Werner sah sich bewogen, die Stadt in den Bann zu thun. Die Sache wurde aber wieder verglichen, und der Stadtrath mußte nicht nur versprechen, ohne Bewilligung des Erzbischofs keine neue Verordnungen zu machen, wodurch die Rechte des Erzbischofs und der Geistlichkeit geschwächt würden, sondern auch die alten, die diese Würkung hatten, wieder aufheben. Uebrigens machten sie sich einander gegenseitig verbindlich; ihre Rechte und Gerechtsame, die sie seit alten Zeiten besäßen, ungekränkt zu lassen. Aber dieser Vergleich wurde nicht lange gehalten, indem der Stadtrath seine Rechte immer weiter auszudehnen suchte. Es brachen 1279. also schon zwey Jahre hernach zwischen ihm und dem Erzbischof neue Uneinigkeiten aus, bey welchen der letztre abermals den Bannstrahl ergriff, und den öffentlichen Gottesdienst auf britthalb Jahre untersagte. Darauf entfernten sich alle Geistliche aus der Stadt. Diese Ungnade des Erzbischofs scheint aber wenig Eindruck auf die Erfurter gemacht zu haben. 1281. Sie machten vielmehr, während daß ihnen der Gottesdienst untersagt war, eine Verordnung, daß niemand,

*) Falkensteins erfurt. Geschichte, S. 92.

mand, bey Strafe der Einziehung, sich unterstehen sollte, den Geistlichen, weder in der Stadt noch in der Flur derselben, Güter zu verkaufen, zu verschenken, oder zu vermachen. Auf diese Art suchten sie die aus ihrer Stadt entwichenen Geistlichen zu kränken. Der Erzbischof Werner begab sich hierauf selbst nach Erfurt, und es kam ein Vergleich zu Stande, vermöge dessen die Stadt eine Strafe von tausend Mark Silber bezahlen, und 1282. der Geistlichkeit, zur Vergütung ihres Schadens, drey hundert Mark geben mußte. Zu gleicher Zeit war der Erzbischof darauf bedacht, sich von den Bürgern die Gerechtsamen versichern zu lassen, die er bisher zu Erfurt ausgeübt hatte. *)

16. Veranlassungen zu Streitigkeiten gab es aber demungeachtet noch immer. Werners Nachfolger, der Erzbischof Gerhard II war daher, gleich nach dem Antritt seiner Regierung, mit Ernst darauf bedacht, ihnen ein Ende zu machen, und er schickte daher einige Abgeordnete nach Erfurt, wel- 1289. che mit dem dasigen Stadtrathe einen Vertrag errichteten, der in Ansehung der Hauptsachen mit den vorigen übereinstimmte. **) Einige 1291. Jahre hernach gelang es dem Stadtrathe endlich, den gedachten Erzbischof zu bewegen, daß er ihm einen ansehnlichen Theil seiner Gerechtsamen, nemlich das Münzrecht, das Marktmeisteramt und das

doppelte

---

*) Falkenstein am a. O. S. 112 : 117.
**) Falkenstein, S. 127 : 135.

doppelte Schultheißenamt, sowohl in der Stadt als in dem Briel, nebst den Einkünften von den Juden, für tausend Mark Silber auf elf Jahre überließ. *) Einige Jahre hernach (1294) verlängerte er, für drey hundert Mark Silber, die ihm der Stadtrath auszahlte, diese Zeit noch auf drey Jahre. **) Kurz darauf zog sich der Stadtrath schon wieder die Ungnade des Erzbischofs zu. Er verordnete eine Abgabe, welche jede Feuerstätte in der Stadt entrichten sollte, und er wollte sogar die dem Petersklojter gehörigen Häuser nicht davon ausnehmen. Die Geistlichen verklagten ihn deswegen bey dem Erzbischof, und dieser ließ es dem Stadtrath untersagen. Aber der Stadtrath kehrte sich an dieses Verbot nicht. Also schickte der Erzbischof den Geistlichen Befehl zu, dem Stadtrath und allen seinen Anhängern den Gebrauch des Gottesdienstes zu versagen. Der Abt des Petersberges und des Schottenklosters, imgleichen die Kanonici des Severistiftes befolgten den Befehl des Erzbischofs; die Kanonici des Marienstiftes ergriffen aber die Parthey des Stadtraths, und wendeten sich sogar an den Pabst. Dieses nahm der Erzbischof sehr ungnädig auf, und erst der folgende Erzbischof

1299. Gerlach söhnte sich, durch Vermittlung des Kaiser Albrechts, wieder mit dem Stadtrathe aus. Dieser mußte sechzehn hundert Mark Silber erlegen, und den Kanonikern wurde, weil sie nach Rom appellirt

---

*) Falkenstein, S. 163.
**) Falkenstein, S. 167.

peßirt hatten, eine Strafe von drey hundert Mark zu erkannt.*) Die Bemühungen des Stadtraths, sich der Oberherrschaft des Erzstifts Maynz nach und nach zu entziehen, wollten ihm also nicht gelingen. Indessen war die Verfassung der Stadt demungeachtet zu einer ansehnlichen Gestalt gediehen.

17. Erfurt hatte bis zum Jahr 1255 noch keine eigentliche bürgerliche Obrigkeit, und die unter den Bürgern vorgefallenen Streitigkeiten wurden durch die maynzischen Beamten, als den Voigt, den Vicedom, den Schultheißen und andre entschieden, und nur einige aus der Bürgerschaft als Schöppen mit dazugezogen.**) Letztre wurden Oberbürger (Summi Burgenses) genennt, weil sie das Beste der Bürgerschaft besorgen mußten. Im Jahr 1255 wurde aber, mit Bewilligung des Erzbischofs Gebhard, festgesetzt, daß jährlich aus der ganzen Bürgerschaft zwölf sogenannte Räthe (consules) gewählt werden sollten. Diesen wollte man

---

*) Falkenstein, S. 166.

**) So bestand z. B. 1256 die Stadtregierung 1) aus dem Vicedom Berthold, 2) aus dem Schultheiß, Günther von Altstedt, 3) aus dem doppelten Schultheißen Gottschalck, 4) aus dem Voigt Friedrich von Isserstedt, und 5) aus zwölf sogenannten Räthen, welche consules civitatis genennt werden. Der doppelte Schultheiß (Scultetus in plurali) bedeutete noch einen besondern Schultheißen, der für die Stadt und den sogenannten Briel bestellt war. Falkenstein, S. 164. Lünig am a. O. S. 428.

zween ältre Männer zugesellen, und was der größte Theil derselben für gut hielt, das sollte die ganze Bürgerschaft genehmigen. *) Die beyden ältern Männer wurden in der Folge Rathsmeister (magistri consulum) genennt. **) Die Räthe waren meistens Edelleute, die sich damals noch nicht schämten, die erste Classe der Bürgerschaft auszumachen, und sie werden von den Landgrafen die weisen (prudentes) oder die achtbaren (honorabiles) genennt. †) Doch eben diese Herren maßten sich viele Freyheiten an, und es brach daher schon im Jahr 1280, durch Anstiften eines gewissen Bürgers, Nahmens Wollrath von Gotha, zwischen den Armen und Reichen, eine gefährliche Unruhe aus, welche aber durch Verjagung des Urhebers glücklich

---

*) Chronik des Peterskl. S. 266. Falkenstein, S. 95, 99.

**) Die erste Urkunde, worinn der neue Stadtrath auftritt, ist von 1262, wo es heißt: Hugo Scultetus et Guntherus, dictus Rabenot, magistri consulum et Scabini civitatis Erfordensis &c. Falkenstein, S. 100. Lünig, S. 429. In einer Urkunde von 1270 werden die Oberhäupter des Stadtraths Rectores consilii genennt. Lünig, S. 358. In andern Urkunden von 1277 heißt es: consules, Cives et universitas Erfordensis. Lünig, S. 430, 431. Im Jahr 1304 nennt sie L. Albrecht: magistri, Consules, et universi cives. Lünig, S. 441.

†) Beyspiele findet man im Lünig, S. 433. Falkenstein, S. 170.

Stadt Erfurt.

lich gedämpft wurde.*) Die Edelleute, in deren Händen die Stadtregierung sich befand, führten sich aber immer tyrannischer auf. Sie trugen z. B. zu den gemeinschaftlichen Anlagen nichts bey; sie behielten die im Kriege gemachte Beute für sich; sie befriedigten den Landgrafen nicht in Ansehung der Güter, die sie von ihm zu Lehn trugen, und die ganze Stadt zog sich darüber dessen Ungnade zu; sie brauchten die Mannschaft der Stadt in ihren Privatstreitigkeiten; sie legten den Bürgern Soldaten in die Häuser, und giengen mit denselben überhaupt sehr unbarmherzig um. Diese und andre Beschwerden kamen dem gemeinen Manne zuletzt so unerträglich vor, daß er einen Aufstand erregte, wodurch der 1310. Rath gezwungen wurde, gewisse von demselben aufgesetzte Punkte einzugehen. Hauptsächlich bestand er darauf, aus seinen Mitgliedern jährlich vier Vormünder der Bürgerschaft zu wählen, die das Beste der Bürgerschaft bey dem Stadtrathe besorgen sollten. Dieses war der Ursprung der sogenannten Vierherren, welche mit den Volkstribunen des alten Roms einige Aehnlichkeit haben. Es wurden auch in der Folge statt zweyer Rathsmeister jährlich viere erwählt. **)

18. Die Erfurter fiengen frühzeitig an, ihre aus alten Zeiten herrührenden Freyheiten und Gerechtsamen von dem Oberhaupte des deutschen Reichs bestätigen zu lassen. Schon 1234 bewogen sie den

Kai=

---

*) Falkenstein, S. 119.
**) Falkenstein, S. 178/184.

Kaiser Friedrich II, ihnen seinen Schutz zu versprechen, und ihre Vorrechte zu gewähren. Er wiederholte 1242 diese Bestätigung, weil ihm, wie er ausdrücklich sagt, die erfurtischen Bürger wider den Erzbischof Siegfried treulich beygestanden hatten. Vorzüglich aber bewieß sich Kaiser Rudolf sehr gnädig gegen dieselben. Erst bestätigte er 1279 alle ihre Freyheiten und Gerechtsamen; sodann ertheilte er ihnen 1282 das Vorrecht, sich vor kein auswärtiges Gericht laden zu lassen, welches er 1290 ihnen aufs neue versicherte. *) Bey der letztern Gelegenheit verstattete er zugleich den erfurtischen Bürgern, die Räuber zu verfolgen, und zu bestrafen, und er verspricht, sie wider alle Grafen und Herren zu schützen, die sich der Ausübung dieses Rechtes entgegen setzen würden. Endlich haben auch noch Kaiser Adolf 1294, Kaiser Albrecht 1304, und Kaiser Heinrich von Lützelburg 1309, ihre Freyheiten und Gerechtsamen bestätigt. **) Sie haben sich aber auch von den Erzbischöfen von Maynz und von den Landgrafen von Thüringen dergleichen Bestätigungen ertheilen lassen. Dieß that z. B. Erzbischof Heinrich 1287. †) Landgraf Albrecht ertheilte ihnen unter andern 1282 das Recht, sich vor kein frembdes Gericht laden zu lassen, und Landgraf Friedrich gewährte ihnen 1284 alle Gerechtsamen, die ihnen

---

*) Lünig, S. 427, 428, 432, 439.

**) Lünig, S. 440.

†) Lünig, S. 434.

ihnen sein Vater verliehen hatte, und versprach ihnen seinen Schutz. *)

19. Aber alle diese Bestätigungs- und Schutzbriefe waren, nach ihrer Meynung, zuweilen nicht im Stande, ihnen hinlängliche Sicherheit zu verschaffen, und sie glaubten daher, auf eine nachdrücklichere Unterstützung bedacht seyn zu müssen. Erfurt gehörte über dieses unter die ansehnlichsten Mächte, die es damals in Thüringen gab. Daher entstanden verschiedene Bündnisse, die es mit dem Landgrafen Albrecht und mit andern errichtete. Mit jenem schloß es schon 1268 einen Vertrag, vermöge dessen sich beyde Theile auf fünf Jahre verbindlich machten, einander beyzustehen. Die Erfurter versprachen, Albrechten und seinem obersten Feldhauptmann (capitaneo potiori) in Thüringen, auf jedes Aufgebot Folge zu leisten; außer Thüringen aber sollten sie zu keiner Hülfe verbunden seyn. **) Zwölf Jahre hernach errichteten die Erfurter, in 1280. Verbindung mit dem Grafen Otto von Orlamünda, ein neues Schutzbündniß mit dem Landgrafen Albrecht, welcher ihnen auf zwey Jahre seinen Schutz versprach, und ihnen das Recht gab, ihn oder seinen Hofmeister oder seine andre Beamten, nebst seiner Fahne und seinen Leuten, aufzufordern. †)

---

*) Lünig, S. 433. 439.
**) Lünig, S. 429.
†) Magistrum curiae vel alios officiatos nostros — cum nostro vexillo et hominibus — Lünig, S. 431.

Vierzehntes Buch.

Das folgende Jahr nahm eben derselbe die Erfurter in den von ihm und seinem Bruder Dietrich beschwornen Landfrieden auf. Er machte sich zugleich verbindlich, mit seinem Sohne Dietrich und dessen Bundesgenossen niemals Frieden zu machen, ohne daß sie namentlich in denselben eingeschlossen würden. Endlich versprach er ihnen, die Schlösser Bottelstedt, Neumarkt und Vargel mit Hülfe seines Bruders zu belagern, und nicht eher abzuziehen, als bis sie erobert wären. Die beyden letztern sollten zerstört werden, Bottelstedt aber verschont bleiben, weil es dem Landgrafen gehörte.*) Mit dem berühmten Grafen Albrecht von Gleichen, der ihnen die Voigtgerechtigkeit verkaufte, errichteten die Erfurter gleichfalls verschiedene Schutzbündnisse,**) und der Verbindung, in der sie mit dem Grafen Otto von Orlamünda standen, ist kurz vorher Erwähnung geschehen.

20. Bündnisse setzen einen bereits vorhandenen, oder noch bevorstehenden Krieg voraus. In der That haben sich auch die Erfurter in diesem Zeitraum ganz besonders durch kriegerische Unternehmungen hervor gethan. Die Fehden und Räubereyen, welche damals so gewaltig eingerissen waren, gaben ihnen oft Gelegenheit, ihre Tapferkeit zu zeigen.

---

*) Lünig, S. 432. Dieses bezieht sich auf Begebenheiten, die wir, wegen Mangel näherer Nachrichten, nicht aufklären können.

**) Lünig, S. 430.

gen. Es befanden sich in ihrer Nachbarschaft verschiedene Schlösser, deren Besitzer ihnen allerley Drangsalen zufügten. Unter diese gehörte vorzüglich das Schloß Stuterheim, das sie 1268 eroberten und zerstörten. Das dabey gelegene Dorf fügten sie zu ihrem Gebiete hinzu, und es war eins der ersten Dörfer, das die Erfurter sich zueigneten.*) Eine ähnliche Geschichte trug sich mit dem gleichfalls 1303. nahgelegenen Schlosse und Dorfe Hopfgarten zu, wo sie 39 Räuber in ihre Hände bekamen. Diese wurden zu Erfurt sämmtlich hingerichtet.**) Kaiser Rudolf bestärkte sie in ihrem Eifer, den Räubereyen Einhalt zu thun, nicht wenig, da er ihnen, wie oben gemeldet worden, den Auftrag that, die thüringischen Schlösser zu zerstören. Sie wurden aber auch mit den benachbarten Grafen zuweilen in kleine Kriege verwickelt. Dergleichen ereignete sich z. B. 1275; aber die benachbarten Grafen verursachten ihnen, durch die Sperrung der Zufuhre und die Wegnahme der Kaufmannsgüter, eine solche Noth, daß sie sich genöthigt sahen, den Erzbischof von Maynz um Beystand zu bitten. Dieser schickte ihnen dreyhundert Reuter zu Hülfe, die ihnen eine ziemliche Ruhe verschafften. Weil aber die Streitigkeiten zwischen ihnen und den thüringischen Grafen demungeachtet noch fortwährten, so ersuchten sie den Erzbischof, nach Erfurt zu kommen, und denselben ein Ende zu machen. Er gab

ihren

*) Falkenstein, S. 108.
**) Falkenstein, S. 170.

ihren Wünschen Gehör, und der Friede wurde wieder hergestellt.*) Im Jahr 1304 führten sie mit den Grafen von Weimar und den Burggrafen von Kirchberg Krieg, und dieser lief, wie oben erwähnt worden, sehr glücklich für sie ab. Das Glück, das die Erfurter in so mancher Kriegsunternehmung unterstützte, flößte ihnen immer mehr Muth und Kühnheit ein, und sie wagten es endlich, sich mit dem Landgrafen Friedrich in einen Krieg einzulassen, der sich aber zu ihrem großen Nachtheile endigte.

21. Schon von dem, was bisher erzählt worden, läßt sich der Schluß machen, daß die Vermögensumstände der Erfurter in diesem Zeitraume ziemlich gewachsen seyn müssen. Sie legten in demselben zu dem ansehnlichen Gebiete, welches in der Folge zu Erfurt gehörte, den Grund. Landgraf Albrecht, dem sie in diesem Betrachte so viel zu verdanken hatten, überließ ihnen wiederkäuflich die sogenannte Grafschaft an der schmalen Gera, wofür sie ihm hundert und sechzig Mark Silber bezahlten. Sie wurde zwar wieder eingelöset, aber 1318 ist sie ihnen aufs neue verpfändet worden.**) Noch wichtiger war die Erwerbung der Grafschaft Viselbach. Das Schloß, von dem sie ihren Nahmen hatte, gehörte den Grafen von Gleichen, und Landgraf Heinrich Raspe zerstörte es.†) Um das Jahr 1286

1270

*) Falkenstein, S. 111.
**) Falkensteins Thür. Chronik, II, 792.
†) Band II, S. 288.

1286 war die Grafschaft dieses Nahmens im Besitz des Ritters Hermann von Husingeroda, der sie von dem Grafen Heinrich von Gleichen zu Lehn trug. Mit dessen Bewilligung verkaufte er sie für dreyhundert Mark Silber an den erfurtischen Stadtrath, und sie macht noch jetzt einen ansehnlichen Theil des erfurtischen Gebietes aus. *)

1286.

22. Auch das Innere der Stadt Erfurt hat in diesem Zeitraume wahrscheinlich eine andre Gestalt bekommen. Hierzu trugen zwo große Feuersbrünste, die sich 1277 und 1291 ereigneten, sehr viel bey. Das erstemal brannte die Johanniskirche nebst fünfhundert Häusern ab. Das zweytemal wurde der dritte Theil der Stadt in einen Schutthaufen verwandelt. **) Die beträchtliche Anzahl der Einwohner beweisen zwey große Menschensterben, die sich in den Jahren 1272 und 1315 ereigneten. In dem erstern Jahre starben 36 Schock, oder 2160 Menschen, und in dem letztern und dem folgenden Jahre raffte der Tod 12785 Menschen hinweg, unter welchen 8000 vor Hunger starben. †) Der Handel blühete ganz vorzüglich, und die Juden scheinen den Christen vielen Eintrag gethan zu haben. Es entstand daher 1266 ein Aufruhr, worinn an den Juden viele Gewalt verübt wurde. Der damalige Erzbischof Werner nahm es aber so ungnädig

*) Falkenstein am a. O. S. 917, 919.
**) Falkensteins erfurt. Chronik, S. 113, 163.
†) Falkenstein, S. 109, 177.

ungnädig auf, daß er deswegen den Gottesdienst untersagte, und die Erfurter mußten sich fernerhin bequemen, den Juden den Genuß der Gerechtsamen und Freyheiten zu verstatten, die ihnen die Erzbischöfe verliehen hatten. *) Eben dieser Erzbischof Werner ertheilte den Juden einen Schutzbrief. Sie mußten dem Erzstifte jährlich hundert Mark entrichten. Ihre Anzahl war so groß, daß sie zwo Synagogen hatten, und sie bewohnten einen eignen Theil der Stadt. **)

23. Den Nahrungszustand Erfurts und ganz Thüringens können noch folgende Nachrichten von dem Preise der Lebensmittel zu verschiedenen Zeiten erläutern. Im Jahr 1268 war es sehr wohlfeil zu Erfurt, indem ein Scheffel Waitzen 18, ein Scheffel Korn 16, ein Mandel Eyer 1, ein altes Huhn 2, und acht Heringe einen Pfennig kosteten. Einige Jahre hernach herrschte eine solche Theurung, daß ein erfurtisches Malter Korn 4 Mark Silber galt. Doch waren 1273 die vorigen Preise wieder im Gange. Im Jahr 1280 bekam man eine Metze Korn für 5, und ein Mandel Eyer für 2 Pfennige. Im Jahr 1289 galt ein Maaß Wein 3 Heller, der beste 2 Pfennige, ein Maaß Bier 1 Pfennig, (und manche Leute mußten ihr Bier noch umsonst hingeben) ein Mandel Eyer 1, funfzehn Heringe 1, ein Pfund Fleisch 2, und ein Pfund Butter 2 Pfennige.

*) Falkenstein am a. O. S. 107.
**) Falkenstein, S. 126.

nige. Im Jahr 1315 war die Theurung so groß, daß ein Malter Korn 5 Mark Silber kostete. *)

24. Nach Erfurt war Eisenach in diesem Zeitraume die vornehmste Stadt Thüringens, die, wie uns die vorige Geschichte gezeigt hat, in die damaligen Begebenheiten großen Einfluß hatte. Da sie an den Gränzen Thüringens und Hessens liegt, so kostete es der Sophie, die sich in dem letztern Lande festgesetzt hatte, wenig Mühe, die Bürger derselben auf ihre Seite zu bringen, und sie bewiesen sich in der Treue gegen dieselbe ziemlich standhaft. Von vielen der wichtigsten Handlungen, die damals vorgiengen, war Eisenach der Schauplatz. Auch gaben die Unruhen, die der thüringische Erbfolgekrieg veranlaßte, zur Erbauung der Frauenburg, der eisenacher Burg und der Klemme Gelegenheit. **) Eisenach wurde endlich, vermittelst des Einverständnisses einiger Bürger, von Markgraf Heinrich eingenommen, und da sein Sohn Albrecht, dem er Thüringen abtrat, das Schloß Wartburg zu seinem Wohnsitze erwählte, so trug die Nähe des Landesherrn und seines Hofstaates zu Eisenachs Aufnehmen sehr viel bey. Landgraf Albrecht gehört überhaupt unter Eisenachs größte Wohlthäter. Die Urkunden seiner Vorzüge und Freyheiten wären 1261 nebst der Georgenkirche in Rauch aufgegangen. Landgraf Albrecht versicherte sie aber

den

---

*) Falkenstein hin und wieder.
**) Man vergleicht oben S. 9, 19, 23, 24, 28.

den Eisenachern durch eine neue schriftliche Bestätigung, die er ihnen 1283 ertheilte. Verschiedene unter den Vorrechten, die er ihnen damals bestätigte, sind besonders merkwürdig. So waren z. B. alle großen und kleinen Städte, welche innerhalb des landgräflichen Bezirkes lagen, angewiesen, sich in dunklen Rechtssachen zu Eisenach Raths zu erholen, und das eisenachische Gericht vertrat daher die Stelle eines Schöppenstuhls oder einer Juristenfacultät. Das Bierbrauen machte zu allen Zeiten eine Hauptnahrung der thüringischen Städte aus. Landgraf Albrecht verordnete daher, daß niemand innerhalb des Bezirks einer Meile um Eisenach Bier brauen, oder fremdes Bier einführen sollte. Endlich erklärte er auch die Eisenacher in ganz Thüringen von allem Geleite frey, und jenseit der Saale sollten sie nur zur Hälfte verbunden seyn. *) Doch eben diese Wohlthaten, die Albrecht den Eisenachern erwieß, waren Ursache, daß sie beständig eine große Ergebenheit für ihn hegten, die ihnen vieles Unglück zuzog. Sie scheinen am Ende auch den Entwurf gemacht zu haben, die damalige Verwirrung Thüringens zur Erlangung der Rechte einer freyen Reichsstadt zu benutzen. Aber die Ausführung dieses Entwurfs mislang ihnen, und sie mußten sich am Ende glücklich schätzen, daß sie Landgraf Friedrich zu Gnaden annahm, und ihnen ihre Vorrechte und Freyheiten bestätigte. **)

25. Eise-

*) Paullini Annales Isenacenses in dessen Rer. & Antiquitt. German. Syntagma, p. 57-61.
**) Man vergleiche S. 114. imgl. Paullini am a. O. S. 73.

Stadt Eisenach.

25. Eisenach hatte, so wie andre thüringische Städte, einen Voigt und einen Schultheißen, welche das landgräfliche Gericht ausmachten. Dieses hatte einige von der Bürgerschaft als Schöppen zu Beysitzern, und aus diesen bildete sich nach und nach der Stadtrath, da sie denn, so wie zu Erfurt, Räthe genennt wurden. *) Sie waren auch, eben so wie die erfurtischen, vom Adel. In Ansehung seiner geistlichen Verfassung machte Eisenach damals schon eine ziemlich ansehnliche Figur. Es hatte bereits unter den vorigen Landgrafen drey Pfarrkirchen. **) Der Probst des Nicolaiklosters war das Haupt der eisenachischen Geistlichkeit. †) Das Patronatrecht der Marienkirche übte der deutsche Orden aus, welcher noch verschiedene andre Gerechtsame zu Eisenach hatte. Landgraf Albrecht bot ihm dafür das Patronatrecht der Margrethenkirche zu Gotha an, und der Orden ließ sich 1290. diesen Tausch gefallen. Albrecht schenkte hierauf das

*) Sie werden um 1269 und 1272 Burgenses oder cives Isenacenses genennt. Schuhmacher, III, 43. In einer Urkunde von 1277 heißt es: Praefectus Consules & Scabini de Isenache. Ebend. S. 44.

**) Band II, S. 295.

†) In einer Urkunde von 1280 stehen unter den Zeugen: Heinricus, praepositus S. Nicolai — Conradus, plebanus S. Georgii — Heinricus plebanus S. Mariae. Wilke Urkundenbuch, S. 39. Die Pfarrer an der Marien= und Georgenkirche waren um 1294 Albrechts Kapläne. Paullini, S. 65.

das Patronatrecht der Marienkirche dem Stifte zu Großburschla; *) er machte es aber zur Bedingung, daß die Kanoniker nach Eisenach ziehen sollten. **) Dieß war der Ursprung des eisenachischen Marienstiftes, welches Albrecht fast verschwenderisch 1294. beschenkte. Unter andern verlieh er den Mitgliedern desselben eben die Vorzüge und Freyheiten, welche die Kanoniker zu Erfurt hatten, und Kaiser Adolf bestätigte es. ***) Das Stift gelangte hierdurch zu einem solchen Vermögenszustande, daß die Kirche desselben über zwanzig Altäre und Vicarien hatte. Ihre zween starken Thürme wurden zwar von den Eisenachern niedergerissen; die Domherren bauten sie aber in der Folge wieder auf. †) Bey jeder der drey Pfarrkirchen war eine Schule, deren Vorsteher Kinderrektoren (rectores parvulorum) genennt wurden. ††) Die Eisenacher mußten den Landgrafen allerley Abgaben entrichten. Landgraf Albrecht machte einen Vertrag mit ihnen, vermöge dessen sie ihm, statt aller derselben, jährlich eine Bete von hundert Mark gangbaren Silbers geben sollten. Er ertheilte ihnen in der Folge auch das Recht, die Entrichtung des sogenannten Umgeldes selbst anzuordnen. †††) Es wurden auch in diesem Zeitraume eben

---

*) Ein Dorf im Amte Treffurth.
**) Wilke am a. O. S. 87.
***) Wilke, S. 111. Paullini, S. 66.
†) Man vergl. S. 96. ingl. Schuhmacher IV, 35.
††) Schuhmacher am a. O. S. 34.
†††) Paullini, S. 60, 69.

eben sowohl als in dem vorigen Münzen zu Eisenach, geprägt. *)

26. Die Stadt Kreuzburg machte bereits zu Ende des vorigen Zeitraums eine ganz ansehnliche Figur, die ich im zweyten Bande (S. 138, 217, 327) einigermaßen beschrieben habe. Ich will aber das wenige, was man von der ältern Geschichte dieser Stadt weiß, hier zusammen faßen. **) Der Nähme dieses Ortes, der von einem Berge, auf dem ein Kreuz stand, am wahrscheinlichsten seinen Ursprung hat, kömmt schon in der ersten Hälfte des zwölften Jahrhunderts vor. †) Es war um diese Zeit bereits ein Petersklofter an diesem Orte vorhanden, welches Bonifacius gestiftet haben sollte, und das dem Peterskloster zu Erfurt unterworfen war. Der Ort selbst gehörte dem Stifte Fulda, dem ihn Landgraf Ludewig II abkaufte. ††) Dieser

---

*) In einer Urkunde L. Albrechts von 1294 heißt es: Solidi denariorum monetae Ifenacenfis (Schillinge Pfennige eifenachifcher Münze). Paulini S. 65.

**) Die gedruckten Nachrichten von Kreuzburg sind äußerst selten. Desto willkommner war mir die Sciagraphia encomiaftica oppidi Cruciburgi ad Vierram — confcripta a Joh. Ernefto Reichardo, Scholae ibidem Rectore, die mir ein Freund der Vaterlandsgeschichte mitgetheilt hat.

†) B. II, S. 90, 115.

††) B. II, S. 138.

ser verwandelte, mit Bewilligung des erfurtischen Petersklosters, das gedachte Kloster in ein Schloß. Da es aber Sitte dieses Jahrhunderts war, den Geistlichen lieber zu geben, als ihnen etwas zu entziehen, so stiftete er nicht nur die Mönchszelle bey Frankenrode, *) sondern er baute auch, auf Antrieb des Erzbischofs von Maynz, ein neues Kloster, das nicht weit von dem zerstörten Dorfe Kolbendorf, unterhalb der Stadt, lag. Es wurde dem h. Jacob gewidmet und mit Nonnen besetzt, die einem Probst und einer Aebtissin unterworfen waren. **) Ludwigs II Nachfolger, Hermann I, baute nicht nur das Schloß völlig aus, sondern beschloß auch, Kreuzburg zur Stadt zu machen. Er befahl daher den Einwohnern der benachbarten Dörfer Meilingen, Kolbendorf, Rumpfenrein, Hetschberg u. a. m. ihre Hütten niederzureissen, und sich zu Kreuzburg anzubauen, und Kreuzburg ward auf diese Art eine Stadt, die bereits um die Mitte des drenzehnten Jahrhunderts zwo Pfarrkirchen hatte; die Nicolaikirche, deren Patronatrecht Landgraf Ludwig IV (1220) dem Jakobskloster schenkte, und die Marienkirche, die der Bischof Heinrich von Hildesheim (1252) baute. Das Schloß, das sich in einem ziemlich festen Zustand befand, hatte 1295 eine

*) Das Dorf Frankenroda erkennt noch jetzt die Gerichtsbarkeit des Petersstiftes zu Erfurt. Goch. Gesch. III, 175.

**) Ein Beyspiel von einem kreuzburgischen Probste kommt 1280 vor. Wilke, Urkundenbuch, S. 39.

eine harte Belagerung auszuſtehen, und die Stadt wurde bey dieſer Gelegenheit vom Feuer verzehrt, von den Bürgern aber wieder hergeſtellt. *)

27. Gotha erfuhr in dieſem Zeitraume einige Verändrungen, welche ſeiner Verfaſſung eine ziemlich andre Geſtalt gaben. Es ergriff gleich anfangs die Parthey des Markgrafen Heinrichs, und dieſes gereichte ihm nicht wenig zum Vortheil, denn Heinrich nahm ſich, während ſeiner Regierung Thüringens, dieſes Orts vorzüglich an. Um das Jahr 1250 hatte Gotha mit dem nahgelegenen Arnſtadt einen gemeinſchaftlichen Voigt. Das übrige Stadtgericht beſtund aus einem Schultheißen und einigen Schöppen, welche Edelleute waren. Erſt um das Jahr 1268 ſcheint Gotha, in der Perſon des bekannten Heinrichs von Mила, einen eignen Voigt bekommen zu haben. Zu Ende des dreyzehnten Jahrhunderts bildete ſich der eigentliche Stadtrath, und es kommen 1299 zum erſtenmal zween Rathsmeiſter und einige Räthe vor. Die Bürger von Gotha beſaßen ſchon 1268 das Vorrecht, einer Ladung vor das Landgericht keine Folge leiſten zu dürfen. Auch durfte man einen gothaiſchen Bürger, eines Zweykampfs wegen, ſonſt nirgends als vor dem Stadtgericht anklagen, und dieſes wurde vor der Jacobskapelle auf dem alten Markte gehalten. Die geiſtliche Verfaſſung der Stadt Gotha verbeſſerte ſich in dieſem Zeitraume beträchtlich. Sie hatte zu Anfang

*) Man vergl. S. 80/84.

fang desselben zwo Pfarrkirchen, die Margrethenkirche, und die Marienkirche, und noch verschiedene andre Kirchen und Kapellen. Hierzu kamen in einer Zeit von wenig Jahren zwey Klöster. Zween Edle, Heinrich Setzepfand von Siebeleben und Burchard von Leina, kauften den Herren von Gotha die Kreuzkirche und das kleine Dorf Rode ab, und übergaben die erstere einer Gesellschaft von Cistercienfernonnen, denen sie nicht nur das gedachte Dorf, sondern auch noch viele Hufen Land zum Unterhalte anwiesen. Markgraf Heinrich bestätigte die Abtretung der Ländereyen, und Landgraf Albrecht bemühte sich so eifrig für dieses Kloster, daß es unter seiner Regierung bereits zu einem ansehnlichen Vermögenszustande gelangte.*) Einige Jahre hernach entstand das Augustinerkloster. Auf dem Platze desselben war bereits eine Kirche vorhanden, und es gehörte ein Hof dazu, der dem Kreuzkloster eigenthümlich war. Aber dieses trat, mit Genehmigung des Stadtraths, sowohl die Kirche als den Hof an die Augustinermönche ab, die sich 1258 zu Gotha niederließen. Doch dieses Kloster hatte nicht das Glück, so viele Gönner zu finden als das Kreuzkloster, und alle Indulgenzbriefe, die ihnen die Erzbischöfe von Maynz verliehen, waren nicht im Stande, den Zufluß frommer Wohlthaten recht zu befördern.**) Unter den übrigen Stadtkirchen scheint die Marienkirche die vornehmste gewesen zu seyn.

1251.

*) Goth. Gesch. II, S. 8; imgl. S. 174. 177.
**) Ebendaselbst, S. 186.

das Jahr 1291 einen Pfarrer und einen Capellan. Das Patronatrecht übte seit 1290 das Kreuzkloster aus, dem es Landgraf Albrecht überlassen hatte. Die zweyte Stadtkirche war die Margrethenkirche, welche gleichfalls mit einem eignen Pfarrer versehen war, den der deutsche Orden ernennte. Bey derselben befand sich auch die Stadtschule, deren Rektor Dietrich um 1299 Landgraf Albrechts Geheimschreiber war. *)

28. Alles dieses wäre schon hinlänglich, um uns von der damaligen Verfassung der Stadt Gotha einen guten Begriff zu machen. Hierzu kömmt aber noch, daß eine landgräfliche Burg daselbst vorhanden war, welche um 1287 bereits ihre ablichen Burgmänner hatte, und den Nahmen Grimmenstein führte. **) Die Burgmänner waren lauter Ritter, welche gleichsam die Besatzung der Burg ausmachten. Dafür waren ihnen gewisse Höfe und Burggüter angewiesen. Sie vertraten bey wichtigen Handlungen oft die Stelle der Zeugen. M. Heinrich legte auch eine Münze zu Gotha an, und es kommen seit der Zeit nicht nur gothaische Münzmeister, sondern auch Schillinge Pfennige gothaischer Währe in Urkunden vor. Kaufleute und Tuchscherer gab es um diese Zeit gleichfalls zu Gotha. Dieß beweiset, daß die Weberkunst und der Handel getrieben wurde. †)

29. Wei-

*) Ebendaselbst, S. 24, 25.
**) Ebendas. S. 22, 152.
†) Ebendaselbst, S. 14.

29. Weimar war zu Ende dieses Zeitraums ein Wohnsitz der Grafen von Orlamünda. Es wurde 1299 durch eine Feuersbrunst zerstört, *) und es hatte damals schon zwo Pfarrkirchen. Die Jakobskirche, die älteste, bauten Ritter Walther von Vargel und ein Herr von Gleißberg, und das Patronatrecht derselben gehörte dem Nonnenkloster zu Oberweimar. Die Peter= und Paulkirche brannte schon 1299 mit ab. Sie wurde aber wieder aufgebaut. Weiter ist uns von Weimar aus diesem Zeitraume nichts bekannt.**) Weissensee wurde 1249 zweymal belagert und angezündet. Landgraf Albrecht versetzte es an Hessen, aber die Landstände löseten es wieder ein. †) Eben derselbe befreyte es 1265 von der Gerichtsbarkeit des Landgerichtes, und es war schon 1253 der Sitz eines Voigtes. ††) Die städtischen Vorrechte desselben verlieh Landgraf Albrecht 1292 auch dem Flecken Kindelbrück. *) Eckardsberga war um diese Zeit ein Lehn des Stiftes Naumburg, denn der Bischof Bruno belieh 1288 den Landgrafen Albrecht

―――――――――――
*) Peterschronik, S. 310.
**) Dieß sind die wenigen Nachrichten, die man in Wettens historischen Nachrichten von Weimar findet. Schlechter ist überhaupt nicht leicht eine thüringische Stadtgeschichte bearbeitet.
†) Buch 13, §. 5.
††) Goth. Geschichte, Th. II, S. 14. Wilke Urkundenbuch, S. 127.
*) Olearii Syntagma rerum Thuringicarum, II, 90.

brecht mit dem Schloſſe Eckardsberga, wie auch mit Buttelſtedt, Raſpenburg, Buche, Aspa und Beichlingen, und ſein Sohn, Landgraf Friedrich wurde 1308 gleichfalls damit beliehen.*) Arnſtadt, das ſeit 1306 den Grafen von Schwarzburg gehörte, hatte ſeit 1246 ein Franciſcaner- und ſeit 1309 ein Nonnenkloſter. Sein Stadtrath beſtand, ſo wie in den benachbarten Städten, aus Rathsmeiſtern und Räthen. **) Unter die beträchtlichſten Städte dieſes Zeitraums muß auch Frankenhauſen gerechnet werden, welches damals den Grafen von Beichlingen gehörte. Es hatte zwo Burgen, die ihre adlichen Burgmänner hatten; es hatte eine Alt- und Neuſtadt. Seit 1190 war auch ſchon ein Ciſtercienſer-Nonnenkloſter daſelbſt vorhanden, deſſen Schutzpatron der h. Georg war. †) Endlich wurde auch der Flecken Clingen in dieſem Zeitraume, nemlich 1282, eine Stadt, welche 1313 ihre erſten Statuten bekam. ††)

30. Doch in dem nördlichen Theile Thüringens gab es zwo Städte, welche zwar nicht in dem Bezirke der Landgraffchaft lagen, aber dennoch zu Thüringen gehörten, und wegen des Einfluſſes, den ſie in die thüringiſchen Begebenheiten hatten,

M 4   für

*) Olearius am a. O. S. 10, 11.
**) Olearius, Th. I, S. 2, 3, 19.
†) Mülheners hiſtoriſche Nachrichten vom Kl. St. Georgii zu Frankenhauſen, Leipz. 1747, 4.
††) Olearius, S. 49.

für uns sehr merkwürdig sind. Dieses waren die beyden freyen Reichsstädte Mühlhausen und Nordhausen. Mühlhausen war, während der Verwirrung, die die thüringische Erbfolge veranlaßte, in Gefahr, seine Freyheit zu verlieren. Einige von den benachbarten thüringischen und sächsischen Grafen und Herren machten den Anschlag, sich ihrer zu bemächtigen. Sie setzten einst einige bewafnete Mannschaft auf Wagen, und näherten sich gegen Anbruch des Tages der Stadt, um die Thore zu überrumpeln. Aber die Bürger, die es noch zu rechter Zeit gewahr wurden, läuteten die Sturmglocken, und wehrten sich so tapfer, daß einige von den Feinden getödtet, und die übrigen mit großem Verluste zurück geschlagen wurden. *) Gleiche Tapferkeit bewiesen die Bürger von Mühlhausen, als sie den Kaiser Adolf nebst seinen Truppen zur Stadt hinaus jagten. **) Sie halfen 1306 Wartburg belagern. Um eben diese Zeit waren sie mit den Herren Rietesel in eine Fehde verwickelt, welche unglücklich für sie ablief. †) Von 1309 bis 1315 nahmen sie an dem Kriege Antheil, den die Erfurter mit dem Landgrafen Friedrich führten. Landgraf Friedrich kränkte sie, wie sie behaupteten, in ihren Rechten, Ehren und Freyheiten; er wollte ihnen nicht erlauben, die Räuber zu verfolgen, und er verlangte von jeder Mark ihres Vermögens 1 Loth Bete.

*) Chronik des Peterstl. S. 264.
**) Vergl. S. 77.
†) Grashofii Commentatio de Muhlhusa, p. 159.

Bete. Sie schlossen daher mit den Städten Erfurt und Nordhausen ein Bündniß, vermöge dessen sich jene zu 250 Mann zu Roß, und 510 gewapnete Schützen, und diese zu 40 Reutern und 10 gewapneten Schützen anheischig machten.*) Aber auch dieser Krieg endigte sich nicht zu ihrem Vortheil. **)

31. Mühlhausen hatte seit langen Zeiten ein kaiserliches Schloß, oder eine Reichsburg, die mit adlichen Burgmännern besetzt war. Zwischen diesen und den Bürgern brachen häufige Streitigkeiten und Fehden aus, und letztre führten daher zwischen der Stadt und dem Schlosse eine Mauer auf. Doch die Erbitterung wurde zuletzt so groß, daß sie es endlich gar eroberten und zerstörten. Der damalige Kaiser Rudolf nahm dieses anfangs sehr ungnädig auf; sie wußten es aber doch dahin zu bringen, daß er sich mit ihnen wieder aussöhnte. †) Er bestätigte hierauf nicht nur ihre hergebrachten Freyheiten und Gerechtsamen, sondern er verlieh ihnen auch neue; er ertheilte ihnen das Recht, sich nicht vor das Landgericht laden zu lassen, und er machte, zum Besten derselben, die Verordnung, daß die den Bürgern gehörige Güter nur an Mitbürger veräußert werden sollten. ††) Mühlhausen mußte, so wie

*) Grashof, S. 138.
**) Vergl. Buch 13, §. 41.
†) Grashof, S. 30.
††) Grashof, S. 197, 198, 199.

wie andre Reichsstädte, dem Kaiser gewisse Abgaben entrichten. Diese waren aber schon seit einiger Zeit an den Stadtrath verpachtet worden, und eben dieses geschah von dem Kaiser Rudolf *) Es hatte seine eigene Münze, und es wurde mit den benachbarten Herren von Schlotheim, welche das Münzrecht gleichfalls ausübten, deswegen in einen Streit verwickelt. Das Zeichen, das letztre auf ihre Münzen prägten, war dem mühlhäusischen sehr ähnlich; man verglich sich daher, daß sich die Herren von Schlotheim eines andern Zeichens bedienen sollten. **) Die Regierungsverfassung der Stadt Mühlhausen war gerade wie die erfurtische beschaffen. Im dreyzehnten Jahrhunderte bestand die städtische Obrigkeit aus dem Schultheißen und den Schöppen. Letztre verwandelten sich allmählig in Räthe (consules) und am Ende des gedachten Jahrhunderts erscheinen zween Rathsmeister (magistri consulum) an ihrer Spitze, und der ganze Stadtrath bestand aus Edelleuten oder Patriciern. †) Was Mühlhausens

---

*) Die Kaiser versetzten sie zuweilen. Dieses beweiset unter andern eine merkwürdige Urkunde von K. Ludewig dem Bayern, der sich, in dem Falle, daß er römischer König werden sollte, verbindlich machte, seinem Schwager, dem Grafen Berthold von Hennesberg, 40 Mark Silber zu Mühlhausen als ein Burglehn zu verleihen, und ihm überdieß die beyden Städte, Mühlhausen und Nordhausen, zu verpfänden. Schuhmacher, II, 59. Vergl. Grashof, S. 79.

**) Grashof, S. 211.

†) Grashof, S. 76, 77, 78, 99, 100.

hausens geistliche Verfassung betrifft, so stand es unter dem Probste des secheburgischen Stifts, der seine geistliche Gerichtsbarkeit durch einen sogenannten Official verwalten ließ. Es hatte verschiedene Pfarrkirchen und Klöster. Eine Franciscanergesellschaft befand sich seit 1222 auf der Reichsburg, und ein Nonnenkloster war gleichfalls schon vorhanden. *)

32. Nordhausen schlug sich im Erbfolgekrieg zu des Markgrafen Heinrichs Parthey. Da aber Thüringens Edele die damalige Verwirrung zu benutzen suchten, so machten einige von denen am Harze wohnenden Grafen und Herren einen Anschlag, sich der Stadt Nordhausen zu bemächtigen. **) Es wurde ihnen aber mit solcher Tapferkeit begegnet, daß sie mit großem Verluste wieder abziehen mußten. Nordhausen machte sich hierauf durch seine beständige Ergebenheit, die es für den Markgrafen Heinrich bewieß, so beliebt bey demselben, daß er nach erlangtem Frieden einen prächtigen Turnier zu Nordhausen anstellte. Er ließ, wie uns die Chronikenschreiber versichern, in einem schönen Garten einen ziemlich großen Baum aufrichten, der silberne und zum Theil vergoldete Blätter, und ganz goldne Früchte trug. Diese sollten, nach dem Urtheile der Damen, als Gewinnste ausgetheilt werden. Um den Garten waren für die Fürsten, Grafen,

---

*) Grashof, S. 49, 65, 66.
**) (Lessers) historische Nachrichten von Nordhausen, Franckf. u. Leipz. 1740, 4. S. 84.

Grafen, Herren, Ritter, Fräulein und Jungfrauen, die sich aus allen Gegenden eingefunden hatten, Zelte aufgeschlagen. Der Turnier ward mit einem Balle eröffnet. Hierauf folgte das Rennen und Stechen. Traffen zween auf einander, und brachen die Lanzen, doch so, daß beyde sitzen blieben, so bekam jeder ein silbernes Blatt; stach aber einer den andern herunter, so erhielt er ein goldnes Blatt. *) — Kaiser Adolf versetzte die Einkünfte, die er von Nordhausen zog, an den Landgrafen Albrecht. Es hatte aber keine Lust, die angewiesene Summe zu bezahlen, und es schlug sich daher auf die Seite seiner Söhne. **) Unter andern sollen die Nordhäuser einen Grafen von Gleichen, der dem Kaiser Adolf Lebensmittel und andre Kriegsbedürfnisse zuführen wollte, genöthigt haben, die Flucht zu ergreifen, und sich nach dem thüringer Wald zu retten. †) Doch Landgraf Albrecht suchte die Nordhäuser durch allerley Drangsalen, die er ihnen zufügte, zur Bezahlung der schuldigen Summe zu bewegen, und sie mußten sich endlich bequemen, den Anfang zu machen. Man verglich sich wegen gewisser Fristen, denn Landgraf Albrecht bekennt in einer Urkunde von 1305, die auf unsere Zeiten gekommen

*) Spangenbergs mannsfeldische Chronik, B. 314. Die Zeitgenossen erwähnen dieses prächtigen Turnieres zwar nicht; indessen ist er so berühmt, daß ihn verschiedene Dichter besungen haben. Lesser, S. 407.
**) Man vergl. S. 88.
†) Melissantes, S. 33.

kommen ist, daß sie die Bürger und Juden zu Nordhausen auf ein Jahr befriedigt hätten. *) Die Juden hatten, wie es scheint, an Albrechts Befriedigung nicht wenig Antheil, und es muß ihrer daher eine ziemlich große Anzahl zu Nordhausen gegeben haben. Hierauf ließen sich die Nordhäuser mit den Erfurtern und Mühlhäusern in ein Bündniß ein, welches die Vertheidigung ihrer Freyheit gegen den Landgrafen Friedrich zur Absicht hatte, und sie nahmen an den damaligen Kriegsunruhen lebhaften Antheil. **) Es wurde zwar 1319 zwischen dem Landgrafen und den Nordhäusern an einem Vergleiche gearbeitet, der in Ansehung zur Richtigkeit gebracht werden sollte; dieser muß aber nicht zu Stande gekommen seyn, denn die Nordhäuser streiften noch 1321 auf den Landgrafen, und sie mußten ihm im folgenden Jahre eine ansehnliche Geldsumme bezahlen. Sie wurden um diese Zeit mit den Herren von Hackeborn, von Schraplau, von Querfurth, von Rebra und mit dem Herrn von Morungen, in eine Fehde verwickelt, und diese fügten ihnen so vielen Schaden zu, daß sie sich genöthigt sahen, den Kaiser Heinrich VII. um Hülfe zu bitten. Dieser gab dem Markgrafen Heinrich von Landsberg den Auftrag sie in Schutz zu nehmen. †)

*) Lesser, S. 457.
**) Man vergl. oben S. 28.
†) Lesser, S. 459. Die Markgrafschaft Landsberg gehörte damals den Markgrafen von Brandenburg.

Vierzehntes Buch.

55. Nordhausen wurde schon in diesem Zeitraume in die Oberstadt und in die Neustadt eingetheilt. Jede hatte ihren eignen Stadtrath, der, eben so wie in andern thüringischen Städten, zu Ende des drenzehnten Jahrhunderts aus Rathsmeistern und Räthen bestand. Unter die Mitglieder desselben gehörten viele adliche Familien von den benachbarten Dörfern.*) Nordhausen hatte auch eben so wie Mühlhausen eine Reichsburg. Diese riß es, nach dem Benspiele der Mühlhäuser, nieder. Es glückte ihm aber eben so wie diesen, den Zorn des Kaiser Rudolfs zu besänftigen.**) Die Stadt besaß seit alten Zeiten Freyheiten und Gerechtsamen, die ihr die Kaiser und Könige verliehen hatten; aber die erste schriftliche Bestätigung derselben, die sie aufweisen kann, rührt von Kaiser Wilhelm her, und sie hatte sie der Fürsprache des Grafen Heinrichs von Anhalt zu danken. Kaiser Rudolf, der

1290. sich einige Zeit daselbst aufhielt, erneuerte diese Bestätigung nicht nur, sondern dehnte ihre Vorrechte noch weiter aus, und befreyte sie unter andern von der Gerichtsbarkeit des Landgerichtes. Alles dieses bestätigten ihr auch Kaiser Adolf und Kaiser Albrecht; jener 1293 und dieser 1306.†) In geistlichen Dingen stand Nordhausen unter dem Official des Probsts zu Jecheburg. Es hatte bereits im zehnten Jahrhundert ein Jungfrauenkloster, wel-

*) Leffer, S. 275.
**) Leffer, S. 167.
†) Leffer, S. 208, 209, 212, 214.

des König Heinrichs I Gemahlin, Mechtilbe, gestiftet haben soll. Es wurde das Kreuzkloster genennt, und Kaiser Friedrich I trat ihm 1157 für einige Zinsen, die Reichsburg nebst dem Zubehör ab. Die Nonnen blieben aber den Vorschriften eines kanonischen Lebens so wenig getreu, daß es der Kaiser Friedrich II für gut fand, ihre Gesellschaft aufzuheben, und Kanoniker an ihre Stelle zu setzen.*) Vor 1237 war auch bereits ein Nonnenkloster Cistercienserordens, das der Jungfrau Marie gewidmet war, vorhanden. Kaiser Friedrich II bestätigte es im gedachten Jahre, und Landgraf Albrecht ertheilte ihm 1277 die Erlaubniß, Güter, die seinen Lehnsleuten und Unterthanen gehörten, an sich zu bringen.**) Ein zweytes Nonnenkloster Cistercienserordens wurde 1294 von Bischofsrode im Hohnsteinischen nach Nordhausen verlegt. Das Kreuzkloster räumte ihm die altendörfer Kirche in der Vorstadt ein, und es wurde ihm deswegen unterworfen. †) Nordhausen hatte endlich auch ein Augustinerkloster, von dem schon 1312 ein Prior vorkömmt, und mit einem Siechhofe und einer dazu gehörigen Kirche war es bereits 1281 versehen. ††)

§. 184. Für die thüringischen Klöster war der Zeitraum, den Albrechts Regierung in sich faßt, einer

der

*) Lesser, S. 150/153.
**) Lesser, S. 130, 132.
†) Lesser, S. 197.
††) Lesser, S. 177.

Vierzehntes Buch.

der günstigkeit, doch trifft dieses am wenigsten das Kloster Reinhardsbrunn, welches vielmehr ein großes Unglück hatte. Eine Feuersbrunst, die durch Anstiften boshafter Leute entstanden seyn sollte, ver-
1291. zehrte seine Kirche nebst den übrigen Gebäuden, und versetzte die Klostergesellschaft in die Nothwendigkeit, verschiedene von ihren Gütern zu veräußern. Sie scheint sich aus eben der Ursache genöthigt gesehen zu haben, das Schloß Tenneberg, das ihr Landgraf Albrecht verpfändet hatte, wieder einzunehmen. *) Das Kloster erholte sich indessen immer mehr, und nicht nur Landgraf Albrecht, sondern auch seine Söhne, Apiz und Tiezmann, beeiferten sich um die Wette, die Freyheiten und Gerechtsamen desselben zu bestätigen und zu erweitern. **) Das Kloster Georgenthal vermehrte seine Güter durch das Schloß Waldenfels, das es 1293 den Herren von Meldingen abkaufte, †) und Landgraf Tiezmann erzeigte ihm, wie oben (S. 110) erzählt worden, verschiedene Wohlthaten. Das Kloster Ichtershausen kaufte den Grafen von Gleichen das Voigtrecht über zwölf Hufen Land ab, die dem Stifte Hersfeld lehnbar waren; auch brachte es alle übrigen Güter, die die Grafen von Gleichen zu Ichtershausen hatten, an sich. ††) Das Kloster Volkenrode erwarb immer mehr Güter und Zinsen. Landgraf Albrecht schenkte
ihm

---

*) Man vergl. S. 60. 89.
**) Goth. Gesch. III, 209.
†) Ebendaselbst, S. 268.
††) Ebendaselbst, IV, S. 336.

Klöster dieses Zeitraums.

ihm das Dorf Obermähler. Doch sein Sohn Friedrich, der diese Freygebigkeit nicht gut fand, nahm es ihm wieder weg. *) Adolfs Truppen fügten ihm einigen Schaden zu. Zur Vergütung desselben wieß ihm Adolf zwo Mark Jahrzins zu Mühlhausen an. **) Auch Graf Hermann IV von Gleichen führte sich 1311 sehr feindselig gegen dasselbe auf; sein Vater, Graf Heinrich, stellte es aber durch verschiedene Ländereyen, die er ihm abtrat, wieder zufrieden. †) Die Anzahl der Klöster hatte, besonders in den Städten, sehr zugenommen, und manche Stadt, die vorher kein einziges Kloster hatte, wurde in kurzer Zeit mit mehrern derselben versehen. Unter den Klöstern, die in diesem Zeitraume ihren Ursprung hatten, zeichneten sich die Cistercienser-Nonnenklöster zu Eblleba und zu Marksußra aus. Jenes wurde 1267 gestiftet; es ist aber noch nicht ausgemacht, ob es die Herren von Eblleba, oder die Grafen von Beichlingen gestiftet haben. ††) Das Kloster zu Marksußra, unweit Ebeleben in der untern Grafschaft Schwarzburg, ward 1287 von Albrechten von Ebeleben gestiftet, und die Grafen von Gleichen, die Lehnsherren des Ortes, gaben ihre Einwilligung dazu. *)

*) Ebendaselbst, S. 223.
**) Ebendaselbst, S. 196.
†) Ebendaselbst, S. 296.
††) Falkensteins thür. Chronik, II, 1264.
*) Falkenstein, am a. O. S. 1267.

35. Außer den vielen Klöstern, die in Thüringen angesessen waren, gab es aber noch verschiedene benachbarte geistliche Fürsten, welche große Güter und Gerechtsamen in diesem Lande besaßen. Die Erzbischöfe von Maynz, unter deren Sprengel wenigstens der größte Theil von Thüringen gehörte, hatten sehr oft die beste Gelegenheit auf ihren Nutzen bedacht zu seyn, und es scheint eben nicht, als wenn sie dieselben absichtlich versäumt hätten. Schon die Geschichte der Stadt Erfurt kann uns hier das Gegentheil lehren. Landgraf Albrechts Regierung war ihnen aber in dieser Absicht besonders günstig. Erzbischof Heinrich, der den Landfrieden zu Stande gebracht, und sich noch durch andre Dienste um Albrecht verdient gemacht hatte, konnte denselben ganz leicht dahin bringen, daß er ihm feyerlich verstattete, Schlösser und Güter, die innerhalb den Gränzen der Landgrafschaft Thüringen gelegen waren, für sich und das Erzstift zu kaufen, und in allen seinen thüringischen Besitzungen, die er gegenwärtig schon besaß oder in Zukunft noch bekommen würde, neue Schlösser zu bauen, oder die alten zu befestigen.*) Erzbischof Heinrich gieng ohne Zweifel damals schon mit dem Entwurfe um, das Eichsfeld an sich zu bringen; denn Landgraf Albrecht und seine Söhne, Friedrich und Dietrich, leisteten zum Besten desselben, auf alle ihre Ansprüche Verzicht, die sie auf

die

---

*) Die darüber ausgestellte Urkunde ist zu Erfurt am 23ten Jenner 1287 unterzeichnet. Gudeni codex Dipl. I, 819.

die Schlösser Gleichenstein, Scharfenstein, und Blankenstein hatten. *) Auch Markgraf Heinrich trat ihm alle seine Rechte auf das Schloß Gleichenstein ab. **) Doch erst sein Nachfolger, der Erzbischof Gerhard, brachte den Kaufvertrag mit dem Grafen Heinrich von Gleichen zu Stande, vermöge dessen ihm dieser die gedachten Schlösser und das ganze Eichsfeld verkaufte. †) Das Erzstift Mannz war Lehnherr von verschiedenen Oertern und Gütern, die die Landgrafen besaßen. Hierunter gehörten die Grafschaften Siebeleben und Schönerstedt, die kleine Gräfschaft zu Mittelhausen, das Schloß Spatenberg, ††) die Gerichte zu Bergern und Aspen, imgleichen Schloß und Stadt Thomasbrücken. Zu diesen maynzischen Lehnen kam in der Folge noch Schloß und Stadt Gotha.

36. Von den Stiftern Fulda und Hersfeld trugen die Landgrafen gleichfalls viele Oerter und Güter zu Lehn. *) So war die Stadt Eisenach nebst

---

*) Zu Erfurt, am 25ten Februar des gedachten Jahres. Gudenus, S. 820.

**) Gudenus, S. 821.

†) Man vergl. S. 141.

††) Das lateinische Wort Comicia, das hier durch Grafschaft verdeutscht ist, bedeutet eigentlich den Gerichtsbezirk eines Grafen. Siebeleben liegt bey Gotha, Schönerstedt oder Schönstedt im Kursächsischen, Spatenberg bey Sondershausen. Man vergl. S. 16, 25.

*) Man vergl. S. 59.

nebst Zubehör, dem eignen Geständnisse des Landgrafen Albrechts zu folge, ein Lehn der gedachten beyden Stifter. *) Von Fulda waren die Landgrafen mit dem Erbschenkenamte beliehen, das sie, als ein Afterlehn, an die adliche Familie von Schenkenwald vergeben hatten. **) Apitz, den wir oben als einen muthwilligen Regenten kennen gelernt haben, fügte durch seine Streifereyen dem Stifte Fulba einen Schaden zu, der auf vier hundert Mark geschätzt wurde. Sein Vater, Landgraf Albrecht,

1306. verglich sich deswegen mit dem Stifte, und trat ihm nicht nur das Geleite zwischen Eisenach und Hersfeld, imgleichen zwischen Eisenach und Bach, sondern auch den See Slahe bey Wilbeck ab. †) Einige Monate darauf schenkte er ihm auch das Patronatrecht der Kirche zu Sonneborn. ††) Das folgende Jahr unterstützte der Abt von Fulda Kaiser Albrechts Truppen, die in Thüringen einrückten, und der Befehlshaber derselben, der Graf von Wildenau, war sein Bruder. Dieses legte zu einer großen Feindseligkeit zwischen dem Abte und dem Landgrafen Friedrich den Grund, und letzrer faßte den Entschluß, sich deswegen an dem Abte zu rächen. Schon hatte er zu Tüngeda im Gothaischen ein Heer zusammen gebracht, um einen Kriegszug in die Buchau zu thun. Um eben die Zeit aber

kam

---

*) Schannati clientela Fuldenfis, p. 203.
**) Ebendaselbst, S. 370.
†) Lünigs Reichsarchiv Spicil. Eccles. III, 158.
††) Ebendaselbst, S. 159.

kam seine Gemahlin, die sich zu Gotha befand, mit 1310.
einem Sohne nieder, und die Nachricht verursachte
ihm eine solche Freude, daß er die Kriegsgedanken
darüber fahren ließ. *) Doch die Aebte zu Fulda
und Hersfeld bedienten sich aller Gelegenheiten, wo
sie Friedrichen Schaden thun konnten. Sie wurden aber nachdrücklich von ihm gedemüthigt. **)
Der Abt von Fulda hatte verschiedene Anhänger in
Thüringen, unter welchen die jüngern Herren von
Salza, Günther und Heinrich, imgleichen die Besitzer des Schlosses Scharfenberg gehörten. Dieß
beweiset ein Waffenstillstand, den Landgraf Frieb- 1312.
rich mit ihnen und mit dem Abt Heinrich von Fulda errichtete. †) Das Stift Hersfeld besaß in
Thüringen, und besonders um Gotha herum, viele
Güter und Zinsen. Ohrdruf, Wechmar, Ermstedt
und andre Oerter machten einen eignen Bezirk aus,
dem ein Schultheiß vorgesetzt war, und das Stift
pflegte das Schultheißenamt zu verpachten. So
kam es nach und nach an die Grafen von Gleichen. ††)

37. Jetzt wird man sich von der statistischen Lage, worinne sich Thüringen damals befand, einen
ziemlich vollständigen Begriff machen können; wir
wollen also nur über dessen Gerichtsverfassung, und
andre politische Anstalten noch einige Betrachtungen
hinzu-

*) Erste Gesch. der Landgr. v. Thür.
**) Man vergl. S. 129, 131.
†) Lünigs Reichsarchiv Spicil. Eccles. III, 159.
††) Goth. Gesch. IV, 15.

hinzufügen. Markgraf Heinrich ließ sich zwar angelegen seyn, das Ansehen des Landgerichtes aufrecht zu erhalten, und wir haben oben verschiedene Beyspiele gesehen, daß er nicht nur selbst die Stelle eines Landrichters vertrat, sondern sie auch durch seinen Vetter, den Grafen Hermann von Henneberg, verwalten ließ. Da aber immer eine Stadt nach der andern, der Gerichtsbarkeit desselben sich zu entziehen suchte, und sowohl durch Vorschub der Kaiser als des Landgrafen Albrechts diese Absicht erreichte, so kam es allmählig dahin, daß es von der Achtung, in der es in vorigen Zeiten stand, immer mehr verlohr. Landgraf Friedrich, der die Erfurter vor dasselbe lud, erhielt einen lebhaften Beweiß davon. Das Ansehen desselben war also nicht mehr im Stande, denen bey der damaligen Verwirrung immer mehr einreissenden Fehden Einhalt zu thun, und Kaiser Rudolf scheint durch diese Betrachtung vorzüglich bewogen worden zu seyn, das Landfriedensgericht anzuordnen, von dessen Verfassung schon oben Nachricht mitgetheilt worden. *) Die Erörterung solcher Streitigkeiten, die zu Fehden Anlaß geben konnten, machten das vornehmste Geschäffte desselben aus. Ein Beyspiel liefert eine Untersuchungssache, die 1296 von demselben geführt worden. Alexander von Wernrode und seine Freunde klagen den Abt Hermann von Walkenried als den Urheber eines Mordes an; das Landfriedensgericht sprach ihn aber von diesem Verdachte frey, und Kaiser Adolf

---

*) Man vergl. S. 65.

Adolf bestätigte dieses Urtheil. Als Zeugen werden die Grafen: Hermann von Orlamünda, Friedrich der Aeltere von Beichlingen, Friedrich von Rabenswalde und Günther von Schwarzburg der Aeltere, die ohne Zweifel zu den Beysitzern des Landfriedensgerichtes gehörten, angeführt. *) Gerlach von Bruberg verwaltete die Stelle eines sogenannten Hauptmanns des Friedens noch 1297; **) im folgenden Jahre aber tritt in der Person des Grafen Hermann von Sulz ein neuer kaiserlicher Landrichter auf, der zum Besten des Klosters Volkenrode, den merkwürdigen Ausspruch that, daß kein Geistlicher von einem weltlichen Richter in die Acht erklärt werden könnte. †) Weiterhin findet man von diesem Landfriedensgerichte keine Nachricht, und es scheint daher, als wenn mit den Ansprüchen, die die Kaiser auf Thüringen machten, auch dieses aufgehört habe.

38. Das landgräfliche Thüringen war in gewisse Bezirke getheilt, über die Voigte zu befehlen hatten. Dergleichen Voigte waren zu Eisenach, zu Weissensee, zu Arnstadt, zu Gotha, das zu Anfang dieses Zeitraums mit dem vorigen einerley Voigt hatte, zu Tenneberg und vielleicht an andern Orten mehr. Die Stelle eines städtischen Oberrichters verwaltete

---

*) Wilke, Urkundenbuch, S. 121.
**) Wilke am a. O. S. 127.
†) Schoettgen et Kreysig Dipl. Tom. I, p. 777, 779.

waltete der Schultheiß, und es war ihm aus den vornehmsten Mitgliedern der Bürgerschaft eine gewisse Anzahl Schöppen zugeordnet. Diese wurden zu Anfang des gegenwärtigen Zeitraums bereits Räthe (consules) genennt, und gegen das Ende des dreyzehnten Jahrhunderts erscheinen zween Rathsmeister (magistri consulum) an ihrer Spitze, in Ansehung derer Erfurt das erste Beyspiel gab.*)

39. Den Geist der damaligen peinlichen Gesetze kann man aus den Statuten der Stadt Eisenach, die Landgraf Albrecht wieder herstellte und bestätigte, einigermaßen kennen lernen. Dieselben verordneten nemlich, daß niemand innerhalb der Mauern der gedachten Stadt den andern zu einem Zweykampfe heraus zu fordern berechtigt sey, wenn es keinen Mord beträfe, und die Hand des Getödteten sollte in diesem Falle dem Schultheißen und den Schöppen vorgezeigt werden. Hatte einer in einer Streitigkeit sein Seitengewehr herausgezogen, doch ohne zu verwunden, so mußte er, wenn er dieses Frevels wegen gehörig überführt worden, dem Schultheißen fünf Schillinge Pfennige und das entblößte Seitengewehr geben; doch kam es hierinn noch auf die Gnade des Schultheißen an. Innerhalb des Bezirks der Stadt bewafnet zu gehen, war untersagt, und ließ sich jemand des Nachts auf der Straße antreffen, ohne eine hinlängliche Ursache angeben zu können, so ward er für einen gehalten, der

---

*) Man vergl. die Nachrichten von Erfurt, Eisenach u.s.w.

der mit bösen Absichten umgieng. Verübte jemand einen Mord, einen Raub, einen Diebstahl, oder sonst Gewalt, so sollte ihm, wenn er auf der That erwischt wurde, sogleich der Proceß gemacht, und nach Befinden die Todesstrafe zuerkannt werden. Die Familie eines solchen Verurtheilten wurde im ungestörten Besitze aller ihrer Güter gelassen. Begieng ein Knabe unter neun Jahren ein Verbrechen, so durften die Eltern nicht im geringsten für denselben haften.*)

40. In Schuldsachen wurden folgende Verordnungen gemacht. Niemand durfte den andern wegen eines Pfandes oder einer Bürgschaft beunruhigen, wenn er ihn nicht vorher auf eine gesetzmäßige Weise vor dem Schultheißen und den Schöppen verklagt hatte. Da sich die Juden vorzüglich mit Geldgeschäften abgaben, so kommen sie auch in den Verordnungen, die Pfänder, Schuldenwesen u. dgl. betreffen, häufig vor, und es wurde in Ansehung derselben unter andern folgendes festgesetzt. Fand sich eine gestohlene Sache, es sey verkauft oder verpfändet, bey einem Juden, und versicherte er eidlich, daß er von dem Diebstahle keine Nachricht gehabt habe, so mußte er, jedoch gegen Wiedererstattung des Geldes und ohne Zinsen, die Sache wieder ausliefern. Hatte ein Christ bey einem Juden gegen ein Pfand Geld geliehen, und es entstund zur Zeit der Wiedereinlösung, entweder über

*) Paullini Annales Isenacenses, p. 59-61.

die Geldsumme oder über die Zeit der Wiederbezahlung, ein Streit unter denselben, so mußte der Christ seine Behauptung entweder durch das Zeugniß von Juden und Christen hinlänglich darthun können, oder die geliehene Geldsumme, gegen Auslieferung des Pfandes, bezahlen. Ueberhaupt konnte kein Christ einen Juden, und umgekehrt kein Jude einen Christen durch Zeugen überführen, wenn unter den letztern nicht zugleich Christen und Juden auftraten. Nur der, dessen Treue und Ehre keinem Zweifel unterworfen war, konnte in einer Streitsache Zeugen anführen, und diese fanden gar nicht statt, wenn das Leben oder die Ehre eines Menschen in Gefahr war. *)

41. So war die weltliche Justiz in Thüringen damals beschaffen. In geistlichen Dingen hatte es mehrere Oberherren. Der vornehmste war der Erzbischof von Maynz, dessen thüringischer Sprengel in vier Archidiakonate vertheilt war. Diese hatten zu Ohrdruf, Jecheburg, Bibra, und Erfurt ihren Sitz. **) Eins der ansehnlichsten Archidiakonate machte der Bezirk des Probstes zu Jecheburg aus. Dieser erstreckte sich nördlich bis an die Helm und die

*) Paullini, am a. O. S. 61.

**) Man vergl. B. II, S. 331. imgl. Würdtweins Dioecesis Moguntina in Archidiaconatus distincta, Tom. I. Mannh. 1779, 4. in der Einleitung. Schade, daß dieses Werk sich noch nicht über Thüringen verbreitet!

die halberstädtische Diöces, nordwestlich bis an das Eichsfeld, südöstlich bis an die Stadt Erfurt, und östlich bis an den merseburgischen Sprengel. Er faßte über vier hundert Städte und Dörfer, und über tausend Kirchen, Klöster und Capellen in sich. Unter ihm standen elf Erzpriester (Archipresbyteri. *)

42. Der Finanzstaat eines Fürsten war damals nicht so weitläuftig als in unsern Zeiten, indessen hatte die Rentkammer der Landgrafen doch schon Zuflüsse von allerley Art. Die Kammergüter entrichteten Zinsen an Geld, an Getreide, an Vieh. Diese waren aber in der Folge nicht hinreichend, um gewisse ausserordentliche Ausgaben des Fürsten zu bestreiten. Dieser sah sich daher genöthigt, eine ungewöhnliche Beysteuer von den Unterthanen zu verlangen, und da diese nicht anders als mit Bewilligung der Stände aufgelegt werden konnte, so wurde eine solche Steuer eine Bete, das ist, eine auf Ansuchen des Fürsten bewilligte Abgabe, genennt. Ein Beyspiel einer solchen Bete kömmt bereits 1273 vor. **) Die Unsicherheit der Landstraßen, welche die vielen Raubschlösser und Fehden verursachten, bewog die Reisenden, sich von dem Landesherrn, oder von der von ihm bestellten Obrigkeit

*) Muldeners Histor. Nachr. von dem Kloster St. Georgii zu Frankenhausen, Leipz. 1747, 4. S. 89-92.
**) Man vergl. S. Gadmyl. Klotzschens kurs. Münzgesch. Th. I, S. 67-69.

keit Schutz oder Geleit auszubitten. Dafür mußte eine Abgabe entrichtet werden, und da Erfurt der Hauptsitz des Thüringischen Handels war, so mußte auch das Geleite durch Thüringen seinen Sitz daselbst haben, und es hatte ihn bereits zu Karls des Großen Zeiten. *) Manche Städte, wie z. B. Eisenach und Gotha, bezahlten entweder kein, oder nur das halbe Geleite. **) Die Erhaltung der Brücken und Wege erfordert Aufwand. Daher entstanden frühzeitig Zölle, worinn die damaligen Zeiten den unsrigen an Mannigfaltigkeit gewiß nichts nachgaben. Kaufleute und Krämer, welche die in den Städten angelegten Jahrmärkte besuchten, mußten gleichfalls eine Abgabe entrichten, und diese drey letzten Abgaben machten einen beträchtlichen Theil der landesherrlichen Einkünfte aus. †) Es gab aber auch noch andre Abgaben, als Wegemiethe und Umgeld, die weniger bekannt sind; es gab eine Art von Accise, welche auswärtige Handelsleute und Krämer bezahlen mußten. Nach den eisenachischen Statuten entrichtete man für

ein Fuder Kupfer oder Wein	4 Pf.
ein Fuder Bier oder Getreide	2 —
ein Malter Getreide	1 —
ein Maulthier	4 —

einen

*) Band I, S. 166; ingl. von Dalbergs Beyträge zur Gesch. der erfurter Handlung, Erf. 1780, 4, S. 26.
**) Man vergl. S. 176. v. Dalberg, S. 37.
†) Man vergl. S. 58.

einen Esel	2 Pf.
ein Pferd	2 —
ein St. Rindvieh od. ein Schwein	1 —
ein Schaf, eine Ziege oder ein Ferkel	½ —
einen Wagen Tuch	4 —
ein beladenes Pferd	2 —
einen an b. Sattel gebundenen Bündel	1 —
einen Ranzen	1 —
einen Sattel oder Schwerdt	1 —
einen Schilling	1 —
sechs Pfennige	½ —

Für weniger als sechs Schillinge wurde nichts bezahlt. *)

43. Die Kriegsverfassung war noch ziemlich auf den alten Fuß eingerichtet. Der Fürst bot, wenn er Krieg zu führen hatte, seine Lehnsleute auf, und von der größern oder kleinen Menge derselben, die sich einstellten, hieng auch vorzüglich seine ganze Kriegsrüstung ab. Doch findet man schon häufig Spuren, daß gedungene Kriegsleute in diesem Zeitraume bereits eingeführt gewesen. Landgraf Albrecht hatte um 1268 einen Oberfeldhauptmann (capitaneus major.) Um 1280 war sein Hofmarschall (magister curiae) der Befehlshaber seiner Mannschaft, und diese hatte eine Hauptfahne (vexillum. **) Den kriegerischen Geist der Nation erhielt

*) Paullini, am a. O. S. 60.
**) Hauptfahnen waren damals bey den deutschen Nationen gewöhnlich. Ludwig vom deutschen Münzwesen mittlerer Zeiten, S. 99.

erhielten die Turniere nicht wenig. Die Geschichtschreiber reden besonders von zweyen, die in diesem Zeitraume gehalten worden. Des nordhäusischen ist schon oben erwähnt worden. Auf dem zweyten, der zu Merseburg vor sich gieng, wurde der Markgraf Johann von Brandenburg mit der Lanze durchstochen, und der Burggraf Dietrich von Kirchberg hatte auf dem Heimwege das Schicksal, in der Saale zu ertrinken. *)

1268.

44. Der thüringische Handel hat in diesem Zeitraume unstreitig zugenommen. Zur Beförderung desselben trug der Hanseebund, zu dem um 1241 der Grund gelegt wurde, sehr viel bey. Er war zweyfach; der engere bestand aus 64 Städten, die jährlich nach einem bestimmten Steueranschlage zur Hanse beytrugen, und dieses waren die eigentlichen Hanseestädte. Hiernächst gab es 44 andre Städte, die vom Hanseebunde Unterstützung genossen, und unmittelbar und vorzüglich mit den Hanseestädten in Handlungsgeschäffte verwickelt waren. Unter die letztern gehörte Erfurt, aber auch Amsterdam, Dörpt und Lissabon. Der Waid war seit den ältesten Zeiten ein Thüringen recht eigenes Product, das einen beträchtlichen Handlungszweig für dasselbe ausmachte, und Erfurt trieb den Haupthandel damit. Auch Saflor gehörte unter die vorzüglichsten thüringischen Producte. Die Tuchmacher und Lohgerber machten um diese Zeit die vor-

*) Chronik des Peterski. S. 274.

Handel. Geldsatten.

nehmste Zunft zu Erfurt aus, und es folgt hieraus, daß wollene Zeuche und Leder unter die einträglichsten Gewerbe gehört haben. Der größte Zug der deutschen Handlung gieng von Nürnberg auf Erfurt, von Erfurt nach den Seestädten, und so umgekehrt von den Seestädten über Erfurt nach Nürnberg. Erfurt war seit alten Zeiten eine Stapelstadt. Daher gab es viele Niederlagen und Spedizionen an diesem Orte, und es hielten sich auch viele auswärtige Faktore daselbst auf. *) Andere thüringische Städte, und besonders Eisenach, Gotha, Mühlhausen und Nordhausen, hatten gleichfalls eine beträchtliche bürgerliche Nahrung. Einen lebhaften Antheil an dem thüringischen Handel nahmen, wie wir bey Erfurt und Mühlhausen gehört haben, die Juden, und fast scheint es, als wenn das dreyzehnte Jahrhundert das goldne Zeitalter für dieselben gewesen sey.

45. In Ansehung des Geldes waren keine großen Veränderungen vorgefallen. Man rechnete noch immer nach Marken; aber man theilte sie in löthige, und nicht löthige ab. Unter jenen verstand man diejenigen, die genau sechszehn Loth fein Silber hielten. Um die Prägekosten heraus zu bringen, wurde ein größerer oder kleinerer Kupferzusatz hinzugethan, und so entstand der sogenannte Schlagschatz, welcher in der Folge unter die Einkünfte des Staats gerechnet wurde. Die geringere Menge

*) von Dalbergs Beyträge, S. 11/18.

ge des Geldes beweisen die starken Zinsen, welche damals gewöhnlich waren, indem der Regel nach zehn von hundert gegeben wurden. *) Es beweiset sie aber auch der kleine Werth, den Grundstücke und andre Dinge damals hatten. Vier Hufen Land wurden z. B. 1272 vierzig Mark Silber gleichgeachtet. Eine Hufe war also zu 10 Mark, oder, nach unserm Gelde, zu 133 Rthlr. 8 Gr. angeschlagen. Nimmt man nur eine Hufe von mittelmäßiger Ländereyen an, so kostet sie gegenwärtig wenigstens sechs bis siebenmal so viel. In andern Sachen scheint der Unterschied nicht so groß gewesen zu seyn. Ein erfurter Scheffel Waitzen kostete 1268 achtzehn, ein Scheffel Korn sechszehn, ein Mandel Eyer einen, und ein altes Huhn zwey Pfennige. Berechnet man diese Preise nach unserm Gelde, so würde ein Scheffel Waitzen mit 1 Rthlr., ein Scheffel Korn mit 20 Gr., ein Mandel Eyer mit 16 Pfennigen, und ein altes Huhn mit 2 Gr. 8 Pf. bezahlt, und diese Preise waren, wenn jene Angaben anders richtig sind, nach Verhältniß höher als jetzt.**)

46. Dieß waren die Veränderungen, die sich, während dieses Zeitraums, in Ansehung der politischen

Verfas-

*) Beyspiele findet man S. 60 u. 143.

**) Ich nehme an, daß ein Pfennig, der zwölfte Theil eines Schillings, beynahe soviel als ein heutiger Batzen war. Man vergl. B. II, S. 353. Es scheint mir aber, als wenn die von Falkensteinen angegebene Preise nach einer spätern Zeit berechnet worden.

Verfassung Thüringens ereigneten. Sie mußten wegen ihrer Wichtigkeit in den Charakter der Nation nothwendig Einfluß haben. Landgraf Albrechts verwirrte Regierung beseelte die thüringischen Herren immer lebhafter mit dem Geiste der Unabhängigkeit, der, wie wir in der Folge hören werden, seinen Nachfolgern noch vielen Verdruß verursachte. Der Bürger, den Handel und bürgerliche Nahrung eine ansehnliche Figur spielen ließen, war stolz darauf, Bürger zu seyn, und die Eifersucht zwischen ihm und den edlen Bewohnern der Schlösser wurde daher immer größer. Daher entstand eine so unselige Menge von Fehden, die vielleicht in keinem Zeitraume mehr Schaden angerichtet haben. Der Geistliche, den schon der alleinige Besitz höherer Kenntnisse und besonders der Schreibkunst über andre Menschenklassen erhob, und der, als Diener Gottes betrachtet, in den Augen des gemeinen Mannes ein so ehrwürdiges Ansehen bekam, hatte vor den weltlichen Personen seines Standes allemal den Vorzug. Bischöfe und unmittelbare Aebte giengen den Fürsten, Grafen und andern Personen von hohem Adel; Pröbste, Domherren und andre Geistlichen dem niedern Adel, ja sogar Rittern vor. Das letzte beweisen unter andern verschiedene Urkunden, welche die Stadt Gotha betreffen. In diesen treten unter den Zeugen 1) die Stadt- und andre Pfarrer, 2) die Ritter und 3) die Rathsherren auf. *) In Anse-

---

*) Goth. Gesch. II, 24, 25. Noch mehrere Beyspiele findet man in Sagittarii Hist. Goth. p. 98, 99.

Ansehung der Titel herrschte noch immer die vorige Einfalt. Der Fürst legt den Grafen weiter keinen andern Titel als den eines Edlen (nobilis) bey; nur den Grafen Hermann von Orlamünda unterscheidet er durch das Wort Erlauchter (illustris), das den Fürsten eigen war. *) Eben so nennt er die Herren bloß Herr, und den Rittern legt er den Ehrennahmen der gestrengen Männer (viri strenui) bey. **) Seine vornehmsten Lehnsleute nennt Landgraf Albrecht entweder bloß seine Leute, oder er setzt die Beywörter: edle, getreue, hinzu. †) Rathsmeister und Räthe nennt er die weisen und achtbaren. Dem Landgrafen wurde von andern der Titel: Erlauchter (illustris,) beygelegt. Dieses findet bey Albrechten fast beständig statt, und man bemerkt in Ansehung dieses Titels zwischen seinen Lehnsleuten und andern keinen Unterschied. ††)

---

*) Wilke, Urkundenbuch, S. 33, 34; 87; 191.

**) Wilke, am a. O. S. 92, 94. Goth. Gesch. II, 27.

†) Wilke, S. 77, 87, 94.

††) Z. B. Wilke, S. 31, wo Bischof Friedrich von Merseburg den M. Heinrich und seine Söhne, Albrecht und Dietrich, illustres principes nennt. Man vergl. auch S. 25, 26. In einer Urkunde Heinrichs von Arnstadt, Voigt zu Tenneberg, wird L. Albrecht princeps gloriosus (ruhmwürdiger Fürst) genennt. S. 197.

Funfzehntes Buch.

Landgraf Friedrich läßt Albrecht Knuten hinrichten. Er bemüht sich den Landfrieden zu befestigen. Besonderer Vertrag mit den Grafen von Hohnstein. Friedrichs Bemühungen, die Spuren des Kriegs zu entfernen. Er zieht dem Erzbischof von Magdeburg zu Hülfe, und zerstört die Raubschlösser Raspenberg und Eckardsberga. Ein Schauspiel befördert das Ende seines Lebens. Seine Gemahlin und Graf Heinrich von Schwarzburg übernehmen die vormundschaftliche Regierung. Landgraf Friedrich II wird des Kaisers Schwiegersohn. Landgraf Friedrichs I Tod. Sein Grabmahl. Sein Charakter. Seine Familie. Graf Heinrich wird erschossen. Ihm folgt Heinrich Reuß von Plauen. Die Herren von Treffurt fallen in das Gothaische ein. Friedrich von Wangenheim treibt sie tapfer zurück. Treffurt wird erobert und in eine Ganerbschaft verwandelt. Landgraf Friedrich II tritt die Regierung an, und vollzieht seine Vermählung. K. Ludwig kömmt nach Eisenach. Er verleiht seinem Schwiegersohne viele Vorrechte. Friedensconferenz zu Reinhardsbrunn. Stiftung des eisenachischen Nikolaiklosters. Friedrich streitet sich mit seiner Mutter wegen des Leibgedings. Er zerstört die Raubschlösser Bayernaumburg und Freyburg. Ein Streit, den die maynzische Kurwürde veranlaßt, verwickelt den Landgrafen in einen Krieg mit den Erfurtern, der für die letztern nachtheilig ausfällt. Landgraf Friedrich zieht dem König Eduard III von England zu Hülfe. Er läßt seine Schwester, die Landgräfin von Hessen, nach Gotha bringen. Er zerstört das Raubschloß Nebra, und die Erfurter schließen Arnstadt ein. Zwischen dem Landgrafen und den

Grafen von Orlamünda und von Schwarzburg bricht ein Krieg aus, der verschiedene Jahre dauert, und mit der Demüthigung derselben sich endigt. Während der Zeit entspinnt sich ein andrer mit dem Grafen von Henneberg, den ein Heyrathsvertrag veranlaßt. Friedrich erobert Erichsberg und Langensalz. Ein großes Menschensterben giebt zu einer Judenverfolgung Anlaß. Schwärmerey der Geißler. Landgraf Friedrich II schlägt die Kaiserwürde aus, die Graf Günther von Schwarzburg annimmt. L. Friedrichs II Tod, Charakter und Familie.

1.

Landgraf Friedrich I hatte es, wie wir am Ende des dreyzehnten Buchs gehört haben, durch seine Tapferkeit und Standhaftigkeit dahin gebracht, daß der Friede nicht nur von auswärtigen Feinden nicht mehr gestört wurde, sondern daß ihn auch die thüringischen Herren und Städte einmüthig für ihren Landesherrn erkannten. Er begab sich hierauf nach Eisenach, um die Regierungsverwaltung Thüringens in Ordnung zu bringen. Bey dieser Gelegenheit sah er sich gedrungen, andern zum Beyspiel eine harte Strafe vollziehen zu lassen. Sein Vater Albrecht hatte einen Minister, Nahmens Albrecht Knut, der sich eine solche Gewalt über denselben anmaßte, daß die ganze Regierung nach seinem, und dem Willen seiner Freunde geführt wurde. Man pflegte daher im gemeinen Leben zu sagen, Thüringen gehöre Albrecht Knuten.*) Als nun Landgraf Albrecht

1316.

*) Oder nach der thüringischen Mundart: Lantgrafe uhtrute, das land ist der knute. Rothe, S. 1781.

Albrecht nach Erfurt zog, so suchte sich Knut bey dem Landgrafen Friedrich gleichfalls beliebt zu machen, und er leistete ihm auch in der That wider den König Albrecht und seine übrigen Feinde große Dienste. Hierdurch glaubte er sich berechtigt, eben die Rolle zu spielen, die er unter Albrechten gespielt hatte, und er gieng so weit, daß er mit den Beamten eigenmächtige Veränderungen vornahm. Friedrich setzte ihn darüber etwas ernstlich zu Rede. Knut war so unverschämt und unvorsichtig, daß er ihm unter andern sagte: erinnert Euch Herr, daß ich Euch behülflich gewesen bin, Euer Land zu behaupten; ich werde also auch wohl Mittel finden können, Euch wieder darum zu bringen. — Das will ich euch wohl verwehren, antwortete Friedrich, und er ließ ihn sogleich in Verhaft nehmen und ihm den Kopf abhauen. Nach andern ließ er ihn in dem Gefängnisse erwürgen. Genug, diese unvorsichtigen Worte kosteten Knuten das Leben, und Landgraf Friedrich zeigte in einem lebhaften Beyspiele, wie wenig er gegen Eingriffe in seine Regierung Nachsicht hatte.

2. Er ließ sich hierauf die Befestigung des Landfriedens eifrigst angelegen seyn, und errichtete daher mit Hülfe des Erzbischofs von Maynz einen sogenannten gemeinen Landfrieden, dem nicht nur die thüringischen Grafen und Städte, sondern auch die Aebte von Fulda und Hersfeld beytraten. *)   Mit 1318.

den

---

*) Rothe, S. 1782. Gudeni historia Erfurt. p. 93.

den Grafen Heinrich und Dietrich von Hohnstein 1319 schloß er im folgenden Jahre einen besondern Vergleich, welcher, das zwischen ihm und denselben obwaltende Lehnsverhältniß nicht nur in ein ziemlich deutliches Licht setzt, sondern auch zur Aufklärung einiger vorigen Begebenheiten etwas beyträgt. Graf Otto von Anhalt hatte das Schloß Ballenhausen, einen Theil von Tennstedt und die Häuser zur Sachsenburg besessen. Diese Güter waren, nach dem Abgange des gedachten Otto, an die Grafen von Hohnstein gefallen. *) Aber Landgraf Friedrich machte gleichfalls Ansprüche darauf, und die darüber entstandenen Streitigkeiten wurden jetzt dergestalt geschlichtet, daß die Grafen von Hohnstein diese Güter beym Landgrafen zu Lehn auftrugen, und von ihm wieder damit beliehen wurden. Doch Landgraf Friedrich machte auch auf andre Güter der Grafen von Hohnstein Ansprüche, und es wurde damals gleichfalls ausgemacht, daß sie dieselben von ihm zu Lehn tragen sollten. **). In diese sogenannte Sühne waren auch der Graf Hermann von Orlamünde,

---

*) Ballenhausen kauften sie von Herrn Hugo von Herbsleben, dem sie es als ein Lehngut wieder zurück gaben. Den Theil von Tennstedt, der hier gemeynt ist, besaß damals eine Frau von Arnsberg nebst ihren Kindern. Die Häuser zur Sachsenburg gehörten den Grafen eigenthümlich. Tenzel, S. 978.

**) Zu diesen Gütern gehörte das Haus Almenhausen, das Halsgericht und die Fehmstette zu —— (hier fehlt der Name des Orts) das Haus Arnsberg,

münda, und die Städte Erfurt, Mühlhausen und Arnstadt mit eingeschlossen; keine Nachricht sagt uns aber, in wie fern sie an diesem Vergleiche Antheil hatten, und unter welchen Bedingungen es geschah.

3. Nachdem nun Landgraf Friedrich auf diese Art den Frieden befestigt hatte, so machte er es zu seiner vornehmsten Angelegenheit, die traurigen Spuren, die der Krieg zurück gelassen hatte, gänzlich zu entfernen. Vor allen Dingen war er darauf bedacht, dem drückenden Getreidemangel abzuhelfen, der so manchen Menschen noch das Leben kostete, und so manchen emsigen Landmann auf dem Wege, oder beym Pfluge verschmachten ließ.*) Er sorgte daher dafür, daß eine große Menge Getreide aus andern Ländern herbeygeschafft wurde; auch nöthigte er die Wohlhabenden, ihren Vorrath unter die Bauern zu vertheilen. Dieß bewürkte, daß die Felder wieder bestellt wurden, und daß Fruchtbarkeit und Wohlstand wieder nach Thüringen zurückkehrten.**) Eine ganz besondre Aufmerksamkeit

D 4 widmete

†) die Wildbahn auf der Haynleite, das Gericht zu Rosenfalsta, das Dorf Tretber, Markgreussen, das Korngeld zu Kindelbrücken, das halbe Dorf Hoynsgen (Höningen) das Dorf und der Mönchhof zu Neuendorf, das Halsgericht zu Bruchstedt u. s. w. Tenzel, S. 979.

*) Rothe, S. 1782.

**) Tenzel, S. 970.

widmete Friedrich dem Schlosse Wartburg, welches von einer durch einen Blitz entstandenen Feuersbrunst sehr stark beschädigt worden. Es wurde nicht nur in seinen vorigen, sondern in einen noch bessern Zustand versetzt. Er legte unter andern eine Art von hängenden Gärten auf demselben an; *) auch soll er es durch Abbildungen der von ihm gelieferten Schlachten ausgeziert haben. Hierauf ließ er alle seine Schätze, die er in Meißen, dem Pleißner- und dem Ostrlande hatte, auf dieses Schloß bringen, weil er es, wegen seines festen Zustandes, für den sichersten Verwahrungsort hielt. **)

4. Friedrich hatte die Beschwerlichkeiten des Krieges so sehr als je ein Fürst empfunden, und da er das vier und sechzigste Jahr seines Alters bereits zurück gelegt hatte, so konnte er auf die Glückseligkeit, den Ueberrest seines Lebens in Ruhe und in dem Gefühle seiner großen Thaten zuzubringen, den gegründetsten Anspruch machen. Aber Friedrichs ganzes Leben schien einem ununterbrochenen Kriege ähnlich, und er hatte, ehe sein Lebensende herannahete, sowohl mit auswärtigen, als mit einheimischen Kriegshändeln zu thun. In Thüringens Nachbarschaft, in der Stadt Magdeburg, ereignete sich

um

---

*) unde legete daruf gar eyne schone Hofedornzcin, unde was groß, unde liez erdin daruf by den zcisternen triben, unde phlantzte eynen wingartin daruf dorch suß. Rothe, S. 1782.

**) Tentzel, am a. O.

um diese Zeit eine Begebenheit, welche bey der rohen Denkungsart jener Zeiten nichts ungewöhnliches war. Die abergläubische Achtung, die der gemeine Mann für die Geistlichkeit hegte, konnte zwar nicht größer seyn; indessen waren die damaligen Bürger großer Städte doch zu sehr vom Freyheitsgeiste beseelt, als daß sie die Bedrückungen eines geistlichen Oberherrn lange hätten ertragen sollen. Der damalige Erzbischof von Magdeburg, Burkhard III, begegnete den Bürgern dieser Stadt mit so viel Härte, daß sie endlich einen Aufstand erregten, und ihn die Flucht zu ergreifen nöthigten. Da er allein zu wenig Macht hatte, die Stadt zu erobern, und die Bürger zur Leistung ihres vorigen Gehorsams zurück zu bringen, so bat er einige benachbarte Fürsten, und unter andern den Herzog von Braunschweig und unsern Landgrafen, um Beystand. Die Stadt 1321. wurde belagert, und Friedrich setzte, wie uns die thüringischen Chroniken melden, den Festungswerken so heftig zu, daß sie sich zu einem Vergleiche bequemen mußte. *) Doch Friedrich brachte zwar den Frieden zu Stande, aber nicht durch Gewalt. Schon hatte die Belagerung einen Monat gedauert, und die Belagerten hatten einen solchen Ueberfluß an Lebensmitteln, daß sie ihn sogar mit den Belagerern theilten. Es war also gar kein Anschein vorhanden, als wenn sich die Stadt bald ergeben würde. Friedrich kam daher auf einen Gedanken, dessen Ausführung der Befehlshaber einer Belagerung

*) Rothe, S. 1783.

in unsern Zeiten sich schwerlich erlauben würde. Er bat die Bürger um Erlaubniß, den Befestigungszustand ihrer Stadt selbst in Augenschein nehmen zu dürfen. Es wurde ihm bewilligt; die Bürger empfiengen ihn mit vielen Ehrenbezeugungen, und stellten es ihm völlig frey, die Stadt nach seinem Gefallen zu besehen. Aber sie konnten sich auf den Eindruck, den der feste Zustand derselben auf den Landgrafen machen würde, sicher verlassen. Friedrich sah es jetzt sehr lebhaft ein, daß die Eroberung außerordentlichen Schwierigkeiten unterworfen wäre. Dieß stellte er dem Erzbischof vor, und nun zog er mit seiner Mannschaft wieder nach Thüringen. Seinem Beyspiele folgten Burkhards übrige Bundesgenossen, und dieser sah sich daher genöthigt, einen Vergleich einzugehen.*) Aber die Bürger waren einmal so aufgebracht über denselben, daß er einige Zeit hernach erschlagen wurde.**)

5. Landgraf Friedrich wendete sich von dieser auswärtigen Kriegsbegebenheit zu einer kriegerischen Unternehmung, welche die Ruhe und Sicherheit seiner Unterthanen nothwendig machte. Es gab, ungeachtet auf Kaiser Rudolfs Anstiften so viele thüringische Raubschlösser zerstört worden, derselben doch noch eine große Anzahl, und unter diesen zeichneten

---

*) So wird die Sache von einer magdeburgischen Chronik erzählt, die sich in Meiboms Script. Rer. German. T. II befindet. Tenzel, S. 979.

**) Rothe, S. 1783. Tenzel, S. 980.

neten, sich besonders die beyden Schlösser Raspenburg und Eckardsberga aus. Jenes, dessen Erbauung man Heinrich Raspe I. zuschreibt, ist bereits durch den Ueberfall der adolfischen Truppen bekannt. *) Aber die damaligen Innhaber desselben, raubten, mordeten und plünderten so gewaltig, daß es die unglücklichen Bewohner dieser Gegend nicht länger ertragen konnten. Der feste Zustand ihres Schlosses stärkte sie in ihrer Bosheit nicht wenig. Landgraf Friedrich bot daher nicht nur seine Grafen, sondern auch die Städte Erfurt, Mühlhausen und Nordhausen auf. Als er mit dieser vereinigten Macht davor rückte, so überlegte die Besatzung, daß sie es, weder wegen seiner Weitläuftigkeit, noch wegen des Mangels an Lebensmitteln, lange würde vertheidigen können. Sie räumte es also, und Friedrich ließ es bis auf den Grund zerstören. **) Das Schloß Eckardsberge hatte Beringer von Scheidingen, ein raublicher Ritter, inne, und da ihm die Festung dieses Schlosses einen sichern Zufluchtsort gewährt, so suchte er die Gegend zwischen Erfurt und Naumburg mit seinen Streifzügen heim. Landgraf Friedrich ließ verschiedene Abmahnungsschreiben an ihn ergehen; er achtete sie aber wenig. Also zog er mit seiner und der Mannschaft der Erfurter davor, und setzte ihm mit Bliedenwerfen hart zu. Als die Belagerung einige Zeit gedauert hatte, nöthigten ihn

ander

*) Man vergl. S. 75-77. Es lag bey dem jetzigen Städtchen Raspenberg im Fürstenthume Weimar.

**) Rothe, S. 1783.

andre Angelegenheiten, nach Meiſſen zu gehen. Seine und die erfurtiſchen Truppen ließ er zur Fortſetzung der Belagerung zurück. Doch Beringer von Scheidingen hatte seine Entfernung kaum bemerkt, so bot er alle seine Freunde auf, und that in der Nacht einen Angriff auf die Belägerer. Nur ein Theil der Erfurter, welche eben die Wache hatten, befand ſich in den Waffen. Beringer fand alſo anfangs wenig Widerstand, und es wurden viele Leute in ihren Zelten erſchlagen. Indeſſen hatten ſich aber die Voigte und Lehnsleute des Landgrafen gerüſtet, und nun wurden Beringers Anhänger theils gefangen genommen, theils getödtet. Er ſelbſt rettete ſich mit Mühe auf das Schloß. Dieß thaten noch viele andre von ſeinen Freunden und Anhängern, und der Vorrath von Lebensmitteln war der großen Anzahl derſelben ſo wenig angemeſſen, daß der größte Mangel entſtand. Die Beſatzung ſah ſich alſo gedrungen, auf die Uebergabe des Schloſſes bedacht zu ſeyn. Friedrichs Voigte bewilligten ihr einen freyen Abzug. Aber der Fürſt war hierüber ſehr aufgebracht, weil er ſich mit der Hofnung geſchmeichelt hatte, alle seine Feinde auf einmal in seine Hände zu bekommen. Friedrich zerſtörte auſſerdem auch in Meiſſen und in dem Oſterlande viele Raubſchlöſſer, und er ſparte alſo keine Mühe, ſeinen Unterthanen Ruhe und Sicherheit zu verſchaffen. Doch eben die Freude, die er denſelben dadurch verurſachte, war eine unſchuldige Urſache ſeines Todes.

6. Die

Friedrichen trifft ein Schlagfluß.

6. Die Thüringer hatten lange keinen Zeitraum erlebt, da sie sich, so wie damals, ihres Daseyns recht freuen konnten. Dieß veranlaßte dieselben, allerley Lustbarkeiten anzustellen, die das Andenken des langen Ungemachs ihnen desto vergeßlicher machen sollten. Die Bürger von Eisenach, der Residenzstadt der Landgrafen, die bereits seit länger als einem Jahrhunderte mit der Dichtkunst nicht unbekannt waren, führten vierzehn Tage nach Ostern ein 1322. Schauspiel auf, dessen Innhalt, dem Geschmacke dieses Zeitalters zufolge, aus der geistlichen Geschichte entlehnt war. Sie stellten die fünf weisen, und die fünf thörichten Jungfrauen vor, und das Schicksal der letztern, welches selbst die Fürbitten der Jungfrau Marie und aller Heiligen nicht lindern konnten, erregte in dem Landgrafen, der sich gleichfalls gegenwärtig befand, eine so mismüthige Empfindung, daß er mit großer Heftigkeit ausrief: was vermag denn der Christenglaube, wenn sich Gott, selbst auf die Fürbitten der Marie und aller Heiligen, unserer nicht erbarmen will! — Mit diesen Worten entfernte er sich, und kehrte nach der Wartburg zurück. Sein Verdruß stieg so hoch, daß er fünf Tage dauerte, und die gelehrtesten Geistlichen konnten es kaum dahin bringen, daß er den Sinn des Evangeliums einsah. Ja die Erschütterung, die dieser Vorfall in seinem ganzen Körper erregt hatte, beförderte einen Schlagfluß, der ihn des Gebrauchs seiner Zunge und seiner Glieder beraubte. In diesem Zustande brachte er noch britthalb Jahre hin. *)

7. Fritz

*) Rothe, S. 1784. Tenzel, S. 981.

7. Fürbitten frommer Geistlichen wurden damals für ungemein kräftig gehalten; auch glaubte man, daß Wohlthaten, die man milden Stiftungen zufließen ließ, auf die Gnade des Himmels gegründete Ansprüche gäben. Diese und ähnliche Grundsätze bewogen Landgraf Friedrichs Gemahlin, Elisabeth, an verschiedene Klöster ansehnliche Schenkungen zu machen. Dieses Loos traf unter andern das Augustinerkloster zu Gotha, und das Nonnenkloster zu Ilm. *) Doch alles dieses war nicht vermögend, den gänzlich erschütterten Gesundheitszustand des Landgrafens wieder herzustellen; und da ihn derselbe zu Regierungsgeschäfften ganz untüchtig machte, so sah sich seine Gemahlin genöthigt, im Namen ihres dreyzehnjährigen Sohnes, die Regierung zu übernehmen. Da sie aber in diesem schweren Geschäffte den Beystand eines angesehenen und einsichtsvollen Mannes nöthig hatte, so nahm sie den Grafen Heinrich den Aeltern von Schwarzburg, der ihrem Gemahl die wichtigsten Dienste geleistet hatte, zum Mitvormund an, und dieser wurde von dem Kaiser Ludewig aus Bayern zu Arnstadt bey bestätigt. Elisabeth räumte ihm hierauf die landgräflichen Schlösser ein, und Graf Heinrich versicherte schriftlich, daß ihr und ihrem Sohn kein Nachtheil daraus erwachsen sollte. **) Es scheint auch als wenn um eben diese Zeit einige Landstände zu Wartburg versammlet gewesen, um bey den damaligen

18. Juny.

*) Tenzel, S. 983.
**) Tenzel, S. 984.

ligen Umständen das Beste des Landes in Ueberlegung zu ziehen.*)

8. Elisabeth und Graf Heinrich führten nun die Regierung, und da sie die Vermählung des jungen Landgrafen als eine ihrer wichtigsten Sorgen betrachteten, so ließen sie sich frühzeitig mit dem König Johann von Böhmen deswegen in Unterhandlung ein. Der letztre schickte noch in diesem Jahre einen schlesischen Herzog nebst einigen böhmischen Herren nach Thüringen, die den Heyrathsvertrag richtig machten, und die zehnjährige Braut zugleich überlieferten.**) Doch die Politik hat in die Vermählungen der Fürsten meistentheils mehr Einfluß als die Liebe. Der damalige Kaiser Ludewig glaubte seine Tochter Mechtilde nicht besser anbringen zu können, als wenn er sie an den Landgrafen Friedrich II vermählte, und er brachte es auch glücklich dahin, daß die böhmische Prinzeßin, nachdem sie ein Jahr zu Wartburg gewesen war, wieder nach Hause geschickt wurde. Dergleichen Beyspiele von aufgehobenen Heyrathstraktaten sind schon mehrmals in unserer Geschichte vorgekommen. Sie beweisen, daß man über die Folgen, die eine solche Verachtung nach sich ziehen konnte, eben nicht sehr verlegen gewesen ist. Genug, Kaiser Ludewigs Tochter, Mechtilde, wurde bereits im folgenden Jahre an den jungen. 1323.

---

*) Ebenderselbe, S. 985.
**) Von Birkens sächs. Heldensaal, Nürnberg, 1755, S. 284, N. *.

gen Landgrafen verlobt, und ungeachtet die würkliche Vermählung erst 1329 vor sich gieng, so legte ihm der Kaiser doch schon jetzt den Nahmen seines Schwiegersohnes bey. *) Er gab ihm als demselben das Recht, die an den König Johann von Böhmen versetzten Städte Altenburg, Zwickau und Chemnitz wieder einzulösen, und im folgenden Jahre räumte er ihm nicht nur diese Oerter, sondern auch das Pleißnerland als ein Unterpfand ein. Hierzu bestimmten ihn die Dienste, die ihm Landgraf Friedrich in der Mark Brandenburg geleistet hatte, und noch leistete. **).

9. Alles dieses geschah, während daß Landgraf Friedrich I noch lebte; sein völlig geschwächter Gesundheitszustand erlaubte ihm aber wenig oder gar nicht, an diesen Geschäfften Antheil zu nehmen. Er dauerte zwey Jahr und sieben Monate, indem sein Tod am 16ten November 1324 erfolgte. Zwar sind in Ansehung der Todeszeit des Landgrafen Friedrichs I die Geschichtschreiber nicht einig; aber sein zu Reinhardsbrunn befindliches Grabmahl hebt allen Zweifel. Reinhardsbrunn war, wie wir aus der vorigen Geschichte wissen, der Begräbnißort der alten Landgrafen von Thüringen. Durch den unglücklichen Brand von 1290 wurden ihre Denkmäler zerstört. Ein Bildhauer des Mittelalters, Nahmens Postar, stellte sie um 1301 wieder her. Daher

*) Tenzel, S. 985, 986. Rothe, S. 1785.
**) Tenzel, S. 986.

L. Friedrichs I Grabmahl.

her sind sich alle diese Denkmähler in Ansehung der Schriftzüge und der Zierrathen so ähnlich, und sie können folglich keinen scharfen historischen Beweiß abgeben. Ganz anders verhält es sich aber mit den Grabmählern des Landgrafen Friedrichs I und seiner Gemahlin Elisabeth, welche jenen traurigen Zeitpunkt lange überlebten. Der Grabstein Landgraf Friedrichs I, von dem hier gehandelt wird, ist zehn Fuß lang, sechs breit und zwey hoch. Der Fürst ist mit einem langen bis auf die Füße reichenden Talar bekleidet. Mit der rechten hält er ein an den Leib gelehntes Schwerdt. Das Haupt ist mit einer Krone geziert. Es ruht auf einem Kissen, das zween Engel halten. Zween andre, darüber stehende, räuchern mit Rauchfässern. Zu den Füßen des Landgrafen zeigen sich zween Knaben, deren jeder einen anders gebildeten Helm trägt. Der zur Rechten hält zugleich einen Schild mit dem meißnischen Löwen. Zu den Füßen des zur Linken stehenden erblickt man ein Schild mit dem thüringischen Löwen. Am Fuße des Denkmahls stehen die Worte: MEISTER BERTOLT von Isenach machte mich. Die lateinische Umschrift ist zweyerley. Die äußere lautet: Ecce, Fridericus, virtutis alumnus, Amicus pacis, conditur hic; Stirps imperialis; et illic fulgeat iste pius marchio Lantgravius (d. i.) Hier ist Friedrich, der Zögling der Tugend und der Freund des Friedens, begraben — ein Abkömmling aus einer Kaiserfamilie — möchte doch dieser rechtschaffne Markgraf und Landgraf dort glänzen! — Die innere Umschrift heißt: Anno millesimo

simo trecentesimo vigesimo quarto XVI kalendas Decembris obiit. *)

10. Landgraf Friedrich I hatte sein von so vielen Mühseligkeiten begleitetes Leben auf acht und sechzig Jahre gebracht. Die vorige Geschichte beweiset es mehr als zur Gnüge, wie sehr Friedrich auf die Ehre, unter die vortreflichsten und ruhmwürdigsten Fürsten Thüringens gerechnet zu werden, Anspruch machen kann. Die Widerwärtigkeiten seiner Jugend hatten seinen Geist groß und edel gebildet. Er scheute keine Gefahr, die ihn und das Vaterland retten konnte. Er kämpfte, und siegte am Ende über alle Schwierigkeiten und Hindernisse, die auswärtige und einheimische Feinde ihm entgegen setzten. Er behauptete die väterlichen Länder, die ihm sein dem Naturgefühl so zuwiederhandelnder Vater zu entziehen suchte, nöthigte die thüringischen Herren und Städte, seine Oberherrschaft zu erkennen, und hatte am Ende seines Lebens den wonnevollen Trost, seine Unterthanen ruhig und glücklich zu sehen. Seine Privatgeschichte ist uns zu wenig bekannt, um von den Schwachheiten, die ihm als Mensch eigen waren, urtheilen zu können. Zuverläßig müssen es aber nur solche Schwachheiten gewesen seyn, die in das Wohl seiner Unterthanen keinen merklichen Einfluß hatten.

11. Landgraf Friedrich I vermählte sich zweymal. Mit seiner ersten Gemahlin Agnes zeugte er
einen

*) Tenzel. S. 992-994. Goth. Gesch. II, 214.

einen Sohn, Friedrich, der lahm war, und im vier und zwanzigsten Jahre seines Alters vor Zwenkau, einem im Stifte Merseburg gelegenen Schlosse, er- 1315. schossen wurde. *) Seine zweyte Gemahlin gebahr ihm einen Sohn und eine Tochter. Jener erhielt den väterlichen, und diese den mütterlichen Namen. Elisabeth, die bereits an den Grafen von Köthen verlobt gewesen war, bekam 1317 den Landgrafen Heinrich II von Hessen zum Gemahl, und diese Verbindung erneuerte die Verwandschaft zwischen dem thüringischen und hessischen Hause. Friedrich wurde der Nachfolger seines Vaters. **) Er war bey dem Tode desselben erst funfzehn Jahr alt; seine Mutter und sein Vormund, Graf Heinrich von Schwarzburg, nahmen sich daher der Regierung ferner an. Des Landgrafen künftiger Schwiegervater, Kaiser Ludewig, war um diese Zeit wegen der Mark Brandenburg in Krieg verwickelt. Friedrichs Beystand war Ludewigen sehr bequem, und Graf Heinrich zog ihm mit einer Mannschaft, die er in Thüringen, in Meissen und in dem Osterlande zusammen gebracht hatte, zu Hülfe. Er belagerte ein Schloß, dessen Nahme nicht 1326. genennt wird. Einst unterredte er sich mit einigen seiner Freunde, indem er dem Schlosse den Rücken zugekehrt hatte. Da schoß einer von dem Schlosse mit einem großen Geschütze unter die Herren, und

Graf

---

*) Tenzel, S. 967.
**) Tenzel, S. 971.

Graf Heinrich wurde dergestalt verwundet, daß er darüber sterben mußte. Die landgräflichen Truppen zogen hierauf wieder heim, und die verwittwete Landgräfin ließ den getödteten Grafen, der von jedermann bedauert wurde, feyerlich zur Erde bestatten.*) Sie besetzte seine Stelle mit Heinrich Reussen von Plauen, der durch seine Einsichten und seinen Eifer ihr und dem Lande die ersprießlichsten Dienste leistete. Er setzte nicht nur den Krieg im Brandenburgischen fort, sondern nöthigte auch ihre übrigen Feinde, sich mit ihr zu vergleichen, und stellte von dem böhmischen Walde bis nach Hessen Ruhe und Sicherheit wieder her. Hiernächst ließ er sich die Pflege der Gerechtigkeit eifrigst angelegen seyn. Dieser Reuß von Plauen gehört also in allem Betrachte unter die verdienstvollesten Patrioten Thüringens, und es macht den Einsichten der Elisabeth die größte Ehre, daß sie solche Männer zu wählen wußte.

12. Doch Thüringen hatte dergleichen Männer noch mehrere aufzuweisen. Unter diesen zeichnete sich besonders Friedrich von Wangenheim, der damalige Landvoigt Thüringens, aus, der bey folgender Gelegenheit einen Beweiß seines Diensteifers ablegte. Die Herren von Treffurt, welche unter die angesehensten thüringischen Herren dieses Zeitalters gehörten,**) machten sich damals ein Geschäffte daraus, das Thüringerland zu befehden. Ihre Drei

*) Rothe, S. 1785.
**) Man vergl. B. II, S. 237, 283, 317.

Dreistigkeit gieng immer weiter. Sie sammleten aus Hessen, aus dem Eichsfelde, aus Sachsen und aus Westphalen viele Truppen, und nun beschlossen sie einen großen Streifzug in Thüringen vorzunehmen, und besonders die Gegend um Sonneborn und Goldbach heimzusuchen. Sie wählten hierzu 1327. die Erntezeit. Die verwittwete Landgräfin wohnte damals zu Gotha, und Ritter Friedrich von Wangenheim war ihr Landvoigt. Dieser bot die in der Nähe befindlichen Edelleute auf. Zu diesen ließ er die Bürger von Gotha stoßen, und nun rückte er auf die Räuber los, schlug sie, und bekam ihre Anführer, Friedrichen und Hermannen von Treffurth, gefangen. Diese nahm er mit nach Wangenheim, um sich ein starkes Lösegeld von ihnen bezahlen zu lassen. Eben dieses Schicksal hatten einige Herren von Harbenberg und von Sondra. Es befanden sich unter ihren Gehülfen noch sieben andre, und besonders drey Brüder Kunemunde, die schon lange als Leute, die vom Raube lebten, bekannt waren. Diese wurden nach Gotha geführt, und mit Katzen aufgehängt. *) Die Mutter der drey Kunemunde bat aufs wehmüthigste um das Leben ihrer Söhne. Doch alle ihre Hofnung war vergebens, und sie sah sie würklich zum Richtplatze führen. Da soll sie, als sie von ihnen Abschied nahm,

P 3

---

*) Dieser im Mittelalter nicht unbekannten Strafe gedenkt Ursinus, S. 1311. Nach andern hieng man sie in Ketten auf. Tenzelii Suppl. II, ad Hist. Goth. p. 90.

nahm, blutige Thränen geweint haben. *) Die gefangenen Herren von Treffurth mußten ihre Freyheit mit einem Theile ihrer Güter erkaufen. Unter diese gehörten die drey Dörfer Großenbehringen, Oesterbehringen und Wolfsbehtingen, die dem Gebiete Friedrichs von Wangenheim nahlagen. Die verwittwete Landgräfin soll sie ihm daher zur Belohnung seiner Tapferkeit eingeräumt haben. **)

13. Der unglückliche Ausgang dieser Streiferey hätte, wie man denken sollte, den Herren von Treffurth zu einem warnenden Beyspiele dienen können. Allein, die Geschichte berühmter Räuber beweiset, daß sie Unfälle selten muthlos, höchstens nur vorsichtiger machen. Eben dieses traf bey den Herren von Treffurth ein. Hermann von Treffurth 1329. suchte einige Jahre hernach Thüringen, Hessen und das Eichsfeld wechselweise mit seinen Streifzügen heim, und er brachte es soweit, daß sich die Herren dieser Länder mit ihm vergleichen, und ihm Geld oder Pferde geben mußten. Demungeachtet ließ er sie nicht lange in Frieden. Er verfuhr dabey ziemlich

*) Fabricii Origines Saxonicae, p. 640, 641.
**) So erzählen es die thüringischen Chronikenschreiber, z. B. Ursinus, S. 1311. Die Herren von Wangenheim besaßen aber Großenbehringen und Wolfsbehringen bereits 1305, und Oesterbehringen gehörte ihnen schon 1321. Die Herren von Treffurth müssen ihnen also diese Oerter erst weggenommen haben. Goth. Gesch. III, 121.

lich politisch. Lag er z. B. mit dem Landgrafen von Thüringen oder dem Landgrafen von Hessen in einer Fehde, so ließ er den Erzbischof von Maynz in Ruh, und die Eichsfelder leisteten ihm Beystand. Befehdete er den Erzbischof von Maynz und den Landgrafen von Thüringen, so nahm er die Hessen zur Hülfe; und war er endlich mit Maynz und Hessen in Krieg verwickelt, so zog er die Thüringer auf seine Seite. Dieß kann beyläufig zum Beweise dienen, wie sehr der Adel zu Fehden damals noch aufgelegt war. Genug Hermann von Treffurth trieb diesen Unfug eine Zeit lang fort, und die Fürsten der drey gedachten Länder waren einzeln nicht im Stande, ihm Einhalt zu thun. Endlich wurden sie mit einander einig, daß, wenn Hermann einen unter ihnen befehden würde, ihm die übrigen gleichfalls die Freundschaft aufsagen sollten. Dieß geschah, und sie rückten nun mit vereinigter Mannschaft nach Treffurth, und belagerten ihn in seinem Schlosse. Da sie ihm nun schon vorher die Zufuhre abgeschnitten hatten, so mußte er sich bald ergeben. Hierauf theilten es die Fürsten, so wie die Stadt in drey Theile, und machten mit einander aus, daß Treffurt in allen Kriegen, die sie jemals mit einander führen würden, neutral seyn sollte,*) und noch jetzt macht die Stadt und der Bezirk von Treffurth ein den gedachten drey fürstlichen Häusern gehöriges ganerbschaftliches Amt aus, und jeder von den Fürsten hält seinen besondern Beamten.

*) Rothe, S. 1792.

1328. 14. Landgraf Friedrich II hatte indessen das zwanzigste Jahr seines Alters zurück gelegt, und er war nunmehr im Stande, die Regierung selbst zu übernehmen. Sein Schwiegervater, Kaiser Ludwig, ertheilte ihm daher die Erlaubniß dazu, und Friedrich nahm Heinrich Reussen von Plauen die treuverwaltete Vormundschaft ab. Da Heinrich zugleich die Oberaufsicht über die landgräflichen Einkünfte geführt hatte, so wünschte er, seine Rechnung ablegen zu dürfen. Auch machte er auf die Vergütung einiger Einbuße, die er während seiner Staatsverwaltung erlitten hatte, so wie auf eine ihm versprochene Belohnung, Anspruch. Doch Landgraf Friedrich vertröstete ihn zwar einigemal im allgemeinen; weiter aber wollte er sich zu nichts verstehen. Dieses gab zu einer Streitigkeit Anlaß, welche zuletzt in eine Fehde ausbrach. Endlich schlug

1331. sich Kaiser Ludwig ins Mittel, und that einen Ausspruch, der den Gegenstand dieser Streitigkeit in ein deutliches Licht setzt. Demselben zufolge sollte nemlich der Landgraf Heinrich Reussen für seine Dienste eine gewisse Geldsumme entrichten, und ihm Ziegenrück, Triptis und Auma zum Unterpfande einräumen. Auch sollte er ihm verstatten, seine Generalrechnung über die Zeit der verwaltete oberste Hauptmannschaft Thüringens abzulegen, und ihm die erlittene Einbuße vergüten. Im folgenden Jahre wurde diese Streitigkeit endlich völlig beygelegt.*) —

15. Es

*) Beckers Gräfl. Reußplauische Stammtafel, Schlaiz, 1684, F. S. 279, 281, imgl. 286, 287.

15. Es war nun aber auch Zeit, daß Friedrich die Vermählung mit Ludwigs Tochter würklich vollzog, und dieses geschah in eben diesem Jahre auf einem Reichstage, den Kaiser Ludewig zu Nürnberg hielt. Die große Anzahl der versammleten Fürsten trug zur Verherrlichung dieses Festes sehr viel bey, und man kann sich die glänzende Rolle, die Friedrich als des Kaisers Schwiegersohn spielte, leicht vorstellen. Mechtild soll acht tausend Thaler zur Mitgift bekommen haben, und Kaiser Ludwig räumte, wie man hinzufügt, Friedrichen die Städte Mühlhausen und Nordhausen dafür ein. *) Ludwig besuchte um diese Zeit seinen Schwiegersohn in Thüringen. Bey dieser Gelegenheit ereignete sich eine Begebenheit, welche nicht nur über die Denkungsart jenes Zeitalters, sondern auch des jungen Landgrafen, ein Licht verbreitet. Kaiser Ludwig lebte mit dem damaligen Pabst Johann XXII in Streit, und jeder wollte den andern absetzen. Als nun Ludwig nach Eisenach kam, so giengen ihm die Domherren nebst den übrigen Geistlichen und den Barfüßermönchen mit dem Kreuze entgegen, und nahmen ihn mit vielen Zeichen der Ehrerbietung auf. Die Predigermönche wollten ihm aber, als einem, der sich unter dem Banne befände, nicht entgegen gehen, und ihre Widerspenstigkeit gieng so weit, daß sie in drey Jahren weder läuten noch singen wollten. Landgraf Friedrich verbot hierauf, ihnen keine Lebensmittel zuzuführen, und er drohete, wenn sie sich ferner

P 5   har=

*) Tentzelii Suppl. II ad Hist. Goth. p. 92.

hartnäckig beweisen würden, sie in ihrem Kloster einzupfählen. Da sungen und läuteten sie wieder. *)

16. Landgraf Friedrich hatte seinem Schwiegervater zur Behauptung der Mark Brandenburg treulich Beystand geleistet, und da er sie nunmehr seinem Sohne Ludwig übergab, so glaubte er nicht besser für denselben sorgen zu können, als wenn er ihm den Landgrafen Friedrich zum Vormund und Gehülfen gäbe. **) Solche Dienste, als Friedrich seinem Schwiegervater leistete, mußten den letztern geneigt machen, alles einzugehen, was ihm vortheilhaft seyn konnte. Er ertheilte ihm daher um diese Zeit verschiedene Vorrechte. Unter andern 1330. unterwarf er ihm nicht nur die Juden, die zu Nordhausen und Mühlhausen wohnten, sondern auch die übrige Judenschaft in Thüringen, Meissen und dem Osterlande, die, so wie in andern Provinzen des Reichs, bisher dem Kaiser unterwürfig gewesen war. †) Dieses gab ihm das Recht, nicht nur Steuern und Dienste von den Juden zu fordern, sondern auch alle Gerichtsbarkeit über sie auszuüben, die der Kaiser und das Reich über sie ausgeübt hatten, und da die Juden einen starken Handel trieben,

---

*) Tenzel, am a. O. S. 93. Dieses Geschichtchen soll sich 1328 zugetragen haben; K. Ludwig befand sich aber damals in Italien, und er kehrte nicht eher, als im August 1329 nach Deutschland zurück. Man vergl. z. B. Pütters Handb. der Reichsgesch. S. 357.
**) Chronik des Peterskl. S. 329.
†) Horns Gesch. Kurf. Friedrichs des Streitbaren, S. 389.

und große Abgaben bezahlen mußten, so waren diese Gerechtigkeiten nothwendig sehr einträglich. Auf sein Ansuchen ertheilte er auch den Bürgern seiner Städte die Erlaubniß, sich Lehngüter anzuschaffen. *)

17. Landgraf Friedrich II bezeichnete also den Anfang seiner Regierung durch verschiedene große Vortheile, die er seinem Hause und Lande erwarb. Die Erhaltung des Landfriedens lag ihm aber vorzüglich am Herzen. Er veranstaltete deswegen eine Zusammenkunft der benachbarten Fürsten nach Reinhardsbrunn, auf der sich Landgraf Heinrich von Hessen, sein Schwager, Herzog Heinrich von Sachsen und Graf Bertold von Henneberg einstellten. Es fanden sich auch die Grafen von Schwarzburg, von Beichlingen, von Hohnstein, von Stolberg, von Käfernburg, von Gleichen und von Brandenberg, nebst vielen andern Edeln, sowohl Ritter als Knechte, auf dieser Versammlung ein. Ihre Anzahl stieg auf achthundert, und die Zusammenkunft dauerte vier Tage. Der Vorrath an Speisen und Getränken, der sich im Kloster befand, wurde ganz aufgezehrt, und Friedrich that ihm, wenn den Chroniken zu trauen ist, wenig oder gar keine Vergütung, so daß es in Schulden gerieth, und sich lange nicht erholen konnte. Ein so zahlreicher Besuch fiel daher den andächtigen Klostergeistlichen sehr zur Last, und sie brachen in wehmüthige, ja zum Theil bittre Klagen aus. Der noch unerfahrne Fürst folgte,

*) Schöttgens obersächs. Nachlese, Th. I, S. 65.

folgte, wie sie sagten, dem Rathe seiner unweisen
Minister, und von jugendlichem Leichtsinne hingeris=
sen dachte er nicht an das Beyspiel, das ihm seine
Vorfahren, in Ansehung der Achtung der Geistlichen
und der Befördrung ihres Wohlstandes, hinterlas=
sen hätten. Um sie in ihrem Vorurtheile zu be=
stärken, trugs sichs zu, daß Landgraf Friedrich
noch in eben diesem Jahre einen unglücklichen Zu=
fall hatte, der ihm beynahe das Leben kostete.
Es wurde zu Pegau in Meissen ein Turnier gehal=
ten, auf dem sich viele Fürsten und Herren einstell=
ten. Friedrich turnierte gleichfalls, und sein Geg=
ner traf ihn vorn am Sattel, daß die Lanze abfuhr,
und ihn in den Schooß verwundete. Er mußte
vier Wochen zu Bette liegen, und die Aerzte retteten
nur mit Mühe sein Leben. Da bedauerte er es,
wie uns die Chronikerschreiber melden, daß er dem
Kloster Reinhardsbrunn eine solche Last verursacht
hatte. *)

18. Die Geistlichen dieses Zeitalters wußten von
der Denkungsart ihrer Zeitgenossen sehr gut Vor=
theil zu ziehen. Es konnte sich also leicht zutragen,
daß sie dem Landgrafen, als sie ihn in seinem Ge=
müthe bekümmert sahen, den Gedanken beybrachten,
sich durch die Ausführung eines guten Werkes wie=
der mit GOtt auszusöhnen. Er kehrte um das
Osterfest, und also kurz nach seiner Wiederherstel=
lung, mit seiner Gemahlin nach Eisenach zurück.
Da

*) Chronik des Peterskl. S. 330. Rothe, S. 1787.
Tenzel am a. O. S. 97.

Elisabethenkloster zu Eisenach.

Da gab ihm, wie uns Rothe versichert, der heilige Geist den Gedanken ein, die in dem Sprengel der Nicolaikirche gelegene Johanniskapelle vier Barfüssermönchen einzuräumen, und ihnen so viele Zinsen und andre Einkünfte anzuweisen, daß sie davon leben, und sich bloß mit dem Gebete und Meßlesen für ihn, seine Gemahlin und seine Vorfahren beschäftigen könnten. Doch zween seiner Minister, ein Graf von Schwarzburg und ein Graf von Käfernburg, ertheilten ihm den Rath, lieber eine neue Kapelle zu bauen, und den unter der Wartburg gelegenen Platz, wo die h. Elisabeth ihre Kranken ehemals gepflegt und ernährt hatte, zu dieser Absicht zu erwählen. Landgraf Friedrich folgte ihnen, und es entstand auf diese Art das kleine Elisabethenkloster, zu dessen Kirche er und seine Gemahlin den ersten Stein legten. Er setzte sechs Mönche hinein, die er anfangs von der Wartburg speisen ließ. Nach einiger Zeit aber fand er es für gut, ihnen gewisse Einkünfte anzuweisen. *)

19. Nicht lange hernach entspann sich zwischen ihm und seiner Mutter Elisabeth eine Uneinigkeit. Ihr Gemahl hatte ihr Schloß und Stadt Gotha, imgleichen Jena und Weissensee, zum Leibgedinge angewiesen. Der Sohn glaubte, daß es ihm und dem Lande Thüringen Nachtheil bringen könnte, wenn sie diese Städte in Besitz hätte. Er bot ihr daher einen Tausch an. Sie fand es aber aus Ursachen, die uns unbekannt sind, nicht für gut, ihn ein-

*) Rothe, S. 1788.

einzugehen. Ja sie ersuchte vielmehr den Grafen Bertold von Henneberg, imgleichen die Erfurter und Mühlhäuser, welche dem Landgrafen ohnedem nicht sehr ergeben waren, sich ihrer anzunehmen, und ihre Rechte vertheidigen zu helfen. Landgraf Friedrich hatte, wie es scheint, seiner Mutter die bestimmten Oerter noch nicht eingeräumt. Graf Bertold, imgleichen die Erfurter und Mühlhäuser ließen deswegen Schreiben an ihn ergehen, worinn sie ihn ernstlich ersuchten, seiner Mutter ihr Leibgeding nicht länger vorzuenthalten, und sie fügten die Drohung hinzu, daß sie, im gegenseitigen Falle, sich genöthigt sehen würden, ihr mit Nachdruck dazu behülflich zu seyn. Es war zu einer einheimischen Fehde also aller Anschein vorhanden. Zum Glücke bekam aber Kaiser Ludewig davon Nachricht, und dieser ermahnte beyde Partheyen, die Sache so lange ruhen zu lassen, bis er sie in eigner Person entscheiden würde. Er kam auch würklich nach Eisenach, und stiftete zwischen der Mutter und dem Sohne einen Vergleich, vermöge dessen Elisabeth Friedrichen die Stadt Weissensee abtrat, und dafür von diesem den Bezirk von Tenneberg bekam. *) Kaiser Ludewig söhnte zugleich auch die Erfurter und Mühlhäuser mit dem Landgrafen wieder aus.

1333.

20. Sein Vater war so ernstlich darauf bedacht gewesen, den Raubschlössern ein Ende zu machen;

*) Rothe, S. 1789. Andere fügen noch Reinhardsbrunn hinzu, (Tenzel Suppl. II, p. 99. seqq.) das aber Rothe ohne Zweifel zu dem Bezirk von Tenneberg rechnet.

hen; aber weder seine, noch die Bemühungen seiner Nachfolger konnten dieselben ganz ausrotten, und wenn hier ein Raubschloß zerstört war, so stieg dort ein neues auf, oder ein altes erholte sich wieder. So lag unter andern bey dem jetzigen Dorfe Bayernaumburg *) eine solche Burg, deren Burgmänner des Landgrafens Lehnsleute waren. Diese vereinigten sich mit den Burgmännern zu Freyburg und andern Edelleuten, die in dieser Gegend angesessen waren, die Kaufleute zu berauben, die von Böhmen, Mähren und Polen nach Frankfurt zogen, und der Bischof Gerhard von Merseburg war so unchristlich gesinnt, daß er dieses Geschäfte billigte. Doch die Kaufleute brachten ihre Klage vor den Kaiser, und dieser schickte dem Landgrafen Befehl zu, die Grafen und Städte aufzubieten, und den Raubereyen ein Ende zu machen. Friedrich that dem geschehenen Auftrag völlig Gnüge; die Raubschlösser wurden zerstört, und die Besitzer mußten die Flucht ergreifen. **)

21. Friedrich hatte also auf der einen Seite den Frieden wieder hergestellt; bald brach aber auf der andern Seite der Krieg wieder aus, und Thüringen hatte das Schicksal, das so manche Länder gehabt haben und noch haben. Eine Uneinigkeit, die sich in der Ferne entspann, veranlaßte kriegerische Unruhen, die in Thüringen lebhaft ausbrachen. Da der Erzbischof von Maynz der geistliche Oberherr

---

*) Im kursächsischen Amte Sangerhausen.
**) Rothe, S. 1790.

Herr des größten Theils von Thüringen war, so konnte die Regierung desselben diesem Lande und besonders der Stadt Erfurt, niemals ganz gleichgültig seyn. Es ereignete sich aber in Ansehung des Erzstifts Maynz um diese Zeit eine wichtige Begebenheit. Das Domkapitel hatte, nach dem Tode des Erzbischofs Matthias, der schon 1328 erfolgt war, den Erzbischof Balduin von Trier erwählt. Doch der Pabst, der dessen Wahl nicht gut fand, erklärte sich für den Grafen Heinrich von Virneburg, und verlangte, daß ihn das Domkapitel annehmen sollte. Kaiser Ludewig, der mit dem Pabste in Streit lag, nahm sich ganz natürlich des Erzbischofs Balduin an, und Landgraf Friedrich schlug sich auf eben diese Seite. Heinrich spielte also zwar die äusserliche Rolle eines Erzbischofs, aber Balduin hatte das Erzstift im Besitz. Jeder hatte seine Anhänger; Verwirrung und Unordnung waren also unvermeidlich. Zu Erfurt waren die Partheyen gleichfalls getheilt. Die Geistlichkeit hieng dem Erzbischof Balduin an; die Bürger stellten sich, als wenn sie es mit Heinrichen hielten. In der That aber, waren sie mit Ernst darauf bedacht, wie sie sich während dieser Verwirrung der Oberherrschaft des Erzstifts Maynz immer mehr entziehen könnten: *) und da Landgraf Friedrich Balduins Parthey ergriffen hatte, so hielten sie dieses für eine erwünschte Gelegenheit, den Landfrieden, den Kaiser Ludewig erst neuerlich befestigt hatte, zu brechen, und

gegen

*) Gudeni historia Erfurtensis, p. 94.

gegen den Landgrafen Feindseligkeiten auszuüben. Sie machten damit den Anfang, daß sie einige von 1334 seinen Leuten gefangen nahmen. Landgraf Friedrich klagte es dem Kaiser, seinem Schwiegervater. Aber dieser ertheilte ihm den nicht sehr trostreichen Rath, die Sache vor jetzt ruhen zu lassen, weil er, wegen andrer bringenden Geschäfte, gegenwärtig nicht im Stande sey, ihm beyzustehen; doch wolle er, mit Gottes Hülfe, die ihm zugefügte Beleidigung in kurzer Zeit ahnden. *)

22. Doch Friedrich, der darauf zu warten nicht gut fand, verband sich mit dem Grafen Heinrich III von Hohnstein, und beyde giengen nun auf die Erfurter so lebhaft los, daß ihnen bald der Muth sank. In dieser mislichen Lage sahen sie sich genöthigt, dem Rathe des damaligen Dechants des Marienstiftes, Hermann von Bibra, zu folgen, und zum Erzbischof Balduin ihre Zuflucht zu nehmen. Dieser rückte mit einem Heere nach Thürin= 1335 gen, zu dem sie ihre Mannschaft stoßen ließen, und nun wurde in dem Gebiete des Grafen von Hohnstein durch Plündern und Abbrennen ein großer Schade verursacht. Unter andern rissen sie den Thurm zu Großensömmerba nieder. Hierauf belagerten sie das Schloß zu Döllstedt. **) Während der Zeit zog ein Graf von Katzenelnbogen dem Erzbischof Balduin mit einer beträchtlichen Anzahl Trup=

*) Chronik des Petersk. S. 332.
**) Ein Dorf im gothaischen Amte Tonna.

Truppen zu Hülfe. Friedrichs Voigte griffen ihn aber bey Langensalz an, und schlugen ihn dergestalt, daß sich kein einziger von seinen Leuten retten konnte. Er selbst gerieth in Gefangenschaft. Auf der Seite der Voigte bedauerte man sonst keinen, als einen sehr hofnungsvollen jungen Edelmann, Bruno von Weberstedt, der getödtet wurde. Auf die Erfurter aber machte dieser Unfall einen großen Eindruck. Der Vorwurf, daß sie Balduinen nach Thüringen gelockt hätten, wurde ihnen ohnedem immer empfindlicher. Da sie nun gewahr wurden, daß ihnen die Verbindung mit demselben gar keinen Vortheil brachte, so trennten sie sich von ihm und zogen wieder heim. Balduin mußte hierauf die Belagerung von Döllstedt aufgeben. *)

23. Das Betragen der Erfurter kränkte aber Balduinen, und er nahm sich vor, dieselben dafür zu züchtigen. Er rüstete sich also aufs neue. Indessen ließen die Erfurter ihren Verdruß an den Geistlichen ausbrechen, und da ihnen der Dechant, Hermann von Bibra, den Rath ertheilt hatte, sich auf Balduins Seite zu schlagen, so bemächtigten sie sich seiner Person, und warfen ihn in ein Gefängniß. Balduin rückte hierauf, im Nahmen des maynzischen Domcapituls, mit einem neuen Heere nach Thüringen, welches sich damit beschäftigte, den Erfurtern die Zufuhre abzuschneiden. Die Stadt mit

---

*) Chronik des Peterkl., S. 334. 335. Gudenus am a. O. S. 95 sc.

mit Gewalt zu erobern, schien ihm zu schwer. Er suchte daher einige aus dem Rathe auf seine Seite zu bringen. Es gelang ihm, und sie versprachen ihm die Thore zu öffnen; aber der Anschlag wurde entdeckt. Indessen bekam Kaiser Ludewig von dieser Fehde Nachricht, und er schickte dem Landgrafen Befehl zu, die Bürger von Erfurt vor das Landgericht zu Mittelhausen zu laden, und eine förmliche Untersuchung anzustellen. Balduin stellte die Feindseligkeiten nun gleichfalls ein, und übertrug die Entscheidung dem Landgrafen. Doch dieser erinnerte sich an den Streich, den die Erfurter bey einer ähnlichen Gelegenheit seinem Vater gespielt hatten. Er stellte sich daher mit einiger Mannschaft bey dem Landgerichte ein. Die Erfurter rückten aber noch weit zahlreicher an, und nöthigten ihn, sich zurück zu ziehen. Um diesen Schimpf zu rächen, verband sich Friedrich mit Balduinen. Dieser vereinigten Macht waren die Erfurter nicht gewachsen; sie sahen sich also nach Hülfe um. Die Mühlhäuser und Nordhäuser, die sie zuerst darum ersuchten, fanden es nicht rathsam, ihrem Antrag Gehör zu geben. Nordhausen hatte mit innerlichen Unruhen zu kämpfen, und Mühlhausen fürchtete sich vor dem Landgrafen. Desto geneigter fanden die Erfurter den Grafen Hermann von Orlamünda zu Weimar, der auf Friedrichs Macht schon lange eifersüchtig war. Die Grafen von Käfernburg und von Beichlingen ließen sich durch Geschenke gleichfalls bewegen, ihren Beystand zu leisten. Doch Friedrich, der sich mit neuer Mannschaft aus Meißen, dem

Q 2 Voigt=

Voigtlande und dem Osterlande versehen hatte, that den Grafen so viele Drangsalen an, daß sie die Schädlichkeit der Verbindung mit Erfurt lebhaft einsahen. Sie unterwarfen sich daher dem Landgrafen.

24. Als sich die Erfurter auf diese Art von den Grafen verlassen sahen, warben sie drey hundert Söldner mit Gleven *) an, und ernannten Heinrichen von Blankenhayn zu ihrem Hauptmann. Mit neuem Muthe belebt, rückten sie hierauf in das Gebiete des Landgrafen, verwüsteten die Dörfer um Buttelstedt, Neumarkt, Gotha und Thomasbrücken. Endlich eroberten sie auch das Schloß und die Stadt Kranichfeld, die den Grafen von Schwarzburg gehörte. Sie steckten den Ort an, und das Feuer breitete sich so plötzlich aus, daß auf sechzig Menschen ihr Leben einbüßten. Friedrich und Balduin vereinigten sich hierauf mit dem Grafen von Schwarzburg und andern Grafen und Herren, und nöthigten die Erfurter, sich in ihre Stadt zurück zu ziehen. Die Vereinigten schlossen sie nun ein, und richteten in den benachbarten Dörfern und Weinbergen großen Schaden an. Die Erfurter thaten häufig Ausfälle, und es kam in dem sogenannten Briel zu einem hitzigen Gefechte, in dem auf beyden Seiten viel Leute getödtet wurden. Die Erfurter mußten sich indessen wieder zurückziehen, und da auch ihre Vorstädte abgebrannt waren, so

sahen

---

*) So nennte man im Mittelalter einen mit einer Lanze oder einem Spieß bewafneten Reuter.

sahen sie keinen andern Ausweg vor sich, als Frie- 1337.
den zu machen. Ja sie mußten sich noch glücklich
preisen, daß die verwittwete Landgräfin Elisabeth
sich ihrer annahm. Die Bedingungen, die man
ihnen machte, bestanden darinn, daß sie den Erzbischof Balduin als Verweser des Erzstifts Maynz
erkennen, ihm die Kriegskosten erstatten, und den
gefangnen Dechanten in Freyheiten setzen sollten.
Balduin erneuerte die Bestätigung aller ihrer Vorrechte und Freyheiten; dies kostete ihnen aber tausend Mark Silber. Dieser Versuch der Erfurter,
die Unabhängigkeit zu erlangen, misglückte also
abermals. Balduin entschloß sich nicht lange darauf, die Verwesung des Erzstifts Maynz nieder-
zulegen, und die Geistlichkeit erkannte nun Heinrichen als Erzbischof. Dieser schickte seinen Bruder
und einige andre Abgeordnete nach Erfurt, die,
mit Hülfe des Probstes des Severistiftes, die Geistlichkeit und den Stadtrath wieder mit einander aussöhnten. *) Der einheimische Friede war also wieder hergestellt. Da man aber auf die friedfertigen
Gesinnungen der thüringischen Herren und Städte
dieses Zeitraumes sich wenig verlassen konnte, so
fand es Landgraf Friedrich für rathsam, mit den 1338.
Grafen Hermann und Friedrich von Orlamünda,
imgleichen mit andern Grafen und Herren, so wie
auch mit den Städten Erfurt, Mühlhausen und
Nordhausen eine Verbindung einzugehen, die die

Q 3 Erhal-

*) Chronik des Peterskl., S. 335, 336. Rothe, S.
1786. Ursinus, S. 1312, 1313. Gudenus, S. 94, 97.

Erhaltung des Landfriedens vorzüglich zur Absicht hatten. *)

25. Landgraf Friedrichs II Leben war, so wie das Leben seines Vaters, einem beständigen Feldzuge ähnlich. Da er nun mit einheimischen Unruhen nichts zu thun hatte, so nahm er an einem auswärtigen Kriege Antheil. König Eduard III von England und König Philipp von Frankreich ergriffen um diese Zeit die Waffen gegen einander. Kaiser Ludewig schlug sich auf die Seite des erstern, und Landgraf Friedrich folgte seinem Beyspiel. Er zog 1337. mit einer vortreflich gerüsteten Reuterey nach den Niederlanden, die zum Sammelplatze bestimmt waren. König Eduard fand sich mit seinen Truppen gleichfalls daselbst ein. Friedrich und viele von den Edeln, die ihn begleiteten, waren noch nicht zum Ritter geschlagen worden. Eduard beschloß diese Feyerlichkeit an ihnen vorzunehmen; er stellte es aber Friedrichen frey, von wem er sich zum Ritter schlagen lassen wollte. — Von demjenigen, sprach Friedrich, der noch vor keinem Feinde geflohen ist. Als man nun nach dieser Person forschte, so erklärte er, daß er Friedrichen von Wangenheim den Aeltern, den wir oben als einen tapfern Vertheidiger des Vaterlandes kennen gelernt haben, damit meyne. Aller Augen waren nun auf den ehrwürdigen Ritter gerichtet, dem Friedrich jetzt ein Denkmal vaterländischer Tapferkeit setzte. Er trat hervor; er schlug seinen Herrn zum Ritter, und in jedem

---

*) Falkensteins Historie von Erfurt, S. 218.

jedem der jungen Krieger, die sich gegenwärtig befanden, mußte dieser Auftritt das lebhafteste Gefühl der Nachahmung entzünden. — Den folgenden Tag ließ sich Friedrich während der Messe zum Ritter einsegnen. Doch sein Wunsch, sich auch bey dieser Gelegenheit durch tapfre Thaten auszuzeichnen, wurde nicht erfüllt. Man zögerte mit dem Anfange der Kriegsunternehmungen zu lange, und Friedrich fand es daher für rathsam, im folgenden Jahre wieder nach Hause zu ziehen. König Eduard beschenkte ihn und seine Ritter nicht nur mit 1338. allerley Kostbarkeiten, sondern verehrte ihm auch verschiedene heilige Kleinodien, auf welche die Denkungsart dieses Zeitalters einen so großen Werth setzte, und die Friedrich dem Elisabethenkloster widmete. Von den Edeln, die ihm gefolgt waren, ward keiner vermißt; sie zogen also mit großen Ehren wieder in ihr Vaterland, und Friedrich stellte, ehe sie auseinander giengen, zu Eisenach ein herrliches Gastmahl an. *)

26. Es ereignete sich um diese Zeit in Friedrichs eigner Familie eine Begebenheit, welche seine Zufriedenheit nicht wenig störte. Seine einzige Schwester Elisabeth war, wie wir oben gehört haben, an den Landgrafen Heinrich von Hessen vermählt. Aber Heinrich verletzte die eheliche Treue, indem er mit einer andern Weibsperson zu Kassel einen verbotenen Umgang unterhielt. Sein Bruder Ludewig, der von seiner Jugend an zu dergleichen

*) Rethe, S. 1788.

chen Ausschweifungen einen Hang hatte, führte nicht nur ein ähnliches Leben, sondern feuerte Heinrichs Neigung noch immer mehr an. Elisabeth wußte dieses sehr wohl; sie wartete also die Gelegenheit ab, da sie sich einmal mit ihm allein befand, und hielt ihm das Sträfliche seiner Aufführung lebhaft vor. Ludwig that, was viele ausschweifende Personen in diesem Falle gethan haben, und noch thun. Er warf einen solchen Haß auf die tugendhafte Elisabeth, daß er mit allem Eifer darauf sann, wie er ihren Gemahl wider sie aufbringen könnte. Er erdichtete also, daß er sie mit einem ihrer Diener im Ehebruche angetroffen habe. Ein Herr von Dalwig, der auf Otten, den Sohn der Elisabeth, eine besondre Feindschaft geworfen hatte, bestätigte seine Aussage, und diese schien nun gar keinem Zweifel mehr unterworfen. In dieser angstvollen Verlegenheit blieb der Elisabeth weiter kein Trost übrig, als ihr trauriges Schicksal ihrer Mutter zu berichten. Diese gab ihrem Sohne davon Nachricht, und beyde wurden mit einander einig, die bedrängte Elisabeth heimlich wegbringen zu lassen. Sie gieng, ihrer Veranstaltung zu folge, an einem Morgen in eine vor der Stadt gelegene Kirche, als wenn sie Ablaß holen wollte. Friedrichs Voigte, die sich bereits in der Nähe fanden, empfiengen sie hier, und brachten sie nach Gotha.

27. Landgraf Heinrich hatte doch noch so viel edles Gefühl, daß er das Schimpfliche, das diese Begebenheit für ihn hatte, einsah. Er bat daher
seinen

seinen Schwager, ihm seine Gemahlin wieder zu
senden, und er versprach zugleich ihr alles zu vergeben, was sie an ihm gesündigt hätte. Doch Frieb-
rich stellte ihm mit allerley Gründen vor, daß er dieses nicht thun könnte. Landgraf Heinrich klagte
ihn hierauf bey dem Kaiser Ludewig an, daß er ihm
seine Gemahlin entführt habe. Friedrich wußte
aber sein Betragen so gut zu rechtfertigen, daß ihm
der Kaiser nicht unrecht geben konnte. Elisabeth
blieb also bey ihrer Mutter zu Gotha, und sie
wurde mit vielem Anstande unterhalten. Nach dem
Tode derselben zog sie nach Eisenach, wo sie den
zwischen der Georgenkirche und dem Barfüßerkloster
gelegenen Hof des Landgrafen bewohnte, und wahrscheinlich erfolgte ihr Tod erst um das Jahr 1374.*)

28. Landgraf Friedrich war auf die Erhaltung
des Landfriedens eifrig bedacht gewesen; aber seine
guten Absichten schlugen fehl. Auf dem Schlosse
Nebra **) an der Unstrut hielten sich Räuber
auf, welche nicht nur den Vorbeyreisenden, sondern auch den Nachbarn großen Schaden zufügten.
Friedrich ließ also an die Grafen und Städte, wel- 1341.
che die obengemeldete Verbindung geschlossen hatten,
ein Aufgebot ergehen, und die vereinigte Mannschaft rückte vor das Schloß und die Stadt. Aber
die

*) Rothe, S. 1790 u. 1791. Tenzelii vita Friderici ad-
morsi, p. 971.
**) Bey einer kleinen Stadt im kursächsischen Amte
Freyburg.

die Besatzung vertheidigte sich nicht nur, sondern sie hatte von der Festigkeit ihres Zustandes eine so vortheilhafte Meynung, daß sie unverschämt genug war, den Belagerer spöttisch zu begegnen. Friedrich befahl hierauf, Feuer in die Stadt zu schießen, wodurch sie in einen Steinhaufen verwandelt wurde. Nun setzte er auch der Burg weit heftiger zu; die Besatzung mußte sich ergeben, und sie durfte sich weiter nichts als ihr Leben ausbedingen.*) Die Erfurter, die sich damals vorzüglich gerüstet hatten, glaubten jetzt am besten im Stande zu seyn, sich an dem Grafen Günther von Schwarzburg, Herrn zu Arnstadt und Blankenburg, der ihnen allerley Beleidigungen zugefügt hatte, zu rächen. Sie schlossen daher Arnstadt vierzehn Tage lang ein, und eben waren sie im Begriff, wieder abzuziehen, als Graf Günther und sein Bruder Heinrich einen Ausfall thaten, und sie tapfer angriffen. Es erfolgte ein blutiges Gefechte, das den Erfurtern viele Menschen und Pferde kostete; sie behaupteten aber demungeachtet die Oberhand, und Graf Heinrich gerieth nebst vielen Edelleuten in ihre Gefangenschaft. Junker Hanns von Bechstedt, der sich Heinrichs bemächtigte, bekam eine Belohnung von vierzig Mark Silber, und der Fähnrich, Eberwein von Ehrenfriedgrün, der sich gleichfalls sehr tapfer bewiesen hatte, erhielt halb so viel.**)

29. Doch

---

*) Chronik des Peterskl., S. 338; Rothe, S. 1792.
**) Falkensteins Historie von Erfurt, S. 220.

29. Doch alle diese kleinen Fehden und Kriegs- 1342.
unternehmungen wurden durch einen allgemeinen
Krieg verschlungen, der im folgenden Jahre ausbrach. Die meisten thüringischen Grafen und Herren giengen, wie uns die vorige Geschichte lehrt,
schon lange mit dem Entwurfe um, sich der Oberherrschaft des Landgrafen soviel als möglich zu entziehen. Albrechts verwirrte Regierung war ihren
Absichten ziemlich günstig, und seine Nachfolger
konnten sich kaum durch den größten Ernst und die
schärfste Aufmerksamkeit bey ihrem landesherrlichen
Ansehen behaupten. Die Grafen maßten sich immer mehr Freyheiten und Rechte an, und da besonders Friedrich II die Fortschritte, die sie in solchen Anmaßungen thaten, zu verhindern suchte,
so gab dieses nothwendiger Weise zu vielerley Streitigkeiten Anlaß. So machten z. B. die Grafen
von Hohnstein auf Nordhausen und verschiedene in
der goldnen Aue gelegene Oerter Ansprüche, die ihnen Landgraf Friedrich nicht einräumen wollte. Den
Grafen von Schwarzburg blankenburgischer Linie
hatten ganz neuerlich die Grafen von Beichlingen
den Salzbrunnen zu Frankenhausen verpfändet, und
Friedrich legte ihnen, wegen der Ausübung des
Salzregals, das er vielleicht selbst zu besitzen wünschte, allerley Hindernisse in den Weg. Mit den Grafen von Orlamünda, Herren zu Weimar, lebten
die Landgrafen schon lange im Streite, und es herrschte eine Eifersucht unter ihnen, die sich vorzüglich
auf das große Ansehen und die weitläuftigen Besitzungen der erstern gründete. Zu diesen Misver-
gnügten

gnügten gesellte sich noch der Erzbischof Heinrich von Maynz, der wegen verschiedener thüringischen Güter und Gerechtsamen mit dem Landgrafen in verdrießliche Händel gerathen war. Da es nun nach damaliger Sitte etwas gewöhnliches war, daß die Grafen, Herren und Städte ihre gekränkten Rechte, selbst gegen den Landesherrn, mit den Waffen in der Hand vertheidigten, so machten die gedachten Grafen und der Erzbischof insgeheim eine Verbindung, welche die nemliche Absicht hatte, und die, wenn der Ausgang dem Entwurfe der Vereinigten entsprochen hätte, dem Thüringerlande eine ganz neue Gestalt gegeben haben würde. *) Jetzt kam es also bloß auf eine schickliche Gelegenheit an, die Feindseligkeiten anzufangen.

30. Zu einer langen Reihe von Ursachen kömmt plötzlich die letzte, die den Ausbruch verursacht, und dieses war auch hier der Fall. Graf Hermann von Weimar hielt sich oft zu Erfurt auf. Einst veranstaltete er auf dem dasigen Rathhause einen Ball, und eben war die Freude ziemlich hoch gestiegen, als Landgraf Friedrich, der nach Meissen gehen wollte, durch Erfurt ritt. Er war von einem Theile seiner Ritterschaft begleitet, und vor ihm gieng, nach der Sitte seines Zeitalters, eine Musik von Pfeifen und Posaunen her. Graf Hermann und seine Gesellschaft eilte, hierdurch aufmerksam

*) Jovii Chronicon Schwarzburgicum in Schoettgenii et Kreysigii Diplomatar. T. I, 334.

sam gemacht, an die Fenster, um den Zug zu sehen. Von der Lustigkeit hingerissen sagt und thut man nicht selten etwas, was man bey ruhigem Sinne kaum gedacht hat. Graf Hermann, welcher niemals eine große Achtung vor dem Landgrafen gehabt hatte, rief ihm in einem etwas zu vertraulichen, oder vielmehr verächtlichen Tone, zu: Friedrich, wo willst du hin? — Der Landgraf, der das Unehrerbietige dieser Frage sehr wohl fühlte, sah in die Höhe und sprach: Lebe ich nur noch eine kurze Zeit, so will ich es warlich dahin bringen, daß du mich einen Herrn nennen sollst. — Auf eine ähnliche Art soll sich Graf Günther von Schwarzburg, Herr zu Arnstadt, an dem Landgrafen vergangen haben. Er ließ sich nemlich einmal verlauten, daß er sich weder aus dem Landgrafen noch aus seinen Leuten etwas mache. *)

31. Dieses Betragen der beyden Grafen zeigte Friedrichen deutlich, welche Gesinnungen sie für ihn hegten. Er faßte also den ernsten Vorsatz, sie dafür zu züchtigen, und er brachte zu dem Ende schon aus Meissen und dem Osterlande, wo er eben hingereiset war, eine beträchtliche Anzahl tapfrer Ritter mit. Da nun die Stadt Erfurt damals eine der ansehnlichsten Rollen in Thüringen spielte, und ohnedem schon in einer besondern Verbindung mit dem Landgrafen stand, so schloß er diese jetzt

noch

*) Her wente sich umm den Lantgrafin zcu Doringia nicht unde umme dy synen; Rothe, S. 1792.

noch enger, und Erfurt, dem die Nähe des gedachten mächtigen Grafen ohnedem zu furchtbar vorkam, schätzte sich glücklich, eine Gelegenheit zu finden, wo es zur Demüthigung derselben etwas beytragen könnte. Die beyden Bundesgenossen machten mit einander aus, daß alle dem Landgrafen nicht lehnbare Schlösser, die sie erobern würden, zerstört werden sollten. *) Dem Landgrafen stand ausser den Erfurtern, niemand als Graf Heinrich XIV von Schwarzburg, schwarzburgischer Linie bey, der ihn nicht nur mit Geld und Mannschaft unterstützte, sondern ihm auch persönliche Dienste leistete. **) Die Bundesgenossen der gegenseitigen Parthey waren weit zahlreicher. Die Häupter waren Erzbischof Heinrich zu Maynz, die Grafen Hermann und Friedrich zu Orlamünda, Herren zu Weimar, die Grafen Dietrich und Heinrich zu Hohnstein, und die Grafen Günther und Heinrich zu Schwarzburg, Herren zu Arnstadt. Zu ihnen gesellten sich Heinrich, Voigt zu Plauen, der Reuße genannt, zween Brüder Heinrich von Gera, Heinrich der Jüngere Voigt zu Plauen, Otto von Jecheburg, ein Herr von Liebenwerda, Hermann von Schönburg, Johann von Waldenberg und die Herren von Salza †) Zu welcher Parthey die übrigen Grafen und Herren Thüringens sich geschlagen haben, ist uns nicht bekannt. Viele hielten es ohne

Zwei-

*) Rothe, S. 1793.
**) Jovius S. 212.
†) Jovius am a. O.

Der Grafenkrieg selbst.

Zweifel mit dem Landgrafen, und die übrigen paßten vielleicht nur die Gelegenheiten ab, wo sie aus dieser Verwirrung Nutzen ziehen könnten.

32. Die vereinigten Grafen und Herren waren dreiste genug, den Angriff zu thun, und sowohl das landgräfliche als das erfurtische Gebiete durch allerley Verwüstungen heimzusuchen. Friedrich und die Erfurter übten in dem Schwarzburgischen und Orlamündischen das Vergeltungsrecht aus. Sie eroberten und zerstörten Kobstedt, Hardisleben, Breitenherde, Uttersleben, Witzleben, Kirchheim, Westhausen, und machten auf den Burgen und Kemnaten, die sich bey oder in diesen Oertern befanden, viele Leute zu Gefangenen. Das folgende Jahr zogen sie vor Fedelhausen und Vippach, und verwüsteten diese Oerter. Hierauf traf die Reihe das Schloß und die kleine Stadt Wiehe, welche abgebrannt wurde. Das Schicksal zerstört zu werden hatten auch Willerstedt und Griesheim. In Ansehung Dornburgs hatten die Erfurter das nemliche beschlossen, aber der Landgraf wollte seine Einwilligung nicht dazu geben. Die Erfurter trennten sich also von ihm, und eroberten Tondorf, und behielten es für sich. Eben so machte es der Landgraf mit Dornburg. Auf diese Art wurden in wenig Monaten auf vierzehn Schlösser und Oerter zerstört, und viele arme, schuldlose Unterthanen unglücklich gemacht. *)

33. Die

*) Rothe, am a. O. Urstaus, S. 1314. Nach andern wurden

93. Dieser verwirrte, unselige Zustand dauerte bis gegen Pfingsten dieses Jahrs, als endlich Kaiser Ludewig den Entschluß faßte, demselben ein Ende zu machen. Er beschied daher beyde Partheyen nach Wirzburg, wo er, nachdem er die Sache untersucht hatte, am Sonnabend in der Pfingstwoche, einen Vergleich stiftete, welcher nicht nur die Ursachen dieses Krieges, sondern auch die damalige Verfassung Thüringens in ein helles Licht setzt. Der wesentliche Innhalt desselben besteht in folgendem. Erstlich sollten alle Feindseligkeiten zwischen den beyden Partheyen und ihren Bundesgenossen aufhören, und eine vollkommne Sühne oder Aussöhnung gemacht werden. Hätte sich einer der Besitzung eines andern angemaßt, oder ein für denselben nachtheiliges Schloß aufgeführt, so sollte er jene zurück geben, und dieses niederreissen. Würde nach Bekanntmachung des Friedens etwas von dieser Art geschehen, so sollte die Sache nach der Entscheidung dreyer Männer ausgemacht werden. Den einen wählte der Erzbischof von Maynz, den andern der Landgraf von Thüringen, und den dritten, der gleichsam einen gemeinschaftlichen Schiedsrichter vorstellte, sollte der Landgraf von Hessen ausmachen. Da auch Landgraf Friedrich, imgleichen seine Bundesgenossen und Diener während dem Kriege allerley günstige Aussprüche und Urtheile zu Wirzburg und Nürnberg erlangt hatten,

so

wurden Tondorf und Dornburg erst in der Folge erobert, oder es müßte zweymal geschehen seyn.

so sollten diese hiermit für ungültig erklärt werden. Ferner mußten der Erzbischof und die mit ihm verbundenen Grafen und Herren versprechen, daß sie, ohne Vorwissen und Bewilligung des Landgrafen, in dessen eigenthümlichen oder zu Lehn gehenden Gebiete, keine Festung kaufen oder bauen wollten. Zu dem nemlichen machte sich auch der Landgraf verbindlich. Die Streitigkeiten, in die der Erzbischof mit dem Herrn von Wangenheim verwickelt war, sollten durch Schiedsrichter ausgemacht werden, und der Landgraf mußte versprechen, daß er dem Herrn von Wangenheim, wenn er diesem Ausspruche nicht folgen würde, keinen Schutz verleihen wollte. Auch machte sich Friedrich verbindlich, dem Erzbischof, in Ansehung der Herren von Seebach, zu seinem Rechte zu verhelfen. Der Graf von Hohnstein wurde angewiesen, seine obengedachten Ansprüche zu beweisen, oder sich ruhig zu verhalten, und Graf Günther von Schwarzburg sollte in dem Besitz von Frankenhausen und aller der Rechte, die er von den Grafen von Beichlingen an sich gebracht hatte, nicht gehindert werden. Würden aber wegen solcher Güter, die zu Rotenburg oder Frankenhausen gehörten, Streitigkeiten entstehen; so sollten sie durch Schiedsrichter ausgemacht werden. *) Landgraf schloß ausserdem mit den Grafen von Schwarzburg und von Orlamünda noch besondre Vergleiche. Der, den er mit den Grafen von Schwarzburg errichtete, kam zu Erfurt im November d. J.

zu

*) Jovius, S. 335, 336.

zu Stande. Friedrich machte sich verbindlich, die Grafen von Schwarzburg gegen jedermann, in so fern es die Gerechtigkeit der Sache erlaubte, zu schützen und zu vertheidigen. Diese versprachen hingegen, ihm zur Behauptung aller seiner Vorzüge und Rechte behülflich zu seyn, und ihm, wenn es nöthig wäre, Hülfe zu leisten. Da sie aber mit dem Erzbischof Heinrich zu Maynz in einer besondern und genauen Verbindung standen, so mußten sie, auf dem Fall, wenn zwischen diesem und dem Landgrafen ein Krieg entstehen sollte, versprechen, 1344 daß sie ihm nicht beystehen wollten. *) Der Vergleich, den Landgraf Friedrich mit den Grafen von Orlamünda, Herren zu Weimar, schloß, war ungleich wichtiger, indem Graf Heinrich dem Landgrafen die Grafschaft Orlamünda verkaufte, und dieser legte sich daher schon in d. J. den Titel eines Grafen von Orlamünda bey. **)

34. Er-

*) Jovius, am a. O.

**) Jenes beweisen zwo Urkunden, die sich in Struvs historischen und politischen Archiv, Th. 2, befinden. In der ersten meldet Graf Heinrich von Orlamünda der Aelteste dem Kaiser Ludwig, daß er dem Landgrafen Friedrich die Grafschaft zu Orlamünda, mit dem Hause und dem Städtchen daselbst ic. verkauft habe, und bittet den Kaiser, dem Landgrafen und seinen Erben die Lehn zu ertheilen. Die andre enthält den Kaufbrief, und die Verzichtleistung der Gemahlin des Grafen Heinrichs, Irmengard, und ihres Sohnes Friedrich. Beyde Urkunden sind 1344 am 29sten April ausgefertigt. S. 133 i 138.

34. Erwägt man diese Vergleiche, die damals geschlossen wurden, genau, so kömmt man bald auf die Bemerkung, daß die Grafen den Landgrafen nicht sowohl als ihren Landesherrn, sondern fast als einen ihres gleichen betrachteten. Auch fuhren sie, wie es scheint, noch immer fort, sich Rechte und Freyheiten anzumaßen, die, wie Friedrich glaubte, seinem landesherrlichen Ansehen nachtheilig waren. So suchten sie z. B. ihr Gebiet immer mehr zu vergrößern, und die Grafen von Orlamünda und von Schwarzburg kauften daher den Schenken von Dornburg aus dem tautenburgischen Geschlechte die Herrschaft Dornburg ab, deren Besitz Friedrich sich vielleicht selbst wünschte. Diese und ähnliche Ursachen bewürkten, daß die Einigkeit zwischen dem Landgrafen und den gedachten Grafen unmöglich lange dauern konnte. Bestimmtere Nachrichten, wie der Krieg sich nach und nach wieder entsponnen hat, fehlen uns, und wir wissen weiter nichts, als daß Landgraf Friedrich kurz vor Fastnacht in das orlamündische Gebiete einrückte. Burggraf Albrecht von Kirchberg hatte sich zur Parthey der Grafen geschlagen. Der Landgraf und die Erfurter überfielen daher das Schloß Altenberge, und nahmen die kleine Besatzung, die aus dreyzehn Mann bestand, gefangen. Drey derselben wurden auf der Stelle erschossen. Die übrigen ließ man nach Erfurt bringen, und auf dem Aschermittwoch enthaupten. *)

35. Die

*) Jovius, S. 337.

35. Die Grafen von Schwarzburg schlossen hierauf (am Montag nach Låtare) mit den Grafen von Orlamünda und von Hohnstein, besonders aber mit dem Erzbischof Heinrich, eine neue Verbindung, welche wechselseitigen Schutz und Beystand zur Absicht hatte. Erzbischof Heinrich machte sich nemlich, auf den Fall, daß sie in einem Vertheidigungskriege ihn oder seine Amtleute zu Rustenberg, Salza oder Mühlberg*) auffordern würden, verbindlich, ihnen mit funfzig Männern mit Helmen, und mit eben so vielen Rennern oder reißigen Knechten, auf seine Unkosten, zu Hülfe zu kommen. Würden sie aber von ihren Feinden auf ihren Schlössern oder in ihren Städten mit Krieg überzogen, so sollte er ihnen, so wie es bereits 1339 unter ihnen ausgemacht worden, mit seiner ganzen Macht zu Hülfe ziehen. Dagegen versprachen die Grafen, besonders auf den Fall, daß zwischen ihm und den Erfurtern eine Fehde ausbrechen sollte, ihm innerhalb sechs Wochen gleichfalls Hülfe zu verschaffen.**) Da sich nun die Grafen von Schwarzburg auf diese Art ziemlich in Sicherheit gesetzt hatten, so wuchs ihr Muth so sehr, daß sie in das Gebiete des Landgrafen und der

*) Rustenberg ein altes Bergschloß im obern Eichsfeld, von dem noch jetzt ein Amt seinen Nahmen hat; Salza das heutige Langensalz; Mühlberg das bekannte Schloß im Gothaischen, das seit 1330 dem Erzbischof von Maynz gehörte. Melissantes Bergschlösser, S. 69.

**) Jovius, S. 338.

Arnstadt belagert.

der Erfurter einfielen, und allerley Verwüstungen in demselben anrichteten. Der Landgraf und die Erfurter rückten hierauf vor Arnstadt, und übten an den herumliegenden Feldern und Weinbergen das Vergeltungsrecht aus. Zugleich machten sie ernstliche Anstalten, sich der Stadt zu bemächtigen. Schon war zum Sturm alles zubereitet, als die Erfurter die vorläufige Bedingung machten, daß der Ort, wenn man ihn erobern würde, niedergerissen werden sollte. Aber Friedrich wendete dagegen ein, daß Arnstadt ein landgräfliches Lehn wäre, und daß er deswegen in diese Bedingung nicht willigen könnte. Eben dieser Meynung waren seine Grafen und Herren. Hierüber entstand eine solche Uneinigkeit, daß der Landgraf es für das rathsamste hielt, die Belagerung aufzugeben. Also mußten die Erfurter auch wieder abziehen. Die Entfernung des Landgrafen und das Gerüchte, daß er nach Meissen ziehen wollte, machte dem Grafen Günther so vielen Muth, daß er die abziehende Mannschaft der Erfurter bis an die Thore ihrer Stadt verfolgte, und diese gerieth in solche Gefahr, daß man an den Landgrafen, der sich zu Buttelstedt befand, Abgeordnete schickte, und ihn um Hülfe ersuchte. Der Landgraf, dem diese Demüthigung der Erfurter ohne Zweifel Vergnügen verursachte, brachte sein Kriegsvolk sogleich wieder zusammen, und eilte damit nach Erfurt. Der Anzug des Landgrafen feuerte die Erfurter aufs neue an, und sie thaten nun zu Roß und Fuß einen Ausfall, und jagten die schwarzburgischen Truppen bis nach Egstedt

stedt zurück. Hier hatte Graf Günther einige
Mannschaft in einen Hinterhalt gestellt. Dieser
drang hervor, und da die auf dem Rückzuge begrif=
fenen gleichfalls auf die Erfurter einbrachen, so ent=
stand ein hitziges Gefechte, indem auf beyden Sei=
ten viele Tapferkeit bewiesen wurde. Eben stritte
man am heftigsten, und die Erfurter fiengen
an entkräftet zu werden, als ihnen der Landgraf mit
seinen Leuten zu Hülfe kam, und dem Ausschlag des
Gefechtes eine andre Wendung gab. Die Schwarz=
burger wurden geschlagen; viele büßten ihr Leben
ein, viele geriethen in die Gefangenschaft, und die
Sieger verfolgten sie bis nach Arnstadt. *)

36. Die Grafen von Schwarzburg befanden
sich also in der größten Verlegenheit, und nichts
konnte ihnen daher erwünschter seyn als die Ankunft
des Grafen von Virneburg, den ihnen sein Bru=
den, der Erzbischof Heinrich, mit zwen hundert
Mann zu Hülfe geschickt hatte. Dieser rückte, als
ihm das Schicksal der Grafen gemeldet wurde, mit
seiner ganzen Mannschaft heraus, und da des Land=
grafen Leute vom Fechten und Nachfolgen ganz ent=
kräftet waren, so konnten sie der frischen Mannschaft
der Feinde nicht genug Widerstand thun, und viele
tapfre Edlen, als Wetzel von Stein, Heinrich von
Harles=

---

*) Das Schicksal, gefangen zu werden, soll auch, wie
Rothe und andre Chronikenschreiber melden, den
Grafen Günther und seinen Bruder betroffen haben;
Jovius zeigt aber S. 338 die Unwahrscheinlichkeit
dieser Nachricht.

Gefechte bey Arnstadt.

Harkeshausen, Dietrich von Tennstedt und andre, büßten ihr Leben ein. Selbst der Landgraf hatte bereits einige Wunden bekommen, und er befand sich in der größten Gefahr, entweder erschlagen oder gefangen zu werden. Unvermuthet aber ereignete sich ein Vorfall, der eine ihm vortheilhafte Täuschung verursachte. Die Nachricht von dem blutigen Gefechte bey Egstedt, das den Erfurtern viele Leute gekostet hatte, war indessen nach Erfurt gekommen. Der Abt des Petersklosters veranstaltete daher, daß drey Wagen nebst einigen Mönchen hinaus fahren und die Todten, die ihr Begräbniß in jenem Kloster hatten, abholen sollten. Zu ihnen gesellten sich noch verschiedene Bürger, um ihre getödteten oder verwundeten Verwandten, welche auf der Straße lagen, gleichfalls in die Stadt zu bringen, und es kamen auf diese Art auf sechszehn Wagen zusammen. Diese hatten, nach damaliger Sitte, zween Pfeifer bey sich, die, bey Erblickung des Gefechtes, ihre Feldmusik anstimmten. Sogleich geriethen der Graf von Virneburg und die Grafen von Schwarzburg auf den Gedanken, daß die Feinde durch frische Mannschaft unterstützt würden, und nun standen sie, ohne die Sache weiter zu untersuchen, von dem für sie so vortheilhaften Gefechte ab, und zogen sich nach Arnstadt zurück. Wie das die Leute auf den Wagen sahen, so rückten sie zusammen, und riefen, dem Erzbischof zum Spott, Thüringerland und Rüsteberg! *) Auf diese Art wurde Landgraf

---

*) Vielleicht wollten sie damit sagen, daß Thüringen

Friedrich und — vielleicht das Thüringerland gerettet. Der Landgraf zog sich mit seinen Leuten wieder
nach Erfurt. Seine Wunden waren so schmerz-
haft, daß er weder sitzen noch liegen konnte, und
er mußte, um sich von ihnen heilen zu lassen, einen
ganzen Monat zu Erfurt bleiben. Auch trug er die
Spuren derselben noch lange an seinem Leibe. *)

37. Durch alle diese Gefechte war indessen
noch nichts entschieden worden, und der Landgraf,
der die letztre Kränkung noch so lebhaft fühlte, ließ
sowohl durch seine, als die Mannschaft der Erfur-
te das Gebiete der Grafen mit den äußersten Verwüstungen heimsuchen. Die Erfurter überzogen
und eroberten hierauf Toundorf, des Landgrafens
Leute aber nahmen Rudolstadt ein, das sie plünderten und in Brand steckten. Von da zogen die letztern vor Heßler,**) das sie gleichfalls zerstörten. Sie
eroberten auch das Schloß Schauenforst, und am
Dienstage vor Himmelfahrt bemächtigten sie sich endlich der Stadt und des Schlosses Kahla. Sie machten bey dieser Gelegenheit funfzig Mann zu Gefangenen. Unter diesen befanden sich viele Edelleute,
welche diesen Ort nicht nur für sich selbst, sondern
auch für ihre Kostbarkeiten zur Zuflucht erwählt hatten

mehr ausrichten könne, als Rüsteberg, worunter
sie die Macht des Kurfürsten verstanden.
*) Rothe, S. 1793-1795. Jovius, S. 336, 337.
**) Burgheßler oder Unterheßler ein Kirchdorf im Amte
Eckardsberga.

ten. Sie kamen also sowohl um ihre Freyheit als um ihr Vermögen, und Schloß und Stadt wurden hierauf geschleift. Doch die Gegenparthey, und besonders Graf Günther von Schwarzburg, fügten nicht nur ihren Feinden, sondern auch dem Gebiete derselben großen Schaden zu. Graf Günther nahm unter andern acht Tage nach der Eroberung von Kahla, zwanzig landgräfliche meistentheils adliche Reuter gefangen, und übergab sie dem Hauptmanne des Schlosses Dornburg, einem Herrn von Mielbingen. *) Um sie aus ihrer Gefangenschaft zu befreyen, belagerte Landgraf Friedrich dieses Schloß kurz nach Pfingsten. Da es aber nicht nur ziemlich fest, sondern auch mit einer guten Besatzung versehen war, so wollte es dem Landgrafen nicht glücken, sich desselben zu bemächtigen. Die Belagerung hatte daher schon fünf Wochen gedauert, und das landgräfliche Kriegsvolk hatte nicht wenig eingebüßt. Desto eher ließ sich also vielleicht der Landgraf einen Vergleich gefallen, den gemeinschaftliche Freunde beyder Partheyen zu stiften bemüht waren.

38. Dieser kam noch während der Belagerung glücklich zu Stande. **) Graf Günther und seine Vettern traten dem Landgrafen Schloß und Stadt Kahla nebst dem dazu gehörigen Bezirk völlig ab, und Burggraf Albrecht von Kirchberg, der Bundes-

*) Rothe, S. 1797.
**) Im Lager vor Dornburg, den Dienstag nach Jacobi. Jovius, S. 340.

besgenosse dieser Grafen, mußte dem Landgrafen zum Besten auf das Schloß Greifenberg und den dazu gehörigen Bezirk Verzicht leisten. In Ansehung des Schlosses Schauenforst wurde ausgemacht, daß es der Landgraf den Grafen von Schwarzburg, oder eigentlich dem jungen Grafen Heinrich von Orlamünda, dem es gehörte, und dessen Vormünder jene waren, wieder einräumen, oder ihm andre jenseit der Sale im Osterlande gelegene Güter dafür abtreten sollte. Das letztre überließ man dem Ausspruche einiger Schiedsrichter, wozu auf Seiten des Landgrafen Hermann edler Herr von Kranichfeld und Ritter Hermann von Atzenstedt; auf Seiten der Grafen von Schwarzburg aber gedachter Burggraf Albrecht von Kirchberg und Ritter Dietrich von Elchsleben erwählt wurden. Auf den Fall, daß diese vier Schiedsrichter nicht mit einander einig werden könnten, erwählte man in der Person Conrads, edlen Herren von Tannroda, einen sogenannten Obermann, der einen entscheidenden Ausspruch thun sollte. Ferner wurde ausgemacht, daß die Grafen von Schwarzburg, als Besitzer der Stadt Salfeld, dem Landgraf und seinen Erben die Voigtey über die Abtey zu Salfeld und die derselben gehörende Güter ruhig überlassen sollten. Doch wurden, was die letztern betrifft, diejenigen ausgenommen, die in dem Gebiete der Grafen von Schwarzburg lagen, und deren Gerichtsbarkeit ihnen erweislich zukam. In Ansehung des Schlosses und der Stadt Dornburg wurde festgesetzt, daß es die Grafen von Schwarzburg als ein landgräfliches Lehn besitzen sollten.

39. Die=

39. Dieses waren die Hauptpunkte, welche in dem damaligen Vergleiche zwischen dem Landgrafen und den Grafen ausgemacht wurden. Außerdem machten sich aber auch noch die Grafen verbindlich, dem Landgrafen und seinen Erben beständig anzuhängen, ihm gegen jedermann nach allen ihren Kräften beyzustehen, und besonders die Sicherheit der Straßen beschützen zu helfen. Ferner wurde ausgemacht, daß die Grafen das Schloß Rudolstadt als ein landgräfliches Lehn erkennen sollten, wenn sie der Landgraf durch seine Bemühungen von den Lehnspflichten losmachen würde, mit denen sie dem Kaiser und seinen Söhnen verpflichtet waren. Auf Schloß und Stadt Tonndorf, das die Erfurter den Grafen abgenommen hatten, leisteten diese völlig Verzicht. In diese Sühne wurden auch alle diejenigen aufgenommen, die einer von beyden Partheyen Beystand geleistet hatten. Unter diese gehörten aber Bischof Wittich zu Naumburg, Bischof Heinrich zu Merseburg, Herzog Rudolf zu Sachsen und seine Söhne; Landgraf Otto zu Hessen, der Jüngere, Graf Bernhard von Anhalt, Herr zu Küthen, des Landgrafen Schwager, Graf Heinrich von Hohnstein, Herr zu Sondershausen, Heinrich der Aeltere und Heinrich der Jüngere, die Voigte von Weida, Siegfried und Karl, Grafen von Mannsfeld, die Städte Erfurt und Halle und noch andre mehr. Hieraus erhellt, wie ausgebreitet diese Fehde gewesen ist. *)

40. Die

*) Jovius, S. 339, 340.

40. Die Grafen von Orlamünda waren in diesen Vergleich nicht mit eingeschlossen; sie sahen sich aber gedrungen, sich vor dem Landgrafen zu demüthigen. Friedrich wollte ihnen, wenn den Chronikenschreibern zu trauen ist, anfangs kein Gehör geben. Er war vielmehr, wie er ihnen meldete, entschlossen, so lange Krieg zu führen, bis einer unter ihnen den andern unterjocht haben würde. Aber die Freunde der Grafen brachten es endlich dahin, daß er sie vor sich kommen ließ, und die Beweise ihrer Unterwerfung annahm. Graf Hermann von Weimar und sein Bruder übergaben ihm also alle ihre Schlösser und Güter, und ließen ihm dieselben huldigen. Er behielt aber nichts als Orlamünda. Alles übrige räumte er ihnen mit der Bedingung ein, daß es nach ihrem Abgange ihm oder seinen Erben heimfallen sollte. *) — So wichtig war der Ausgang, den diese Fehde für den Landgrafen hatte; und Thüringens Geschichte wird nicht leicht einen Krieg aufweisen können, der in dessen Verfassung einen größern Einfluß gehabt hat.

41. Während aber, daß Landgraf Friedrich die innerliche Ruhe in seinem Lande wieder hergestellt hatte, wurde er mit dem Grafen von Henneberg in einen Krieg verwickelt, den ein Heyrathsvertrag

1344 veranlaßte. Es wurde im vorigen Jahre ein Turnier zu Eisenach gehalten, auf dem sich nicht nur die thüringischen, sondern auch viele benachbarte Fürsten

---

*) Rothe, S. 1795.

L. Friedrich III vermählt sich.

sten und Herren einfanden. Unter andern stellte sich auch Graf Heinrich von Hennebergein, und des Landgrafen Mutter ergriff diese Gelegenheit, zwischen ihrem Enkel und der Tochter des Grafen eine Verbindung zu stiften. Aber der Landgraf verlangte so viele Schlösser und Städte zur Mitgift, daß es dem Grafen Heinrich zu bedenklich vorkam, sich weiter in dieser Sache einzulassen. Ja, die große Forderung, welche Friedrich an ihn gethan hatte, verdroß ihn so sehr, daß er, ohne Abschied zu nehmen, von Eisenach weg reisete, und sich auf die Seite seiner Feinde, und besonders der Grafen von Schwarzburg, schlug. Auch machte er bereits Anstalten, ihnen zu Arnstadt zu Hülfe zu kommen. Doch Friedrich, der schon ohnedem mit vielen Feinden zu kämpfen hatte, wollte die Zahl derselben durch den mächtigen Grafen von Henneberg nicht noch vermehren. Er schlug ihm daher eine Zusammenkunft auf dem Schlosse Wachsenburg vor, und der Heyrathsvertrag zwischen dessen Tochter und seinem Sohne kam nun glücklich zu Stande.*) Die Mitgift bestand aus der Pflege Koburg und aus einigen andern Schlössern und Städten.**) Hierauf wurde die Braut, die Katharine hieß, nach Eisenach gebracht; der junge Landgraf vollzog das Beylager mit derselben, und es wurden allerley Feyerlichkeiten bey dieser Gelegenheit angestellt. Als es aber nun zur Berichtigung des eigennützigen

1346.

Theiles

*) Rothe, S. 1796.
**) Horns Gesch. Friedrichs des Streitbaren, S. 6.

Theiles dieser Verbindung kam, so bezeugte Graf Heinrich so wenig Lust als möglich, dem Landgrafen die versprochenen Schlösser und Städte einzuräumen. Friedrich, der sich hierdurch sehr beleidigt fand, folgte den Beyspielen, die ihm seine Vorfahren in ähnlichen Angelegenheiten gegeben hatten, und schickte die Katharine wieder nach Hause. Graf Heinrich wurde über diesen Schimpf so aufgebracht, daß er ihm eine Fehde ankündigte. Seine Leute zogen über den thüringer Wald, und richteten in Thüringen großen Schaden an. Unter andern hatte er den Entwurf gemacht, sich der Stadt Kreuzburg zu bemächtigen. Er schickte, um desto sicherer zu gehen, einige von seinen Leuten hin, welche heimlich die Höhe der Stadtmauern messen mußten, damit er die Leitern darnach einrichten könnte. Die Bürger wurden es aber gewahr. Also gruben sie ihre Stadtgräben tiefer, und ließen fleißig Wache halten. Nun rückte der Graf mit seinen Leuten des Nachts an. Er ließ die Leitern ansetzen, um die Stadt zu ersteigen, aber die Leitern waren zu kurz. Indessen hatten die Wachen Zeit, Lerm zu machen, und die Bürger brauchten ihr Geschütz so tapfer gegen die Feinde, daß ihrer viele das Leben einbüßten. Dieses bewiesen die vielen zerbrochenen Helme und Helmzeichen, die man am folgenden Morgen fand. Aber die Tapferkeit der Bürger konnte die Vorstädte doch nicht schützen, die von den Feinden nicht nur geplündert, sondern auch abgebrannt wurden.*)

42. Der

*) Rothe, S. 1797.

42. Der mislungene Versuch, Kreuzburg zu erobern, flößte dem Grafen Heinrich keine friedfertigern Gedanken ein. Er machte vielmehr einen andern Entwurf, den Landgrafen zu bekriegen. Er besetzte das Schloß Scharfenberg,*) welches damals den Grafen von Henneberg gehörte, mit Kriegsvolk, das der Gegend um Eisenach, Gotha und Tenneberg vielen Schaden zufügte. Um den Streifereyen desselben Einhalt zu thun, kaufte Landgraf Friedrich den Herren von Salza das zwischen Eisenach und Breitingen gelegene Schloß Altenstein ab, und legte gleichfalls Mannschaft darauf, die gegen die Schlösser und Besitzungen des Grafen von Henneberg das Vergeltungsrecht weidlich ausübte. Das Schloß Scharfenberg war aber Friedrichen noch immer ein Anstoß. Er beschloß daher, einen förmlichen Angriff auf dasselbe zu thun, und er bot in dieser Absicht nicht nur seine Lehnsleute und Städte, sondern auch die Stadt Erfurt auf. Das Schloß wurde tapfer bestürmt, und es war der Uebergabe sehr nahe. Aber die verwittwete Landgräfin widerrieth es ihrem Sohne, die Eroberung zu vollenden. Wird es, sprach sie zu ihm, eingenommen, so werden die Erfurter wie gewöhnlich auf die Zerstörung desselben dringen, weil es nicht zur Landgrafschaft Thüringen gehört, und du wirst es in Zukunft vielleicht bedauern, da es noch ein Eigenthum deines Sohnes werden kann. Doch Graf Heinrich hatte sich

indessen

---

*) Bey dem Dorfe Thal, im Fürstenthume Gotha. Goth. Gesch., III, 193.

indessen mit seinen Freunden in Franken gerüstet, und er eilte eben zum Entsatze des Schlosses Scharfenberg herbey. Es entstand ein hitziges Gefechte, das vielen tapfern Leuten ihr Leben oder ihre Freyheit kostete. Landgraf Friedrich zeichnete sich als Ritter gar nicht aus; er führte kein Kleinod auf seinem Helm, auch hatte er sich nicht besonders geschmückt. Demungeachtet gerieth er in große Gefahr, und nur der tapfern Sorgfalt eines eisenachischen Bürgers, Hanns von Friemar des Aelten, eines großen starken Mannes, der ein großes Pferd ritt, und der mit seiner Streitaxt jeden Angriff abwendete, hatte er es zu danken, daß er ihr nicht unterlag. Aber Landgraf Friedrich vergaß diese Treue nicht, und begegnete ihm mit ausgezeichneter Gnade. *)

43. Graf Heinrich sah nun endlich ein, daß er mit Gewalt nichts wider den Landgrafen ausrichten könnte. Auch befürchtete er, daß seine Tochter, wenn der Krieg noch länger fortwährte, ihren Gemahl vielleicht gar nicht wieder bekommen würde, und wer weiß, was die Bitten der jungen und zärtlichen Gattin nicht für Eindruck auf ihn gemacht haben! Genug, er entschloß sich, zu einem Vergleiche die Hand zu bieten, den gemeinschaftliche
1346. Freunde beyder Partheyen glücklich zu Stande brach-
26. ten. Die Hauptpunkte desselben waren, daß alle
Dec. Gefangene von beyden Seiten losgelassen, Katharine ihrem Gemahl zurück gesendet, und ihr alle

Schlös-

*) Rothe, S. 1798.

Schlösser und Städte ihres Vaters mitgegeben werden sollten. Doch bedung sich Graf Heinrich für sich und seine Gemahlin Jutta lebenslang den Besitz derselben aus. Er starb bereits im September des folgenden Jahres; Jutta aber lebte noch einige Jahre.

44. So endigte sich also auch dieser Krieg zu Friedrichs Vortheil. Er sah sich aber noch in eben diesem Jahre gezwungen, zween neue Feldzüge zu thun. Auf dem Harze lag ein Schloß, Nahmens Erichsberg, **) das dem Grafen Hermann von Stolberg gehörte. Dieser erlaubte allen denen, die das thüringer Land beraubten, eine Zuflucht auf demselben. Unter andern that er den Grafen von Hohnstein zu Sondershausen großen Schaden, und nichts konnte ihn bewegen, einem Vergleiche Gehör zu geben. Die Grafen klagten es also dem Landgrafen. Auch riefen sie Erfurt, Mühlhausen, Nordhausen und andre thüringische Städte, welche die Räuber heimgesucht hatten, um Hülfe an. Es wurde also ein gemeinschaftlicher Heereszug veranstaltet. Man eroberte das Schloß, und Graf Hermann und Ritter Heinrich von Witterda, ein Anführer maynzischer Räuber, geriethen in die Gefangenschaft,

---

*) Rothe, am a. O. Tenzelii Supplem. II ad Hist. Goth. p. 122. Horn, S. 8, N. t.

**) In dem Fürstenthume Anhalt, zwischen Gernrode und Harzgerode. Melissantes Bergschlüsser, S. 339.

schaft. Sie wurden beyde mit dem Schwerdte hingerichtet. Die Räuber hieng man an Bäume auf, und das Schloß zerstörte man. *)

1345. · 45. Indessen hatte sich ein andrer Streit entsponnen, der den Landgrafen Friedrich gleichfalls zur Ergreifung der Waffen nöthigte. Es lebten um diese Zeit drey Herren von Salza, welche ihre Güter getheilt hatten. Der eine von denselben entschloß sich, seinen Antheil dem Erzbischof von Maynz zu verkaufen. Hierzu wollten sich die übrigen beyden anfangs nicht verstehen; jener aber brachte es doch endlich dahin, daß sich der jüngere gleichfalls dazu bequemte. Nun erklärte der ältere, er hätte seinen Antheil der väterlichen Güter zwar gern behalten; sie machten es ihm aber unmöglich, und er sähe sich daher gedrungen, gleichfalls auf seinen Vortheil bedacht zu seyn. Hierauf ritt er zu dem Landgrafen Friedrich, und verkaufte ihm seinen Antheil. Da nun dieser einen Voigt abschickte, um Besitz zu nehmen, so widersetzten sich ihm die beyden andern Brüder und die Beamten des Erzbischofs, die ihm schon zuvor gekommen waren. Es ist nicht schicklich, sprachen sie, daß man das Schloß und die Stadt theilt. Man muß es lieber bey einander lassen, und was der Landgraf dafür geben will, das soll der Erzbischof auch bezahlen, aber er soll es allein behalten. Hiermit nöthigten sie den Bruder und den landgräflichen Voigt, sich
wieder

*) Rothe, S. 1799.

Langensalz belagert.

wieder zu entfernen. Als der Landgraf dieses erfuhr, ließ er sogleich an alle seine Lehnsleute und Städte ein Aufgebot ergehen, und rückte vor Langensalz. Die Leute des Erzbischofs von Maynz, die sich darin befanden, waren so unverschämt, daß sie an die Mauern traten, und dem Landgrafen spöttisch zuriefen: warum er denn den Feinden eine so lange Nachsicht gegönnt hätte? Ja, sie giengen in ihrer Unverschämtheit so weit, daß sie ihm den entblößten Hintern zeigten, und in der damaligen Sprache des gemeinen Witzes sagten: sie trügen Bedenken, ihre Hüte vor ihm abzuthun, um ihre Haare nicht zu verwirren. *)

46. Den Landgrafen brachte dieser Schimpf gewaltig auf. Er befahl daher seinen Schützen hinzuzutreten, und diese trieben sie von der Mauer. Sie spotteten aber noch immer fort und sprachen: wenn er weiter nichts könnte, so müßte er noch lange daraussen bleiben. Jetzt stieg sein Unwille auf das höchste. Er ertheilte also den Seinigen Befehl, Feuer in die Stadt zu schießen. Sie weigerten sich aber. Da ließ sich Friedrich einen Armbrust geben, trat vor sie hin, und schoß zuerst Feuer in die Stadt. Sein Beyspiel that die gewünschte Wirkung, und der Feuerpfeile, die in die Stadt flogen, wurden jetzt so viel, daß die Bürger nicht genug löschen konnten, indem an zwanzig oder dreyßig

---

*) Jn en mochtin ere kogiln nicht kegin eme abegethun, uff daz sy daz haer icht vorworrin. Rothe, S. 1806.

gig Orten auf einmal Feuer aufgieng. Man stelle sich die Angst, die Verwirrung vor, in der sich die Einwohner befanden. Gern hätten sie den Belagerern die Thore geöffnet, um ihr Leben zu retten; aber die Maynzer, die auf jeden Fall ein hartes Schicksal zu erwarten hatten, hielten sie davon ab. Viele derselben wurden also vom Feuer ergriffen, oder erstickten in den Kellern; viele stürzten sich, um dem Feuer zu entgehen, in die Brunnen, oder warfen sich über die Mauern, da es ihnen entweder ihre gesunden Glieder oder gar das Leben kostete. Es kamen auf diese Art auf zwey tausend und neun hundert Menschen um. *) Da nun die Stadt in einen Schutthaufen verwandelt war, so setzte der Landgraf dem Schlosse, das die Maynzer besetzt hatten, mit Bliebenwerfen auf das ernsthafteste zu, und erklärte, daß er die Belagerung nicht eher aufgeben würde, als bis er das Schloß entweder eingenommen hätte, oder wieder abziehen müßte. Sein

Ernst

---

*) Rothe rechnet erst 18 Schock und 16 Menschen, die ihr Leben verlohren; dieses macht 1096 Menschen. Nun fährt er fort: der waz me wan tusint unde achtehundirt, dy verbrantin unde vor hitze yn dy borne filin u. s. w. Ursinus giebt aber überhaupt nur 978 Menschen an, welche damals umgekommen. (S. 1317.) Die Historia Landgraviorum führt 16 Schock und 18 Menschen an. Die Chronik des Petersklosters sagt, daß es nur allein so viel bekannte Leute gewesen wären, und sie redet noch von einer großen Menge unbekannter und fremder Personen, die bey dieser Gelegenheit ihr Leben verlohren haben.

Ernst machte auf den Erzbischof von Maynz einen solchen Eindruck, daß er ihm einen Vergleich anbieten ließ, und dieser kam unter der Bedingung zu Stande, daß der Landgraf die Hälfte des Schlosses und der Stadt bekommen sollte. Er setzte hierauf seine Beamten hinein, und zog wieder ab. Man erzählt bey dieser Gelegenheit ein Geschichtchen, das sich nach Eroberung der Stadt zugetragen haben soll, und das, wenigstens bey einigen der damaligen Edlen, noch einen hohen Grad von roher Denkungsart verräth. Ein Edelmann, Nahmens Heinrich von Volkstedt, der vom Hunger sehr viel ausgestanden hatte, ergriff ein Hostienbehältniß, und sprach: ich habe mich dieses Sakraments niemals bedient; jetzt will ich es zu meiner Sättigung brauchen. Hiermit verschluckte er einen Theil der Hostie, und den andern warf er auf die Erde. Er hatte aber kurze Zeit darnach das Schicksal, aufgehängt zu werden.*)

47. Jetzt, da Landgraf Friedrich die Ruhe von Seiten der Menschen wieder hergestellt hatte, ereigneten sich Naturbegebenheiten, die dieselbe auf eine andre Weise störten. Ein heftiges Erdbeben, das Frankreich und andre westliche und südliche Länder heimsuchte, verbreitete sich auch nach Deutschland, und besonders nach Thüringen, und äusserte seine Gewalt so sehr, daß hin und wieder Häuser einstürzten und Berge bersteten. Unter andern richtete es auch zu Erfurt vieles Unheil an, und

1348.
25.
Jun.

*) Chronik des Petersklosters, S. 340.

die Gefahr, von den einstürzenden Häusern erschlagen zu werden, war so groß, daß sich die Einwohner genöthigt sahen, das freye Feld zu ihrer Zuflucht zu erwählen. Die durch diese Erschütterung geöffnete Erde hauchte, wie man glaubte, eine Menge schädlicher Dünste aus, welche die Luft vergifteten, und ein großes Menschensterben veranlaßten. *) Am meisten wüthete der Tod zu Erfurt, wo eine solche Menge Menschen starb, daß immer zwey bis drey in ein Grab gelegt wurden. Die durch die vielen Leichen angesteckte Luft verbreitete das Uebel immer weiter. Der Stadtrath machte daher, mit Zuziehung der Aerzte, die Anordnung, daß keine Todten mehr in der Stadt begraben werden durften. Man brachte sie hierauf in elf große Gruben, die man auf dem Gottesacker des bey Erfurt gelegenen Dorfes Nusessen gegraben hatte, und die Anzahl derer, die man vom Jacobitage bis auf Mariä-Reinigung, auf Wagen und Karren dahin führte, belief sich auf zwölf tausend. Täglich sammleten drey bis vier zweyspännige Wagen die Leichen, die sich auf den Gottesäckern und den Straßen befanden, und es wurden außer diesen doch noch viele, sowohl in der Stadt als auf den benachbarten Dörfern, heimlich begraben. **)

48. Eben

―――――――――――

*) Dieser Meynung ist Gudenus in historia Erfurtensi, p. 104. Es war aber eigentlich die Pest, die zu Ende des Jahres 1347 aus der Levante nach Italien gekommen war, und sich im Jahr 1349 auch in Deutschland ausbreitete.

**) Die Chronik des Petersкl. setzt dieses Menschenster-

Judenverfolgung.

48. Eben dieses Menschensterben gab von ungefähr zu einer Judenverfolgung Anlaß. Die Juden hatten, wie uns die vorige Geschichte beweiset, an dem Handel des damaligen Zeitraums den lebhaftesten Antheil, und sowohl die Eifersucht, welche dieses bey den christlichen Kaufleuten erregte, als auch der oft zu weitgetriebene Eigennutz, dessen sich einige derselben schuldig machten, erregte zuweilen Erbitterungen, die in Thätlichkeiten ausbrachen. *) Manche Christen waren den Juden, welche die ansehnlichsten Capitalisten ausmachten, große Geldsummen schuldig, und sie mußten deswegen allerley Bedrückungen von ihnen ausstehen. Dieses Schicksal betraf sowohl Herren und Knechte, als Bürger und Bauern, und der Haß, den die Juden, theils schuldiger= theils unschuldigerweise sich zugezogen hatten, war daher fast allgemein. Der Einfall einer ihrer Feinde, daß sie durch Vergiftung der Brunnen und der Heringe an dem großen Menschensterben Ursache gewesen wären, fand deswegen den schleunigsten Beyfall, und die Verblendung, welche Leidenschaft immer stärker machte, gieng so weit, daß

---

ben in das Jahr 1350, und sie scheint sich auf folgende von ihr angeführte Verse zu gründen:

Mille trecentenis decies quinis simul annis
Hic hominum necifex locat aer milia bis sex.

(Das heißt: im Jahr 1350 brachte die tödtende Luft 12000 Menschen an diesen Ort zusammen.) Das Menschensterben soll aber vier Jahr gedauert haben. Falkensteins erfurt. Historie, S. 226.

*) Man vergl. S. 171.

daß man sogar viele mit Gift erfüllte Säcke in den Quellen und Brunnen gefunden haben wollte. Nun brach zwischen Mariä Reinigung und Fastnacht die Wuth des gemeinen Mannes an allen Orten aus, und die Juden wurden in allen Städten, Festungen und Dörfern Thüringens, namentlich aber zu Gotha, Eisenach, Arnstadt, Ilm, Neuburg, Wiehe, Günnstedt, Herbsleben, Thomasbrücken, Frankenhausen und Weißensee todtgeschlagen. Den Sonnabend vor dem Sonntag Lätare betraf diese Verfolgung auch die Juden zu Erfurt, und die Bürgerschaft brachte, ohne Bewilligung des Stadtraths, über hundert derselben ums Leben. Die übrigen, deren Zahl über drey tausend angegeben wird,*) retteten sich in ihre Häuser, und verrammelten Thüren und Zugänge. Aber die Menge der Unruhigen wuchs, wegen der Hoffnung, ungestraft zu bleiben, immer mehr, und sie giengen in ihrer Ausgelassenheit immer weiter. Sie bestürmten die mit Juden angefüllten Häuser, und da es ihnen nicht gelingen wollte, hinein zu bringen, so legten sie Feuer an, und diese unglücklichen Geschöpfe wurden, nebst ihren Häusern und Habseligkeiten, eine Beute der Flammen. Viele derselben zündeten, da sie die Gefahr des Todes so gegenwärtig sahen, ihre Häuser selbst an, und verbrannten sich mit ihnen auf einem Scheiterhaufen. Hierzu soll sie der Gedanke, daß die Flamme,

---

*) So viel giebt die Chronik des Petersklosters an; Gudenus aber redet von sechs tausend von jedem Alter und Geschlechte.

Judenverfolgung.

me, die sie verzehrte, der ganzen Stadt zum Untergange gereichen würde, vorzüglich ermuntert haben. Aber dem süßen Wahne, mit dem sie starben, entsprach der Ausgang zum Glücke nicht. Es wurde der Feuersbrunst Einhalt gethan, und es schien also nicht in dem Plane der Vorsehung zu seyn, das Verbrechen, dessen sich Erfurts Bürger durch die Ermordung so vieler Nebenmenschen schuldig gemacht hatten, auf der Stelle zu bestrafen. Zu Mühlhausen hatten die Juden das nemliche Schicksal, und diese Verfolgung breitete sich fast durch ganz Deutschland aus. Die Juden brachten den Fürsten nicht wenig ein; es konnte ihnen also gar nicht gleichgültig seyn, daß sie auf einmal eine solche Menge einträglicher Unterthanen verlohren hatten. Ob man von Seiten der jungen Landgrafen diese Judenverfolgung ungnädig aufgenommen habe, läßt sich, aus Mangel an Nachrichten, nicht bestimmen; von Seiten des Erzbischofs von Maynz aber weiß man es gewiß. Er nahm es sehr übel auf, daß die erfurter Bürger ihm durch Ermordung aller Juden so ansehnliche Einkünfte entzogen hatten, und er söhnte sich nicht eher mit der Stadt wieder aus, als bis sie dieselben aus ihrer Schatzkammer zu bezahlen versprochen hatte. Sie mußte überdieses jährlich eine Geldstrafe von hundert Mark Silber erlegen.*)

49. Zu allen diesen Unglücksfällen gesellte sich auch eine moralische Seuche, welche gleichfalls nicht

*) Chronik des Petersklosters, S. 341. Gudenus, S. 104.106.

1349. wenig Schaden anrichtete. Es stand um diese Zeit in Deutschland eine besondre Art von Religionsnarren auf, die, von ihrem Hauptgeschäffte, sich zu geißeln, Geißler genennt wurden. Ihr Aufzug war eben so sonderbar als unverschämt. Sie trugen Hüte mit rothen Kreuzen, die ihnen dergestalt über die Augen herab hiengen, daß sie kaum sehen konnten. Von den Schultern bis auf den Hintern waren sie ganz nackend. Die Hand war mit einer Geißel mit eisernen Nägeln bewafnet. Mit dieser hieben sie ganz unbarmherzig auf sich los, und warfen sich dabey zur Erde und sangen:

>Tretet herzu, wer büßen wolle;
>Lucifer ist ein böser Geselle.

Die Geißler betrugen sich aber, wie sich viele Religionsschwärmer betragen haben. Sie übten unter dem Deckmantel eines gottseligen Lebens Diebstahl und Unzucht aus. Indessen machte ihr Aufzug auf den gemeinen Mann, der der Herrschaft der Sinnlichkeit so sehr unterworfen ist, einen lebhaften Eindruck, und es wurden also immer mehrere von dieser Raserey hingerissen. Auf den Wiesen vor Eilbrechtshofen nahe bey Erfurt erschienen derselben oft über drey tausend, und bey der Kirchweihe des Dorfes Günnstedt *) kamen ihrer über sechs tausend zusammen. Es blieb, mit einem Worte, keine Stadt, kein Flecken und kein Dorf

---

*) Dieses im Amte Weissensee gelegene Pfarrdorf ist wegen seines Jahrmarkts, der günnstädtische Ablaß genannt, weit und breit bekannt.

Dorf Thüringens von dieser neuen Art von Religions-
schwärmerey befreyt. Nur Erfurt hatte dieses Glück
der weisen Vorsicht seiner Obrigkeit zu danken. Die
Geißler waren über die Geistlichen, welche über sie ei-
ferten, so aufgebracht, daß sie dieselben zu steinigen
oder auf andre Weise übel zu behandeln droheten. Wie
lange diese Raserey gedauert hat, und wie ihr Einhalt
geschehen ist, melden unsere Chronikenschreiber nicht,
und sie erzählen uns bloß, daß die Betrügerey endlich entdeckt worden sey.*)

50. Während der Zeit trugen sich aber in Deutschlands politischer Verfassung Verändrungen zu, die
für Thüringen wichtig waren. Der Erzbischof Heinrich von Maynz bewieß sich gegen den Pabst, dem er
seine Würde zu danken hatte, undankbar, indem er
die Parthey seines Feindes, des Kaiser Ludewigs ergriff. Der Pabst ward hierüber so aufgebracht, daß
er denselben nicht nur in den Bann that, sondern ihn
auch seiner Würde entsetzte. Zu seinem Nachfolger
bestimmte er den Grafen Gerlach von Nassau; aber
dieser durfte es, weil Heinrich an dem Kaiser eine so
mächtige Stütze hatte, nicht wagen, sich Maynz zu
nähern, und er erwählte daher Erfurt zu seinem Wohnsitz. Diese Stadt, die eine jede politische Verwirrung
zu benutzen suchte, schlug sich jetzt zu der Parthey des
Pabstes, und erkannte, so lange Ludwig lebte, Ger-
lachs Oberherrschaft. Dieser war auf seiner Seite
bemüht, der Stadt durch Geschenke und Privilegien
immer

*) Chronik des Petersklosters, S. 341.

immer mehr Ergebenheit einzuflößen; aber eben diese
Freygebigkeit gereichte dem Erzstift Maynz nicht selten
zum Nachtheil. *) Die Uneinigkeit, die zwischen dem
Pabst und dem Kaiser obwaltete, hatte am Ende die
Folge, daß Erzbischof Gerlach von Maynz und die
beyden andern geistliche Kurfürsten, imgleichen König
Johann von Böhmen und Herzog Rudolf von Sachsen, den böhmischen Prinzen Karl zum römischen König wählten. Da aber der größte Theil der Reichs-
stände dem Kaiser Ludewig treu blieb, so behauptete
dieser noch immer die Oberhand, und nur der Tod befreyte Karln von einem Gegner, dem er nicht gewachsen war. Demungeachtet wollte es ihm aber nicht
gelingen, den Erzbischof Heinrich und verschiedene
andre Reichsfürsten auf seine Seite zu bringen, und
diese sahen sich daher nach einem andern Fürsten um,
dem sie die deutsche Krone anbieten könnten. Landgraf Friedrich, den seine Thaten von einer so vortheilhaften Seite auszeichneten, daß er unter den deutschen
Fürsten seines Zeitalters unstreitig einen der erhaben-
sten ausmachte, konnte ihrer Aufmerksamkeit unmöglich entgehen. Er befand sich daher unter denjenigen,
denen sie die Würde eines deutschen Königs anboten.
Am wahrscheinlichsten geschah dieses auf einer Versammlung, die die gedachten Kurfürsten zu Frankfurt hielten. Friedrich war anfangs würklich geneigt,
diese schwere Würde zu übernehmen, und er hatte bereits ein ansehnliches Heer zusammen gebracht, um
die auf ihn gefallene Wahl gegen Karln zu behaupten.

1346.

1347.

Doch

*) Gudenus, S. 106.

Doch dieser schlaue Fürst wußte ihm die Größe seiner Macht und die Freundschaft des Pabstes so lebhaft vorzustellen, daß er dadurch bewogen wurde, von seinem Vorhaben abzustehen. *) Unstreitig thaten glänzende Anerbietungen, die ihm Karl machte, gleichfalls ihre Würkung. Denn so viel ist ausgemacht, daß ihm Karl seine Dankbarkeit durch ein Geschenk von zehn tausend Mark Silber, oder nach andern, durch acht tausend Schock großer Pfennige Prager Münze bewieß. **) Landgraf Friedrich versprach hierauf dem König Karl treu zu seyn, und wider alle seine Feinde, außer die Söhne des verstorbenen Kaisers, beyzustehen, und Karl ertheilte ihm auf seiner Seite die Lehn. †)

51. Doch Landgraf Friedrichs Verzichtleistung bewog die Fürsten, welche Karln nicht als Deutschlands Oberherrn erkennen wollten, noch immer nicht, ihre Gesinnungen zu ändern. Ein Thüringer war einmal dazu bestimmt, die deutsche Krone zu tragen, und da sie der Landgraf nicht annahm, so fiel die Wahl dieser Fürsten

---

*) v. Olenschlagers Staatsgesch. des römisch. Kaiserth. in der 1ten Hälfte des 14. Jahrh., S. 393, 394.

**) Die erste Summe giebt die Chronik des sogenannten Albrechts von Straßburg, eines Zeitgenossen, an. Die zwote theilt uns Jovius, wahrscheinlich aus einer Urkunde, mit; denn er meldet uns S. 345, daß man Friedrichen wegen dieser Summe an die Steuer des Königreichs Böhmen angewiesen habe, und daß sie um Fastnacht 1349 ausgezahlt worden.

†) v. Olenschlager, S. 397. Dieses Bündniß wurde zu Dresden am 21sten Dec. 1348 geschlossen.

Fürsten auf einen andern seiner Edlen, nemlich auf den Grafen Günther von Schwarzburgarnstadt, der uns durch seine Kriege mit dem Landgrafen Friedrich schon so bekannt ist. Günther gehörte unstreitig unter die kleine Anzahl der Menschen, die die Natur mit ausserordentlichen Gaben des Geistes und des Körpers ausgerüstet hat. Seine Leibesgestalt war groß und ansehnlich. Sein Muth und seine Tapferkeit scheuete einen Feind so wenig, daß er in dem Treffen meistens an der Spitze focht und den Angriff that. Auch hat er, wie die Geschichtschreiber bemerken, in seinen meisten Schlachten den Sieg davon getragen. Mit diesen Eigenschaften eines Helden verband er einen durchdringenden Verstand, und so viel Erfahrung und Einsicht, daß es ihm in der Behandlung politischer Angelegenheiten nicht leicht jemand zuvorthat. Aber ein lebhaftes Gefühl seiner Vorzüge machte, daß er Beleidigungen fast gar nicht ertragen konnte, und er war, wie uns schon die vorige Geschichte beweiset, sehr leicht zum Zorn zu reizen. Ein Mann von solchen Eigenschaften konnte nicht unbekannt bleiben, und Kaiser Ludwig war so glücklich, ihn auf seine Seite zu bringen. Die Dienste, die er ihm und seinem Sohne besonders in der Mark Brandenburg erwieß, waren äusserst wichtig, und sie trugen unstreitig das meiste dazu bey, daß Graf Günther so vortheilhaft bekannt wurde. Doch dieser wußte die Gelegenheit, die in diesen langwierigen Kriegen sich ihm darbot, auch auf andre Art zu benutzen. Er hatte nicht selten das Glück, daß vornehme und reiche Herren in seine Gefangenschaft geriethen.

riethen. Diese mußten sich mit ansehnlichen Geldsummen auslösen, und Günther wurde hierdurch in den Stand gesetzt, sich nicht nur immer mehrere Güter zu kaufen, sondern auch einen ansehnlichen Vorrath an barem Gelde zu sammlen. *)

52. Graf Günthers Eigenschaften und übrige Lage machten ihn also allerdings fähig, die angebotene Königswürde anzunehmen. **) Da er aber überlegte, wie viel es ihm Mühe und Aufwand verursachen würde, sich wider einen so mächtigen Gegner, als Karl war, zu behaupten, so brachte ihn dieses zu dem Entschluße, diese Ehre lieber von sich abzulehnen. Doch die Fürsten, die ihr Zutrauen einmal zu ihm gefaßt hat-

---

*) Jovius, S. 330. 331.
**) Herr Pelzel fällt in seinem Kaiser Karl IV, König in Böhmen, Prag 1780, gr. 8. ein sehr unwürdiges Urtheil von dem Grafen Günther, das entweder in seiner Unbekanntschaft mit der Geschichte dieses großen Thüringers, oder in seiner Partheylichkeit seinen Grund haben muß. Er nennt ihn z. B. eine Mißgeburt, die Karls Feinde auf die Welt gebracht hätten; er bezweifelt seine allgemeine Tapferkeit, und er glaubt, daß sie bloß darin bestanden habe, die benachbarten Edelleute zu berauben und zu plündern. (Th. I, S. 239) Doch eine flüchtige Vergleichung seiner und meiner Darstellung dieser Geschichte wird einem jeden zeigen, daß Herr Pelzel sich auf eine Art übereilt hat, die ihm wenig Ehre macht und schon die vortheilhafte Schilderung, die Herr von Olenschlager (S. 399) von ihm entwirft, hätte ihn auf andre Gedanken bringen können.

hatten, hörten nicht auf, weiter in ihn zu bringen, und ihm vorzustellen, daß er es bey Gott würde zu verantworten haben, wenn er seine Bequemlichkeit dem allgemeinen Besten vorziehen wollte. Er entschloß sich also endlich, ihren dringenden Vorstellungen Gehör zu geben; doch machte er es zur Bedingung, daß sämmtliche Kurfürsten zu Frankfurt öffentlich und mit den gebührenden Feyerlichkeiten bekannt machen sollten, daß Karl, als ein nicht von den meisten Kurfürsten erwählter der Regierung des deutschen Reichs ganz unfähig, und der deutsche Thron folglich erledigt sey. Die für Günthern gesinnten Kurfürsten, nemlich der Erzbischof Heinrich zu Maynz, der Markgraf Ludwig zu Brandenburg, und die Herzoge Rudolf und Ruprecht zu Bayern, Pfalzgrafen am Rhein, erklärten sich hierauf, daß sie seinen Forderungen Gnüge leisten, und die ganze Sache innerhalb sechs Wochen zur Richtigkeit bringen wollten. Sie lieferten ihm auch von diesem Versprechen schriftliche Beweise in die Hände.*) Aber den größten Eifer für Günthern bewieß der Markgraf Ludwig, der seinen Beystand in der Mark Brandenburg

---

*) So erklärte M. Ludwig schriftlich, daß er den edlen Mann, Günther — zu einem rechten römischen König gekohren habe, und ihm seine Chur luderlich durch Gott gebe, Dresden 1348, am neunten December Eben dieses geschah im folgenden Jahre vor dem Erzbischof Heinrich und den Herzogen Ruprecht und Rudolf. — Wahlakten Graf Günthers von Schwarzburg und K. Karls IV in Struvs histor. und polit. Archiv, Th. I, S. 26; 32, 33. Vergl. Jovius, 345, 346.

denburg damals so nöthig hatte. Doch eben dieser Krieg, in dem Günther Ludwigen so redlich beystand, machte, daß die Wahl innerhalb der bestimmten Zeit nicht vollzogen werden konnte, und sie erfolgte nicht eher als am Neuenjahrstage des folgenden Jahres, da die Kurfürsten zum zweytenmale zu Frankfurt zusammen kamen. *) Vier Wochen hernach wurde Günther von den gedachten Kurfürsten, auf einer Wiese nicht weit von Frankfurt, öffentlich zum römischen König erklärt, und ihm von denselben der Eid der Treue geleistet. Erzbischof Heinrich machte hierauf den Reichsstädten bekannt, daß sie Günthern als ihre von Gott vorgesetzte Obrigkeit zu verehren hätten. **) Aber diese waren nicht alle gleichgesinnt. Zu Nürnberg, wo der Stadtrath Karls IV Parthey ergriffen hatte, brach eine heftige Unruhe darüber aus, und Frankfurt schloß dem König Günther, der als römischer König seinen Einzug halten wollte, die Thore zu. Die Bürger wären, wie sie vorgaben, durch ein altes Herkommen berechtigt, von zweyen, die einander die Kaiserwürde streitig machten, keinen eher in die Stadt zu lassen, als bis er sechs Wochen und drey Tage vor ihren Thoren gelegen, und die Oberhand behauptet hätte. Doch ließen sie sich endlich nach sieben Tagen bewegen, ihm die Thore zu öffnen. Günther

ward

———

*) Jovius, S. 347, 348; Struv, S. 37, 40. Der letztre theilt uns des Erzbischofs Heinrich Bericht von Günthers Wahl mit.

**) Jovius, S. 349, 350. Struv, am a. O.

ward hierauf, als neuerwählter König, mit Vortragung der Reichsfahne und anderm gewöhnlichen Gepränge in die Stadt geführt, wo er in der Bartholomäuskirche auf den hohen Altar gehoben, und dem Volke vorgestellt wurde. Zween Tage hernach erfolgte seine feyerliche Thronbesteigung. Auf dem sogenannten Samstagsberge, welcher heut zu Tage einen Theil des Römerberges ausmacht, war ein herrlich geschmückter Thron aufgerichtet, auf dem sich der neue König niederließ. Auf das Anschlagen der großen Glocke trat der Erzbischof Heinrich von Maynz hervor, empfieng seine Reichslehn mit funfzig Fahnen, und leistete Günthern die Huldigung. Dieser reichte darauf dem Erzbischof eine Fahne zurück, und ließ sich dagegen das entblößte Reichsschwerdt zustellen, und indem er dieses erst gegen die Sonne schwang, und dann an seine Brust legte, sprach er dem Erzbischof den römischen Königseid überlaut nach. Der Erzbischof stellte ihm hierauf das große Reichssiegel zu, und nun traten der Rath und die Bürgerschaft der Stadt Frankfurt hervor, und huldigten dem neuen Könige, der ihnen dagegen ihre alten Vorrechte und Freyheiten bestätigte. So feyerlich nahm Günther von dem Reiche Besitz. *)

53. Er hatte, mit Hülfe seiner Freunde, ein ansehnliches Heer zusammen gebracht, und erlagerte sich damit vor Frankfurt. Karl, der mit Günthers

---

*) von Olenschlager, S. 402, 403.

thers Tapferkeit und andern Vorzügen genau bekannt war, hielt es nicht für rathsam, daselbst einen Angriff auf ihn zu thun, sondern er begab sich nach Maynz, um ihn in der Nähe beobachten, und einen Plan zu seiner Unterdrückung entwerfen zu können. Indessen bot er seine Freunde gleichfalls auf, und erklärte, daß er um den Sonntag Esto mihi wider Günthern zu Felde ziehen wollte. Ja er kündigte es diesem selbst an. Er hatte Kassel, einen Maynz gegen über gelegenen Ort, zum Sammelplatz bestimmt. Aber auf Günthern machte dieß so wenig Eindruck, daß er, um eben die Zeit einen Turnier nach Kassel ausschrieb, und allerley Lustbarkeiten anstellte. Auch hatte er würklich Ursache gehabt, sich nicht sehr zu fürchten; denn Karl ließ ihn ganz ruhig, und sein Heer wurde durch Kriegsleute von allen Seiten vermehrt. Während der Zeit beschäftigte er sich unter andern damit, daß er, dem Beyspiel des Kaiser Ludwigs zu folge, dem vorgeblichen Rechte des Pabstes, einen Kaiser zu ernennen, und zu bestätigen, feyerlich widersprach, und seinen Schwägern, den Grafen von Hohnstein, die Vormundschaft über seine Kinder, und die Verwaltung seiner thüringischen Güter übertrug. *)

10. Märj.

54. Doch nicht alle Grafen von Hohnstein, und selbst nicht alle Grafen von Schwarzburg hielten sich zu Günthers Parthey, denn Graf Heinrich von Hohnstein, Herr zu Sondershausen, und die

Grafen

*) Jovius, S. 351. von Olenschlager, S. 403:405.

Grafen Günther und Heinrich, Herren zu Arnstadt, seine Vettern, huldigten Karln IV als römischen König, und dieser gab ihnen dagegen nicht nur die Erlaubniß, einen Erbfolgevertrag unter einander zu errichten, sondern er trat ihnen auch alle Rechte ab, welche mit der durch ihre Gerichte und Herrschaften gehenden Reichsstraße verbunden waren. *) Kurz vorher hatte er auch mit dem Landgrafen Friedrich und dessen Söhnen ein Bündniß geschlossen, vermöge dessen sie ihm wider den König Günther Beystand leisten sollten. **) Die Geschichtschreiber irren sich also, wenn sie uns melden, daß Landgraf Friedrich Günthern vor Frankfurt Beystand geleistet habe, †) und diese Verbindungen können zum Beweise dienen, wie klug es Karl anzufangen wußte, seinem Gegner Feinde zu machen. Da er einsah, daß er mit Gewalt nur wenig wider ihn ausrichten würde, war er darauf bedacht, durch friedliche oder auch listige Mittel, seine Absicht zu erreichen. Er bemühete sich insgeheim, dessen Freunde zu gewinnen, und dieß glückte ihm unter andern mit dem Pfalzgrafen Rudolf, dessen Tochter er heyrathete; er veranstaltete eine Zusammenkunft nach Speier, auf der sich König Günther gleichfalls einstellen sollte. Aber Günther, dessen Macht immer größer wurde, glaubte, diese

*) Dieß geschah zu Eisenach, acht Tage nach dem h. Dreykönigtag. Strub, S. 36.
**) Zu Dresden, am Sonnabend vor dem h. Dreykönigtag. Strub, S. 34.
†) Dieß behauptet unter andern Jovius, S. 350.

diese Einladung ausschlagen zu können, und eroberte indessen Friedberg, das sich ihm widersetzt hatte. Karl machte also ernsthafte Anstalten, sein Recht mit Gewalt durchzusetzen, und er ließ daher ein Aufgebot ergehen, vermöge dessen sich seine und seiner Freunde Mannschaft gegen den Anfang des Monats May zu Maynz einstellen sollte. *)

55. König Günther war indessen wieder nach Frankfurt zurück gekehrt, und er sah sich wegen einer Kränklichkeit, die ihm zugestoßen war, genöthigt, einen berühmten frankfurter Arzt, Nahmens Freydank, um Rath zu fragen. Dieser verordnete ihm einen Trank, der, wie er vorgab, die beste Würkung haben würde. Doch Günthern, den Weltkenntniß und lange Erfahrung vorsichtig gemacht hatten, glaubte Ursache zu haben, ihm nicht zu trauen. Er bestand also darauf, daß der Arzt den Trank vorher kosten sollte. Lange wollte sich dieser unter allerley Vorwand nicht dazu bequemen. Da er aber endlich keine Ausflucht weiter hatte, so trank er, und Günther nahm hierauf das übrige zu sich. Freydank entfärbte sich kurz darauf, fiel in Ohnmacht, und starb am dritten Tage hernach. Es verbreitete sich daher das Gerüchte, als wenn sich Karl dieser Gelegenheit bedient hätte, einen Gegner, dem er nicht gewachsen war, aus dem Wege zu räumen, und man schrieb die That dem Famulus des Freydanks zu. **). Wahrscheinlicher aber ist es, daß

*) von Olenschlager, S. 406.
**) Jovius, S. 352. von Olenschlager, S. 407.

Funfzehntes Buch.

daß eben diejenigen, denen er seine Wahl zu danken hatte, auch seinen Tod befördert haben. Sie waren, wie es scheint, verlegen, wie sie den von ihnen erwählten König in Zukunft behaupten wollten. Dieß brachte sie auf den Gedanken, ihn völlig aus dem Wege zu räumen, und Günther wurde demnach ein Opfer ihrer veränderlichen Gesinnungen.*) Daß aber Günthern die Urheber seines Todes nicht unbekannt waren, beweiset folgendes, was er in Gegenwart vieler thüringischen Herren zu ihnen sagte: tausendmal (sprach er) möchte ich sterben, wenn ich Euch, meinen Verräthern und Euerer Nachkommenschaft, den Judasnahmen ewig aufhängen könnte. **) — Doch das Zeugniß eines einzigen Geschichtschreibers ist in einer solchen Sache, wo es auf eine so harte Beschuldigung ankömmt, nicht hinreichend, und die eigentliche Ursache von Günthers Tod wird daher wohl immer unausgemacht bleiben.

56. Günther hatte, so bald er an dem Arzte die Würkung des Giftes sah, ein Brechpulver eingenom-

---

*) Sed heu! (sagt die Chronik des Petersklosters S. 340) tandem in Frankfort miserabiliter intoxicatus est, ut indubitanter creditur, per consilium et auxilium ipsorum principum, und unter dem Worte principes versteht die Chronik ganz offenbar die Fürsten, die ihn gewählt hatten.

**) Chronik des Peterskl. am a. O. Hr. Pelzel bedient sich, wie man leicht vermuthen kann, dieses Zeugnisses vortreflich, um allen Verdacht von K. Karl IV abzuziehen.

genommen, und von einem Theile des Giftes sich befreyt. Indessen war demungeachtet sein Leib so aufgeschwollen, daß ihm der Harnisch zu schwer wurde. Dennoch zog er Karln bey Eltvil im Rheingau entgegen, und zwey hundert seiner Reuter giengen so herzhaft auf Karls Truppen los, daß sie den letztern beynahe selbst zum Gefangenen gemacht hätten, und nur die Reuter des Grafen von Würtemberg retteten ihn. Man sieht hieraus, daß Günther und seine Leute noch immer Muth hatten, und er würde, wenn ihn seine Freunde nicht verlassen hätten, vielleicht bis an seinen Tod für die Behauptung seiner Würde gefochten haben. Es war ihm daher höchst auffallend, als ihm seine bisherigen Freunde den Vorschlag thaten, sich mit Karln zu vergleichen, und er erinnerte sie mit bittern Vorwürfen an die heiligen Versprechungen, die sie ihm gethan hatten. Da aber seine Krankheit täglich zunahm, und ihn niemand ferner unterstützen wollte, so waren alle seine Gegenvorstellungen nicht im Stande, etwas auszurichten, und er mußte sich also endlich, vorzüglich in Rücksicht seiner Familie, bequemen, in einen Vertrag zu willigen, welcher durch Vermittlung der Herzoge von Bayern, in der Woche vor Pfingsten, *) zu Stande kam. Vermöge desselben leistete er, Karln zum Besten, auf die Kaiserwürde Verzicht, und versprach, Karln für einen römischen König und für seinen Herren zu erkennen.

---

*) Eigentlich am Dienstage vor Pfingsten (oder am 26ten May) — in dem Feldlager vor Eltvil. Jovius, S. 355.

kennen. Dafür machte sich Karl verbindlich, ihm für die Kosten, die er aufgewendet hätte, zwanzig tausend Mark Silber zu bezahlen. Günther hatte einen großen Theil der Summe, die ihm seine Königswürde kostete, von seinen Schwägern, den Grafen von Hohnstein geliehen, und diese mußten befriedigt werden. Da nun Karl, der schon ohnedieß so vielen Aufwand gehabt hatte, nicht im Stande war, die zwanzig tausend Mark auf der Stelle zu bezahlen, so versetzte er, mit Bewilligung aller Kurfürsten, dem König Günther und den gedachten Grafen von Hohnstein, die Einkünfte, die er als Kaiser zu Gelnhausen, Nordhausen, Goslar und Mühlhausen zu heben hatte. Gelnhausen mußte ihm sogleich die Huldigung leisten; wegen der übrigen drey Städte, die man ihm nicht sogleich einräumen konnte, wurden ihnen die Reichseinkünfte der Städte Friedberg und Frankfurt verpfändet, und man gab ihnen überhaupt alle Sicherheit, die sie wegen ihrer Forderung verlangen konnten. Es verbürgten sich unter andern die beyden Bischöfe zu Bamberg und Wirzburg, imgleichen der Burggraf Johann von Nürnberg; auch mußten fünf und zwanzig Ritter, in Kaiser Karls Nahmen, in Maynz einreuten, und sich verbindlich machen, daß sie nicht eher wieder abziehen wollten, als bis die obigen Bedingungen erfüllt worden wären. Kaiser Karl machte sich endlich auch anheischig, die Zehrungskosten zu bezahlen, die König Günther und seine Diener zu Frankfurt schuldig waren, und diese beliefen sich

auf

auf zwolf hundert Mark. *) Als dieses erfolgte, Kaiser Karl mit der Gewissenhaftigkeit eines ehrlichen Mannes, und Günther hatte bey seinem Tode wenigstens den Trost, daß er seine Familie in keine drückenden Lage zurück ließ.

57. Günthers Krankheit hatte indessen so zugenommen, daß er, dem Tode sehr nahe, von Eltvil nach Frankfurt, sich auf einer Bähre bringen ließ. Demungeachtet besaß er noch so viel Gefühl seiner Würde, daß er sich bey seinem Einzuge der kaiserlichen Zeichen bediente, und das Reichspanier unter Trompetenschall sich vortragen ließ. Er lag hierauf noch einige Wochen im Johanniterhofe zu Frankfurt auf einem Sterbebette, und ungeachtet das Ende seines Lebens immer näher rückte, so konnte er sich doch nicht eher als einige Tage vor seinem Tode entschließen, den Königstitel völlig abzulegen. Vorher ließ er sich, durch die Grafen von Hohnstein, von dem Kaiser Karl mit allen den Herrschaften und Gütern belehnen, die er von dem Reiche zu Lehn trug. †) Und nun nahm er erst den Nahmen

eines

\) Jovius, S. 353, 355. von Olenschlager, S. 407. Letzterer liefert im Urkundenbuche (S. 280–285) den Sühnebrief zwischen Karln und Günthern.

**) Eilfthalb tausend von den Schulden wurden 1357 von Günthers Wittwe bezahlt. Wegen der übrigen blieben die obengedachten Oerter bis 1406 verschrieben. Jovius, S. 355, 356.

†) Jovius, S. 356.

eines Grafen von Schwarzburg wieder an, und leistete auf das Reich förmlich Verzicht. Seine völ-
lige Auflösung erfolgte am dritten Tage hernach;
aber sein Leichnam wurde erst fünf Tage hernach in
der St. Bartholomäus = Stiftskirche zu Frankfurt
beygesetzt. *) Kaiser Karl, der sich auf die Nachricht von seinem Tode, von Maynz hierher begeben
hatte, folgte nebst allen anwesenden Kurfürsten,
Fürsten und Herren seiner Leiche, die von zwanzig
Reichsgrafen getragen wurde, und jeder deutsche
Biedermann verabscheute die Art, mit der man Günthern aus der Welt geschafft hatte, und verehrte das
Andenken dieses Fürsten, der sich mehr durch sein
Herz, als durch seine Macht, des Thrones würdig
gezeigt hatte. **) Sein Lebensalter hatte fünf und
vierzig Jahr, und seine kurze Regierung fünf Monate und zwölf Tage gedauert. Zwar hat man ihn,
weil er nicht gekrönt worden, ehedem aus der
Reihe der Kaiser ausgeschlossen. In neuern Zeiten
ist man aber in diesem Punkte weniger bedenklich
gewesen, und die höchsten Reichsgerichte haben die

12. Juny. 14.

*) Es wurde ihr ein Platz unter dem hohen Altare ange-
wiesen, und der einige Schritte davon, in der Mitte
des Chors aufgerichtete Grabstein, war noch 1743 an
dieser Stelle zu sehen; damals aber wurde er in die
nächste Wand des Chors eingemauert. Von Olenschlager, S. 409.

**) So vortrefflich urtheilt von Olenschlager von un-
serm Günther, und dennoch könnte es Herr Pelzel
wagen, ihn so herabzusetzen?

Gültigkeit der von ihm verliehenen Privilegien anerkannt. *)

58. Doch während daß Kaiser Günther seine Rolle am glänzendsten spielte, raubte ein frühzeitiger Tod Thüringen seinen Landgrafen. Er war bereits am zweyten des Hornungs dieses Jahrs gestorben, nachdem er fünf und zwanzig Jahre regiert, und sein Leben nicht höher als auf acht und dreyßig gebracht hatte. Er starb auf dem Schlosse Wartburg, und ohne Zweifel war seine gichtische Leibesbeschaffenheit an seinem Tode Ursache. Seine Leiche wurde in einer Kapelle des Klosters Altenzelle beygesetzt, die er selbst gebaut hatte. **) Thüringen hatte, wie uns die Geschichte seines Zeitraums beweiset, Ursache, seinen frühzeitigen Tod zu bedauern. Denn sicher hat es nur wenig Fürsten gegeben, die mehr Muth, mehr Tapferkeit, mehr Standhaftigkeit mit einander vereinigten. Daß er den eisenachischen Barfüßern drohete, sie einfäßlen zu lassen, daß er, der Klagen der reinhardsbrunner Mönche ungeachtet, in ihrem Kloster eine Friedensversammlung hielt, die ihnen sehr drückend war, beweiset wenigstens soviel, daß er sich über die übertriebene Achtung, die sich die Geistlichen seines Zeitalters anmaßten, hinweg zu setzen mußte. Freylich schimmert, besonders aus der letzten Begebenheit, eine seiner Gemüthsart eigene Härte und Unbiegsamkeit hervor. Ein Beweis derselben giebt auch

*) von Olenschlager, S. 410.
**) Rothe, S. 1701. Chronik des Kl. Altenzelle S. 415.

auch die Streitigkeit ab, in die er mit seiner Mutter gerieth. Von den Rechten, die ihm als Landesherr zukämen, hatte er ein so lebhaftes Gefühl, daß er, wie Knuts Hinrichtung und der mit den Grafen geführte Krieg beweiset, nicht die geringste Kränkung dieser Art ertragen konnte. Muthiger und entschlossener hat aber auch gewiß kein Landgraf seine Landesherrnrechte durchgesetzt, und mit größerm Eifer hat selbst sein Vater nicht den Landfrieden zu erhalten, und die Störer desselben zu bestrafen gesucht. Die Geschichtschreiber des mittlern Alters, die an charakteristischen Beynahmen so fruchtbar sind, legten ihm daher den Nahmen des Ernsthaften bey, womit sie nicht allein den Ernst, den er in allen seinen Handlungen blicken ließ, sondern auch die Strenge, die seiner Gemüthsart so merklich eingeprägt war, bezeichnen wollten.*) Seine Leibesgestalt war hager, das heißt, so beschaffen, wie sie gewiß den meisten großen Männern, die, so wie er, ihr ganzes Leben dem Kriege widmeten, eigen gewesen ist.

59. Landgraf Friedrich II hinterließ eine ansehnliche Nachkommenschaft, indem er mit seiner Gemahlin, Mechtilde, fünf Söhne und vier Töchter erzeugt hatte. Der älteste Sohn Friedrich wurde 1330 gebohren, und die Geburt desselben hätte der Mutter beynahe das Leben gekostet; auch starb

der

---

*) Letzterer beweiset das lateinische Wort Severus, wodurch sie jenes übersetzen.

der Prinz noch in dem nemlichen Jahre. *) Die 1332. ser Verlust wurde zwey Jahre hernach durch einen andern Prinzen ersetzt, welcher gleichfalls den Nahmen Friedrich bekam. **) Ihm folgte nach vier Jahren Balthasar. Die beyden übrigen, nemlich Ludewig und Wilhelm, wurden 1340 und 1343 gebohren. Ludwig widmete sich dem geistlichen Stande; Friedrich, Balthasar und Wilhelm unterzogen sich der Regierung der väterlichen Staaten. Zwo von Landgraf Friedrichs II Töchtern, die als Zwillinge gebohren wurden, starben frühzeitig. Von den beyden übrigen wurde Elisabeth an den Burggrafen Friedrich von Nürnberg, und Beatrix an Bernhard IV, Grafen von Anhalt, vermählt. Ihre Mutter Mechtilde starb ein Jahr vor ihrem Gemahl, und wurde gleichfalls im Kloster Altenzelle begraben. †)

Sechszehntes Buch.

Die Landgrafen Friedrich, Balthasar und Wilhelm beschließen, gemeinschaftlich zu regieren. K. Karl IV bestätigt den Erbfolgevertrag, den sie mit dem Grafen Heinrich von Henneberg aufgerichtet haben. Landgraf Friedrich III setzt seiner Gemahlin die Pflege Weißsenfels zum Leibgedinge aus. K. Karl IV unterwirft den Landgrafen aufs neue die Juden, und diese nehmen sie in ihren besondern Schutz. Kaiser Karl sucht den Fehden in Thüringen Einhalt zu thun. Die Landgrafen

*) Chronik des Petersfl., S. 330.
**) Kleine Chronik des Kl. Altenzelle, S. 442.
†) Jothe, S. 1800.

grafen überziehen in Verbindung mit demselben Heinrich Reussen von Plauen. Die Grafen von Schwarzburg müssen ihnen die Schlößer Lobdeburg und Wintsberg abtreten. Graf Friedrich von Beichlingen verfährt mit dem Flecken Kindelbrück sehr grausam. Elisabeth, die Großmutter der Landgrafen, stirbt. Die Landgrafen von Thüringen und Hessen überziehen den Abt von Fulda, der ihre Länder durch Streifzüge heimsuchen ließ. Der Bischof Ludewig von Halberstadt, der Landgrafen Bruder, geräth mit dem Grafen von Mannsfeld in eine Fehde. Die Landgrafen von Thüringen und Hessen ziehen gegen den Herzog Albrecht von Braunschweig zu Felde, und Albrecht muß sich endlich zum Frieden bequemen. Graf Johann von Schwarzburg, der mit dem Bischof von Bamberg in eine unglückliche Fehde gerathen ist, will die Schlößer Wachsenburg, Schwarzwald und Liebenstein an die Stadt Erfurt verkaufen; aber die Landgrafen behaupten das Vorkaufsrecht. Balthasar und Wilhelm ziehen in fremde Länder. Jener steht dem Landgraf Hermann von Hessen bey, dem der Herzog Otto der Böse von Braunschweig, mit Hülfe der Sterngesellschaft, sein Land wegnehmen will. Ludwig, der Bruder der Landgrafen, bestrebt sich Erzbischof von Mäynz zu werden; Erfurt ergreift die Parthey seines Gegners Adolf. Dieser kömmt nach Thüringen; aber Balthasar treibt ihn bald in die Enge. Die Landgrafen belagern Erfurt und züchtigen den Grafen Ernst von Gleichen. K. Karl IV vermittelt einen Vergleich. Ludwig wird Erzbischof von Magdeburg, und endigt auf eine jämmerliche Art sein Leben. Fehde zwischen Nordhausen und den Grafen von Hohnstein. Die thüringischen Grafen und Städte gehen mit vereinigten Kräften auf die letztern los. Jene werden von dem Herzog Otto von Braunschweig überfallen. Ritter Ludwig

Ludwig von Wangenheim befehdet den Grafen Heinrich von Schwarzburg. Eben dieses thut Dietrich von Lobstedt. Die Landgrafen treten mit den Grafen von Schwarzburg in eine nähere Verbindung. Ihr Gebiete wird durch verschiedene Erwerbungen ansehnlich vergrößert. Thüringen wird von Erdbeben und Ueberschwemmungen heimgesucht. L. Friedrich III stirbt. Dessen Character und Familie.

1.

Thüringen hatte nicht nur unter seinen alten Landgrafen, sondern auch unter den Beherrschern aus dem meisnischen Hause das Glück gehabt, immer seinen eigenen und zwar nur einen Regenten zu haben. Ungeachtet Friedrich I und Friedrich II zugleich Meissen und das Osterland beherrschten, so betrachteten sie doch Thüringen als den vornehmsten Theil ihrer Staaten; sie schlugen meistens ihren Wohnsitz in demselben auf, und sie setzten den Titel eines Landgrafen von Thüringen allen ihren übrigen Titeln vor. *) Jetzt war der Fall vorhanden, daß Landgraf Friedrich II drey Söhne hinterließ, welche auf die Regierung Anspruch machten, und da es in den fürstlichen Häusern dieses Zeitraums einmal Sitte war, daß mehrere Söhne die väterlichen Länder theilten, so könnte man dieses jetzt

*) Dieß beweiset die große Anzahl der von beyden ausgestellten Urkunden; wir nennen sie daher mit Recht nicht Markgrafen von Meissen, sondern Landgrafen von Thüringen.

setzt auch erwarten. Auch gieng man würklich mit einem ähnlichen Anschlage um; allein die Freunde des Hauses riethen ihnen, den Besitz ihrer Staaten lieber ungetheilt zu lassen, und gemeinschaftlich zu regieren. *) Vielleicht bestimmte sie auch die Jugend der jüngern Brüder, einen solchen Rath zu ertheilen, indem Balthasar erst das zwölfte und Wilhelm das fünfte Jahr zurück gelegt hatte. Selbst Friedrich war bey dem Tode seines Vaters nicht älter als siebzehn Jahr, und er konnte also eigentlich erst im folgenden Jahre, wo er seine Volljährigkeit erlangte, die Regierung antreten; wir haben aber von einer Vormundschaft, die während dieser Zeit geführt worden, nicht die geringste Nachricht, und es ist nicht unwahrscheinlich, daß Kaiser Karl IV Friedrichen sogleich die Erlaubniß, regieren zu dürfen, ertheilt hat. Doch scheint es, als wenn er seine noch lebende Großmutter Elisabeth bey wichtigen Angelegenheiten zu Rath gezogen habe. Denn nicht nur mit Vorbewust, sondern auch auf den Rath derselben, schlossen die fürstlichen Brüder im Jahr 1356 zu Gotha einen Vertrag, vermöge dessen sie sich anheischig machten, sowohl ihre gegenwärtigen, als auch diejenigen Länder, die sie künftig erwerben würden, auf ihre ganze Lebenszeit gemeinschaftlich zu besitzen, und sie niemals zu theilen. Und diesen Vertrag haben sie, so lange Friedrich lebte, auch unverbrüchlich gehalten. **)

1349.

2. Lands

*) Rothe, S. 1801.
**) Horns Geschichte Friedrichs des Streitbaren, S. 104.

2. Landgraf Friedrich III regierte also nicht nur in seinem, sondern auch im Nahmen seiner Brüder. Er war bereits seit einigen Jahren vermählt, und diese Verbindung gab ihm eine Anwartschaft auf die fränkischen Besitzungen seines Schwiegervaters. Es fehlte ihr aber noch die kaiserliche Bestätigung, und diese wurde ihm von Kaiser Karl IV im Februar des folgenden Jahres ertheilt. Vermöge 1352. derselben sollte er nun, da sein Schwiegervater, Graf Heinrich von Henneberg, ohne Erben gestorben war, die Pflege Koburg, imgleichen Schmalkalben und andre Güter desselben bekommen; er mußte sich aber anheischig machen, sie seiner Schwiegermutter Jutta auf ihre Lebenszeit zu lassen. *) Auf die Fürbitte des Markgrafens Ludwig von Brandenburg, welcher seine eignen Ansprüche aufgab, wurde die Anwartschaft dieses Erbfalles auch auf seine Brüder ausgedehnt. Landgraf Friedrich III. hatte auch noch vier tausend Mark Silber zu fordern, die zur Mitgift seiner Gemahlin gehörten. Zur Sicherheit wegen dieser Summe wurde ihm das Schloß und die Stadt Schmalkalden, nebst 1351. einigen andern Gütern, verpfändet. †)

3. Eine Fürstin, die eine so ansehnliche Mitgift wie Katharine mitbrachte, konnte mit Recht
auf

---

*) Der Tod derselben erfolgte 1353, und Landgraf Friedrich erlangte also erst in diesem Jahre den koburgischen Antheil. Horn, S. 8, N. e.

†) Horn, am a. O.

auf ein derselben angemessenes Leibgeding Anspruch machen. Ihr Gemahl bestimmte ihr die Pflege Weissenfels dazu, und machte sich nebst seinem Bruder Balthasar verbindlich, daß alle Lehnsleute und Unterthanen dieser Pflege ihr und ihrem Vormund, dem Herzog Heinrich zu Glogau, huldigen sollten. Die Grafen Heinrich und Günther zu Schwarzburg, Friedrich von Orlamünda, Herr zu Löwenstein, Thimo von Kolditz, des Landgrafens Marschalk, imgleichen die Ritter Friedrich von Wangenheim, Christian von Witzleben, Otto von Stuterheim, Arnold Gudemann und Konrad Wurm übernahmen die Bürgschaft, und machten sich anheischig, sich so lange in Koburg einzulegen, bis die gedachte Pflege der Katharine und ihrem Vormund übergeben seyn würde. *)

4. Es waren, ungeachtet der großen Judenverfolgung, doch noch einige übrig geblieben, oder diejenigen, die sich mit der Flucht gerettet hatten, kehrten nach und nach wieder zurück. Nun hatte zwar schon Kaiser Ludewig Landgraf Friedrich II die Juden in seinem Lande unterworfen; doch Landgraf Friedrich III und seine Brüder ließen sich von Kaiser Karl IV eine neue Bestätigung darüber ertheilen, die ihnen das Recht gab, alle Juden in Meissen, Thüringen, dem Osterlande, der Mark Landsberg und dem Lande Pleissen, besonders aber auch in den Städten Zeiz, Naumburg und Halle mit allen den Steuern und Diensten zu belegen, die sie
ehemals

*) Horn, S. 10.

ehemals dem Kaiser und dem Reiche schuldig gewesen waren. Doch legte ihnen eben diese Bestätigung aber auch die Verbindlichkeit auf, den Juden ihren Schutz zu ertheilen. Dieses thaten die Landgrafen auch; aber sie machten sich, wie es scheint, nur auf eine gewisse Zeit dazu verbindlich, denn 1375 ertheilten sie allen Juden und Jüdinnen in ihrem Lande einen Schutzbrief, vermöge dessen sie dieselben als ihre Kammerknechte, gegen eine jährliche Abgabe von 1100 rheinischen Gülden, auf sechs Jahre in ihren besondern Schutz nahmen, und sie von der Gerichtsbarkeit der Voigte und Schultheißen befreyten. Zugleich versprachen sie, dieselben bey ihren Volksrechten zu behaupten, sie für den geistlichen und weltlichen Bann zu schützen, und ihnen nicht weniger als den Christen Recht widerfahren zu lassen. Auch erklärten sie dieselben von allen Geleiten, Zöllen, Bethen und Schatzungen frey, und endlich machten sie sich anheischig, sie nicht zu hindern, wenn sie während der Zeit wegziehen wollten, und sie mit ihrer Habe nach Erfurt oder Halle zu geleiten. So menschlich dachte man also schon damals in Ansehung der Rechte, die man den Juden zugestand! *)

5. Der Landfriede wurde unter Landgraf Friedrichs III ersten Regierungsjahren auf keine ausgezeichnete Art gestört; lange dauerte es aber nicht, daß die Ruhe ununterbrochen blieb. Im nördlichen Thüringen lag ein Schloß, Nahmens Elsterburg, dessen

---

*) Horn, S. 389.

dessen Innhaber die benachbarte Gegend gewaltig heimsuchten. Graf Heinrich von Hohnstein, Kaiser Karls IV Voigt, ersuchte daher die Städte Erfurt, Mühlhausen und Nordhausen, ihm das Schloß 1354. erobern zu helfen. Sie rückten also davor, nahmen es in kurzer Zeit ein, und ließen es niederreißen. Die zwölf Räuber, die sich in demselben aufgehalten hatten, wurden enthauptet. Doch Kaiser Karl ließ, um den Fehden Einhalt zu thun, selbst böhmische Truppen in Thüringen einrücken. Diese zerstörten nicht nur den Flecken Neumarkt nebst dem dasigen Schlosse, sondern sie rissen noch über sechzig ummauerte Höfe oder sogenannte Kemnaten nieder. Aber eben diese Leute fügten den armen Bauern durch Rauben und Abbrennen großen Schaden zu.*) Aus eben diesen Begebenheiten erhellt aber zugleich, daß sich Karl IV, wenigstens in den ersten Jahren nach Landgraf Friedrichs II Tod, Thüringens eifrigst angenommen hat. Uebrigens erwähnen die Geschichtschreiber dieser Zeit auch einiger Drangsalen, welche Thüringen heimsuchten. So brach z. B. in diesem Jahre die Pest von neuem aus, und sie wüthete unter andern zu Erfurt so gewaltsam, daß in einigen Häusern monatlich sieben, acht und noch 1355. mehr Menschen starben. Im folgenden Jahre war die Witterung im April und May so veränderlich, daß viele Aecker unbesäet liegen bleiben mußten.

6. Doch die Verbindung, in der Thüringens Regenten mit Kaiser Karln IV standen, nöthigte
den

---

*) Chronik des Peterskl. S. 344.

den Landgrafen Friedrich, an einem Kriege Antheil 1357. zu nehmen, den Karl mit Heinrich Reussen von Plauen führte. Dieser hatte verschiedene dem König von Böhmen lehnbare Schlösser und Städte pfandweise in Besitz, und er wollte sie weder einlösen lassen, noch sich sonst zu einem Vergleiche bequemen. Da er nun auch eine Menge Räuber schützte, welche den Ländern Friedrichs und seiner Brüder vielen Schaden zufügten, so brachten diese gleichfalls bey dem Kaiser Karl große Klagen über denselben an, und es wurde also beschlossen, ihn gemeinschaftlich zu überziehen. Sie rückten hierauf mit vereinigter Mannschaft vor das feste Schloß Ziegenrück, und nöthigten es, durch Beraubung der Lebensmittel und des Wassers, zur Uebergabe. Hierauf zogen sie nach und nach vor Triptis, Stein, Ronneburg und Weida, und die Eroberung dieser Schlösser kostete ihnen wenig Zeit; denn die Einnahme des Schlosses Ziegenrück, welches für sehr fest gehalten wurde, hatte den Befehlshabern allen Muth benommen, und sie wagten es deswegen nicht, den geringsten Widerstand zu thun. Der erbitterte Reusse hegte den Verdacht, daß sich dieselben durch Geschenke hätten bewegen lassen, die Vertheidigung aufzugeben. Er setzte sie deswegen zornig zur Rede, und da sie sich zu entschuldigen suchten, so stieg seine Erbitterung so hoch, daß er sie in eine Scheuer einsperren, dieselbe anzünden, und sie jämmerlich verbrennen ließ. Hierdurch glaubte er seinen übrigen Lehnsleuten eine Warnung auf die Zukunft zu geben, die sie zur Beobachtung ihrer

Treue ermahnen sollte. Die eroberten Schlösser waren aber einmal verlohren, denn der Kaiser räumte sie dem Landgrafen ein, und dieser Feldzug schlug also zum Vortheil der thüringischen Fürsten aus. *)

7. Nicht weniger vortheilhaft für dieselben war eine andre Begebenheit, die sich noch zu Ende d. J. ereignete. Graf Heinrich von Schwarzburg, der Sohn des Kaisers Günther, endigte um diese Zeit sein Leben, ohne Erben zu hinterlassen. Er hatte wegen seiner Besitzungen, die in der Hälfte von Arnstadt und in der Stadt Frankenhausen bestanden, mit seinen Vettern, den Grafen Heinrich und Günther, Erbverträge errichtet, die von Kaiser Karl IV bestätigt worden waren. Aber die eigentlichen Lehnsherren, die Landgrafen von Thüringen und der Abt von Hersfeld, wollten zu diesen Verträgen ihre Einwilligung nicht geben. Der Abt ließ sich zwar wegen der Hälfte von Arnstadt, die ihm lehnbar war, endlich einen Vergleich gefallen; aber Landgraf Friedrich wollte sich lange durch keine gütlichen Unterhandlungen, die mit ihm gepflogen wurden, bewegen lassen, auf den Besitz von Frankenhausen Verzicht zu leisten. Erst im folgenden Jahre gab er seine Einwilligung, daß die Entscheidung dieser Streitigkeit auf den gemeinschaftlichen Ausspruch seiner Großmutter, Elisabeth, imgleichen Konrads des Aeltern, edlen Herrn von Tannroda, Christians von Witzleben, der Elisabeth

1358.

*) Rothe, S. 1801.

sabeth Hofmeister, Heinrichs von Kotteritz des Kanzlars, und einiger erfurtischen Bürger ankommen sollte. Diese brachten in einer Versammlung, die sie zu Gotha hielten, einen Vergleich zu Stande, vermöge dessen die gedachten Grafen von Schwarzburg dem Landgrafen, für alle ihre Ansprüche auf Frankenhausen, Schloß und Stadt Dornburg, imgleichen die beyden Schlösser Lobdeburg und Windberg, und die tautenburgischen Lehnstücke abtreten sollten. Unsere Chroniken reden zwar noch von drey tausend Mark Silber, die die Grafen noch überdieß hätten geben müssen; allein die schriftlichen Beweise, die man von diesem Vergleiche hat, erwähnen dieser Summe nicht. Uebrigens wurde bey dieser Gelegenheit noch ausgemacht, daß alle Uneinigkeiten, die in Zukunft zwischen den Landgrafen und den Städten entstehen würden, durch vorgedachte Personen entschieden werden sollten. Auf diese Art wurde also ein Streit, der zu einer gefährlichen Fehde hätte Anlaß geben können, glücklich beygelegt.*)

8. Doch zu Fehden gab es damals, wo das Recht des Stärkern noch so mächtig war, alle Augenblicke Veranlassungen. Landgraf Friedrich II hatte den Flecken Kindelbrück an den Grafen Hermann von Beichlingen verpfändet, und ihm also das Recht gegeben, die Abgaben, die dieser Ort entrichtete, zu heben. Diese schienen aber dem Grafen noch nicht befriedigend genug, und er verlangte daher

*) Rothe, S. 1802; Jovius, S. 373.

daher noch allerley Steuern von den Einwohnern Kindelbrücks, wozu sie nicht verbunden waren. Diese erklärten aber standhaft, daß sie seinen unbilligen Forderungen niemals Gnüge leisten würden. Ja, sie droheten vielmehr, ihre Klagen vor die Landgrafen, ihre eigentlichen Herren, zu bringen.

1359. Dieß verdroß den Grafen so sehr, daß er den Entschluß faßte, sie mit Gewalt zu seinem Willen zu bringen. Da er aber allein nicht Mannschaft genung hatte, um dieses auszuführen, so bat er die Städte Erfurt, Mühlhausen und Nordhausen um Beystand. Diese schickten ihm ihre Kriegsleute, und nun schloß er Kindelbrücken ein. Die Einwohner wehrten sich aber tapfer, und fügten ihm und seinen Bundesgenossen vielen Schaden zu. Diese wurden hierüber äusserst aufgebracht; sie erschlugen und fiengen derselben so viel sie konnten, und endlich zündeten sie den Ort an und brannten ihn ab. Als dieses die Landgrafen erfuhren, so machten sie den Städten, wegen der Verträge, die sie mit ihrem Vater errichtet hatten, Vorwürfe, und es hatte den Anschein, als wenn darüber eine Fehde ausbrechen würde. Es kam aber endlich ein Vergleich zu Stande, vermöge dessen die gedachten Städte den Landgrafen eine gewisse Geldsumme bezahlen mußten, und diese wendeten dieselbe dazu an, daß sie Kindelbrücken wieder einlöseten.*)

9. In eben diesem Jahre raubte der Tod den Landgrafen eine Person, die ihnen so manchen weisen

---

*) Rothe, S. 1802.

Tod der Elisabeth.

sen Rath ertheilt hatte. Elisabeth, ihre Großmutter, starb am 20ten August dieses Jahrs, nachdem sie ihren Gemahl auf fünf und dreyßig Jahr überlebt hatte. Gotha war ihr Wohnsitz, und da der um diese Stadt gelegene Bezirk den vorzüglichsten Theil ihres Witthums ausmachte, so legte sie sich zuweilen den Titel einer Frau von Gotha bey. Sie ließ ihn durch einen besondern Voigt verwalten. Sie hatte ihren Hofmeister, ihren Geheimschreiber, ihre Kapellane und ihre Hofjunker. Sie nahm, wie aus der vorigen Geschichte erhellt, an der Regierung ihres Sohnes und ihrer Enkel keinen geringen Antheil, und Klugheit verbunden mit Einsicht, die sich auf Erfahrung gründet, muß ihr daher außer allen Streit beygelegt werden. Eine gewisse Geistesgröße beweiset die Art, womit sie ihre Leibgedingsrechte gegen ihren Sohn behauptete. Die Geistlichkeit, und besonders die gothaische, hatte ihr sehr viel zu danken. Unstreitig gehört sie also unter die Damen, auf die Thüringen stolz seyn kann. Ihr Leichnam wurde nach Eisenach gebracht, und in dem dasigen Predigerkloster begraben; aber ihr Grabmahl befindet sich zu Reinhardsbrunn, wo es noch jetzt zu sehen ist.*)

10. Es war, wie uns verschiedene Beyspiele gelehrt haben, nichts ungewöhnliches, daß Fürsten, und selbst Geistliche, Fehden und Raubereyen begünstigten. Unter die Herren dieser Art gehörte der

*) Goth. Gesch., Th. I, S. 127. 128; Th. III, S. 215.

damalige Abt zu Fulda, ein stolzer, trotziger Mann, der den Landgrafen von Thüringen und von Hessen vielen Schaden zufügte. Letztre ermahnten ihn verschiedenemal, den Streifzügen, die aus seinem Gebiete in das ihrige geschahen, Einhalt zu thun; aber ihre Vorstellungen waren vergebens. Sie hielten 1361. also eine Zusammenkunft, und auf dieser beschlossen sie, einen förmlichen Zug gegen ihn vorzunehmen. Jeder Landgraf bot daher seine Lehnsleute und Städte auf, und rückte auf seiner Seite in das fuldaische Gebiete ein. Die Dörfer, auf die ihr Zug traf, wurden abgebrannt und verwüstet. Am folgenden Tage stießen sie bey Rockenstuhl zusammen; sie trennten sich aber wieder. Die Hessen nahmen Hünefeld weg, und Landgraf Friedrich belagerte Geysa. Jetzt fühlte der Abt, daß er es mit zween mächtigen Fürsten zu thun hatte. Er schickte deswegen einige Freunde an sie, die ihnen sehr demüthige Vorstellungen thun mußten. Er bat sie um Gottes Willen, sein Stift zu schonen; er erklärte, daß er alles, was er durch Thatsachen oder durch Worte wider sie gesündigt hätte, auf eine thätige Art bereuen wollte. Die Fürsten ließen sich erweichen, und willigten in einen Vergleich, worauf sie wieder heimzogen. *)

1362. II. Im folgenden Jahre ereignete sich im nordöstlichen Theile Thüringens eine Fehde. Ludwig, der Bruder der Landgrafen, war seit drey Jahren Bischof von Halberstadt, und es scheint, als wenn er

*) Rothe, S. 1803.

er sich der Pflichten eines Regenten mit allem Eifer angenommen habe. Da nun der Graf von Mannsfeld sich den Besitz verschiedener Schlösser und Güter anmaßte, die seinem Stifte gehörten, und zur Einräumung derselben sich nicht bequemen wollte, so zog Bischof Ludwig bewafnet gegen ihn aus, belagerte die Stadt Eisleben, und verwüstete die umliegende Gegend. Der Graf sah sich hierdurch genöthigt, den Forderungen des Bischofs Gnüge zu leisten, und dieser zog hierauf wieder ab. Den Grafen verdroß es indessen, daß er hatte nachgeben müssen. Ludwig hatte sich in und bey das Kloster Sittichenbach gelagert, und die Klostergesellschaft war ihm behülflich gewesen. Der Graf beschloß daher, sich nachdrücklich an ihr zu rächen. Er fiel in das Kloster ein, und raubte allen Vorrath, den er antraf; hierauf führte er den Abt und die Mönche mit hinweg, und peinigte sie dergestalt, daß einige unter ihnen den Martern unterlagen. Ihn für seine Grausamkeit zu züchtigen, rückte der Bischof Ludwig aufs neue in sein Gebiete ein, und richtete großen Schaden in demselben an; allein das boshafte Vergnügen, das der Graf über seine Rache empfand, machte ihm diesen Verlust weniger schmerzlich, und es kam, durch Vermittlung seiner Freunde, zwischen ihm und dem Bischof eine neue Aussöhnung zu Stande. Indessen wurde der Graf, wegen eben der an dem Kloster Sittichenbach verübten Grausamkeit, in den Kirchenbann gethan, in dem er eine lange Zeit bleiben mußte. *)

12. Eine

*) Rothe, S. 1804.

1365.   12. Eine Fehde von weit größerer Wichtigkeit ereignete sich einige Jahre hernach. Der damalige Herzog Albrecht II von Braunschweig, der von dem Schlosse Salz der Helden, seinem Wohnsitze, *) im gemeinen Leben der Herzog von Salza genennt wurde, gehörte unter die Fürsten, welche aus der Rauberey ihr Hauptgeschäffte machten. Er that unter andern manchen Ritt in Thüringen, **) und fügte den Landgrafen und ihren Lehnsleuten großen Schaden zu. Die Landgrafen schickten daher einige ihrer Minister an denselben, und ließen sich nach den Ursachen erkundigen, die ihn zu diesem Verfahren veranlaßten. Er antwortete ihnen aber ganz unbestimmt, daß er verschiedene Ursachen hätte. Die Minister drangen hierauf weiter in ihn, und stellten ihm die Ungerechtigkeit seiner Streifzüge vor. Sie fügten am Ende die Drohung hinzu, daß ihre Fürsten ihn durch Gewalt würden davon abzuhalten suchen. Er war hierauf unbesonnen genug, zu erklären: daß ihn ihre Drohungen nicht abhalten würden; er wollte seine Länder und Schlösser ihrentwegen wohl behaupten, und wenn es auch Landgrafen regnen sollte. Jetzt glaubten Landgraf Friedrich und seine Brüder nicht länger Nachsicht beweisen zu dürfen, und sie beschlossen sich dergestalt zu rüsten, daß

der

---

*) Es lag im jetzigen Fürstenthume Grubenhagen.

**) Einen Ritt in ein Land thun heißt, bey den Geschichtschreibern des mittlern Alters, Streifereyen in dasselbe vornehmen. Daher entstand die bey eben demselben gewöhnliche Benennung des reitenden Krieges.

der glückliche Ausgang ihres Feldzuges gar nicht zweifelhaft seyn könnte. Sie boten also nicht nur ihre Lehnsleute in allen Ländern auf, sondern sie machten auch mit den Städten Erfurt, Mühlhausen und Nordhausen aus, daß sie ihnen eine ansehnliche Mannschaft stellen sollten. Auf diese Art brachten sie ein Heer von achtzehntausend Mann, eins der größten Heere, die Deutschland in diesem Zeitalter sah, zusammen, und diese fürchterliche Macht wurde noch durch die Mannschaft des Erzbischofs von Maynz, dem Herzog Albrecht auf dem Eichsfelde gleichfalls viele Drangsalen angethan hatte, verstärkt. Nun rückten sie in das Land des Herzogs, belagerten das Schloß Salz der Helden, und die Stadt Einbeck, und verwüsteten die herumliegende Gegend. Die Belagerer ließen ein Belagerungswerk verfertigen, um dem Schlosse desto näher zu kommen. Aber Herzog Albrecht hatte eine Bleybüchse auf dem Schlosse, und mit dieser schoß er auf das Werk. Dieses war die erste Büchse, von der man in unserer Gegend hörte. Sie machte daher einen solchen Eindruck auf die Belagerer, daß sie es für rathsam fanden, die Belagerung aufzuheben. *)

13. Sie rückten hierauf vor die Schlösser Heidenburg, Winthausen und Lichtenstein, die sie alle nach einander eroberten, und Landgraf Friedrich besetzte sie mit seinen Leuten. Es wurde überdieß eine große Anzahl Dörfer verwüstet. Herzog Albrecht fieng

*) Rothe, S. 1804, 1805.

fieng nun an einzusehen, daß er seinem gänzlichen Untergange nicht anders als durch einen Vergleich entgehen könne. Er erbot sich also dazu, und versprach, nicht nur Frieden zu halten, sondern auch allen Schaden zu ersetzen, den er angerichtet hatte. Landgraf Friedrich zog hierauf mit seinen Leuten, stolz über den glücklichen Ausgang ihres Feldzuges, wieder heim. Doch Herzog Albrecht dachte, ungeachtet er zur Sicherheit seiner Versprechungen Bürgen gestellt hatte, unredlich genug, sein Wort zu brechen. Er hatte sich, vermöge des geschlossenen Vertrags, verbindlich gemacht, dem Landgrafen einige Schlösser einzuräumen. Dieser sandte hierauf aus seinen Städten einige Wagen mit Geschütz und Lebensmitteln hin. Aber Herzog Albrecht lauerte ihnen auf dem Wege auf, bemächtigte sich der Wagen nebst dem Vorrathe, und nahm die Bedeckung gefangen. Landgraf Friedrich wurde hierüber äußerst aufgebracht, und verlangte von den Bürgen, daß sie ihm Genugthuung verschaffen sollten. Diese sahen sich also genöthigt, wider Albrechten selbst die Waffen zu ergreifen. Landgraf Friedrich und seine vorigen Bundesgenossen rüsteten sich gleichfalls aufs neue, und sie brachten acht tausend Gleven zusammen. Mit diesen rückten sie in das Gebiete des Herzogs, und dieser mußte endlich eidlich angeloben, daß er sich zu Eisenach einstellen, und von da nicht eher wieder weggehen wollte, als bis alle Streitigkeiten, die zwischen ihm und den Landgrafen obwalteten, aus dem Grunde gehoben, und wegen der Schadensersetzung hinlängliche Sicherheit

‑‑‑erheit erfolgt wäre. Also ward auch dieser Krieg zum Ruhm und Vortheil Thüringens geendigt.*)

14. Im folgenden Jahre entspann sich wider eine einheimische Fehde, welche von ziemlicher Bedenklichkeit war, und zu welcher eine auswärtige Gelegenheit gab. Graf Johann von Schwarzburg war, aus unbekannten Ursachen, mit dem Bischof von Wirzburg, oder wahrscheinlicher mit dem Bischof von Bamberg, in einen heftigen Streit gerathen, der den Grafen zur Ergreifung der Waffen bewog. Er zog daher mit einer nicht unbeträchtlichen Anzahl wohlgerüsteter Leute in das Frankenland, und fügte dem Stifte mancherley Schaden zu. Aber der Bischof, der, seiner geistlichen Würde ungeachtet, vielen Muth hatte, bot in der Geschwindigkeit so viele von seinen Lehnsleuten und Unterthanen auf, als er zusammen bringen konnte, und stellte sich dem Grafen entgegen. Es wurde auf beyden Seiten ritterlich gefochten; aber endlich bewieß sich das Kriegsglück dem Grafen dergestalt unhold, daß über achtzig seiner Ritter und Knechte gefangen, und neun der besten Ritter erschlagen wurden. Unter den letztern befand sich auch Dietrich von Witzleben zu Liebenstein gesessen, sein erster Hauptmann, der das Panier führte; ein tapferer, versuchter Krieger. Ein solches Unglück schlug den Grafen gewaltig nieder. Besonders setzte ihn die Gefangenschaft so vieler seiner besten Leute in die größte Verlegenheit, denn es wurden zu ihrer Wie‑

heraus‑

*) Rothe, S. 1805.

herauslösung überaus ansehnliche Geldsummen erforbert. Er mußte sich daher entschließen, die Schlösser Wachsenburg, Schwarzwald und Liebenstein, nebst den dazu gehörigen Gütern, zu verkaufen, und schon war er mit dem Stadtrathe zu Erfurt, der mit baarem Gelde reichlich versehen war, wegen des Kaufpreises einig geworden.

15. Doch ein solcher Vertrag gereichte den Landgrafen, als Lehnsherren, zum Nachtheil; sie setzten sich also mit allem Ernste darwider, und behaupteten, das Vorkaufsrecht zu haben. Allein Graf Johann hatte schon einen Theil der Geldsumme von den Erfurtern empfangen; auch hatten sich, wie Jovius vorgiebt, die thüringischen Grafen schon vor alten Zeiten darüber verglichen, daß sie weder dem Landgrafen noch einem andern Fürsten eins von ihren Gütern verkaufen wollten. Genug, Graf Johann und einige Abgeordnete der Stadt Erfurt reiseten zum Kaiser, bey dem der Graf in besondrer Gnade stand; und wollten den geschlossenen Vertrag von demselben bestätigen lassen. Doch die Landgrafen, die es nicht für rathsam hielten, ihnen ihre Reise vollenden zu lassen, fertigten eine schleunige Bothschaft an den Herzog von Bayern ab, durch dessen Land Graf Johann und seine Gefährten ziehen mußten, und ersuchten ihn, sich ihrer Personen zu bemächtigen, und sie nicht eher wieder in Freyheit zu setzen, als bis der Graf den Kaufvertrag mit den Erfurtern wieder aufgehoben hätte. Der Herzog leistete diesem Ansuchen redlich Gnüge,
und

und nahm den Gefangenen nicht nur ihre Briefschaften, sondern auch neun tausend Gulden baares Geld ab. Graf Johann sah also, um seine Freyheit zu erhalten, keinen andern Weg vor sich, als den Erfurtern den Kauf aufzusagen, und sich verbindlich zu machen, daß er die obengedachten Schlösser dem Landgrafen für zwölf tausend Mark löthiges Silber verkaufen wollte. Die Landgrafen erreichten also ihre Absicht, und im folgenden Jahre zahlten sie 1368. dem Grafen die bedungene Geldsumme aus. Indessen konnten sie es so bald nicht vergessen, daß ihnen die Erfurter ihre Lehngüter hatten wegkaufen wollen, und sie besetzten, um sie dafür zu züchtigen, alle Wege und Straßen, die nach ihrer Stadt führten. Auf diese Art wurde derselben alle Zufuhre abgeschnitten, und die Erfurter geriethen in eine solche Verlegenheit, daß sie sich genöthigt sahen, den Fürsten einen Vergleich anzubieten. Dieß war für die letztern eine schöne Gelegenheit, einen Theil der Geldsumme wieder zu bekommen, die ihnen die drey Schlösser gekostet hatten, und am Ende waren es also die Erfurter, die bey dieser ganzen Sache den wenigsten Vortheil hatten. *)

16. Bisher hatte Friedrich unter seinen Brüdern fast allein eine Rolle gespielt, die ihn auszeichnete; jetzt treten aber auch Balthasar und Wilhelm auf dem Schauplatze der Geschichte auf. Es gab in dem Osterlande und in Meissen, eben so gut als in

Thürin-

*) Rothe, S. 1805, 1806; Jovius, S. 244.

Thüringen, viele Raubschlösser und Räuber, die die gemeine Sicherheit störten. Die Brüder kamen daher auf den weisen Einfall, daß jeder unter ihnen für die Ruhe eines Landes besonders sorgen sollte. Balthasar zog in das Osterland und Voigtland; Wilhelm richtete seine Aufmerksamkeit auf Meissen, und in beyden Ländern wurde die gute Absicht, die sie hatten, vollkommen erreicht.*) Da nun die Ruhe im Vaterlande wieder hergestellt war, so sahen sich die rüstigen, und nach Kriegserfahrung begierigen Fürsten, nach einer Gelegenheit um, wo sie dem Beyspiel ihrer Vorfahren, und besonders ihres Vaters zu folge, in auswärtigen Kriegen ihre Tapferkeit üben könnten. Wilhelm zog mit dem Kaiser nach Italien; aber die Umstände erlaubten ihm nicht, seinen Muth zu zeigen. Eben so wenig glückte es Balthasarn, der sich zu dem Heere des 1369. Königs von England begab, das wider Frankreich focht; doch soll er, wie unsere Chroniken melden, damals zum Ritter geschlagen worden seyn.**)

17. Die Gelegenheit, sich in fremden Ländern hervorzuthun, zeigte sich also Balthasarn und Wilhelmen nicht recht günstig; desto fruchtbarer waren die vaterländischen Gegenden an Kriegsbegebenheiten, wo sich ein tapfrer Krieger Ehre einlegen konnte. In der Nachbarschaft von Thüringen entspann sich, wie es schon oft geschehen war, eine Fehde, an welcher dasselbe in der Folge lebhaften Antheil nahm.

*) Rothe, S. 1806.
**) Rothe, am a. O.

Sterngesellschaft.

nahm. Landgraf Heinrich von Hessen starb um 1372. diese Zeit, und hinterließ keinen andern männlichen Erben, als einen Brudersohn, Nahmens Hermann. Dieser hatte also das nächste Recht, Hessen zu besitzen. Doch Herzog Otto der Quabe (Böse) von Braunschweig, der Landgraf Heinrichs Tochter zur Gemahlin hatte, schmeichelte sich schon lange mit der Hofnung, diese ansehnliche Erbschaft zu thun, und da er sich in dieser angenehmen Erwartung getäuscht sah, so war er auf Mittel bedacht, wie er seine vermeyntlichen Ansprüche mit Gewalt durchsetzen könnte. Zuerst verband er sich mit dem Grafen von Ziegenhayn, dem er seine Schwester zur Gemahlin gab. Sodann bot er eine ansehnliche Gesellschaft raubsüchtiger Edelleute auf, die von den Sternen, die sie zu ihrem Unterscheidungszeichen machten, die Sterngesellschaft genennt wurde. Er stand mit derselben schon ohnedieß in Verbindung; sie ließ sich also desto williger zu seinen Diensten finden, und nun wurde das Land des Landgrafens Hermann ein Schauplatz von allerley Arten von Verwüstungen und Gewaltthätigkeiten.

18. Da diese Art Krieg zu führen der damaligen Denkungsart des deutschen Adels so angemessen war, so wuchs die Zahl derer, die die Sterngesellschaft ausmachten, von Tage zu Tage. Nun konnte es zwar auch in Thüringen nicht an solchen fehlen, welche beyzutreten Lust bezeigten; aber die Landgrafen verboten es ihren Lehnsleuten, sich mit dem Stern bezeichnen zu lassen. Diese Betrachtung, so wie

wie die Nachbarschaft ihrer Länder, bewog den Landgrafen Hermann, ein Vertheidigungsbündniß mit ihnen zu schließen, und zur mehrern Festigkeit desselben eine Erbverbrüderung zu errichten. Er kam deswegen selbst nach Eisenach. Landgraf Balthasar, der sich damals Thüringens besonders annahm, war eigentlich derjenige, der die Erbverbrüderung mit dem Landgrafen Hermann schloß, und die Unterthanen beyder Fürsten mußten denselben wechselseitig die Huldigung leisten. Landgraf Balthasar fieng hierauf aus allen Kräften an, Hermannen beyzustehen.

1273. 19. Er legte, um die Gränzen zu beschützen, eine ansehnliche Besatzung in die Stadt Kreuzburg. Hierauf wurde von allen Seiten auf die Sterngenossen gestreift. Auch belagerten die Vereinigten das dem Herzog Albrecht gehörige Schloß Dransfeld,*) und der Ort wurde, bis auf die Kirche, völlig abgebrannt. Von da rückten sie vor das feste Schloß Herzberg. Aber die Sterngesellschaft, die sich indessen sehr verstärkt hatte, machte Anstalten, sie zur Aufhebung der Belagerung zu nöthigen. Dieses erfuhr Landgraf Friedrich, und da, wie er einsah, die Macht der Vereinigten ihr nicht gewachsen war, so schickte er in der Geschwindigkeit einen reitenden Bothen an dieselben, der sie vor der bevorstehenden Gefahr warnen mußte. Die Vereinigten folgten dieser Warnung, und zogen sich nach Hersfeld

*) Dieses liegt im Fürstenthume Grubenhagen, bey einem großen Flecken gleiches Nahmens.

feld zurück; die Sterngenossen fanden sich also in ihrer Hofnung, sie zu überfallen, getäuscht. Die beyden Landgrafen entwarfen hierauf einen andern Plan, um der Sterngesellschaft allmählig ein Ende zu machen. Sie griffen die Mitglieder derselben einzeln an, und dennoch dauerte es noch drey Jahre, ehe sie dieses Bündniß völlig zerstörten.*)

20. Während der Zeit entspann sich schon wieder ein andrer Krieg, den, wie es mehrmal geschehen war, eine streitige Wahl eines Erzbischofs von Maynz veranlaßte. Im Jahr 1374 wurde diese Würde erlediget, und das Domkapitel hatte dieselbe dem Bischof Adolf von Speyer, einem gebohrnen Grafen von Nassau, übertragen. Doch Ludwig, der Bruder der Landgrafen von Thüringen, machte gleichfalls auf dieselbe Anspruch. Er war 1361 von dem Domkapitel zu Magdeburg zum Erzbischof erwählt worden; aber auf Antrieb Kaiser Karls IV, dem der Pabst beystimmte, wurde ihm ein andrer vorgezogen. Indessen erhielt er 1366 das Bißthum Bamberg, und jetzt bestrebte er sich, die höchste geistliche Würde in Deutschland zu erlangen. Der Pabst erklärte sich völlig für ihn geneigt, und der Kaiser schien ihm gleichfalls nicht zuwider zu seyn. Doch Adolf wollte nicht weichen, und der Ausbruch eines Krieges war daher unvermeidlich. Ludwig wurde unter andern von seinen Brüdern unterstützt. Diese Verwirrung glaubten die Vorsteher der Stadt Erfurt

*) Rothe, S. 1807-1809. Ursin erzählt diese Fehde bey dem Jahr 1377, wo sie aufgehört hat.

Erfurt benutzen zu müssen; sie schlugen sich daher zu Adolfs Parthey. Ihrem Beyspiele folgte Graf Ernst von Gleichen, und eben dieses bewürkte, daß der Krieg nach Thüringen gespielt wurde. Adolf rückte, auf Antrieb der Erfurter, mit seinen Bundesgenossen, dem Herzog Otto von Braunschweig, den Grafen von Hohnstein, von Stolberg, von Ziegenhayn, und von Waldeck, und der Mannschaft der Städte Mühlhausen, Nordhausen, Heiligenstadt und Duderstadt nach Erfurt. Durch die Truppen der Erfurter verstärkt, zog Adolf nebst seinen Bundesgenossen vor Gebesee. Doch Landgraf Balthasar, der sie mit einem Heere beobachtet hatte, lagerte sich auf der andern Seite der Unstrut, und die Anzahl seiner Mannschaft wurde durch täglichen Zulauf vermehrt. Schon machte er Anstalten, über die Unstrut zu gehen, und die Vereinigten anzugreifen. Diese hielten es aber nicht für rathsam, einen Angriff zu erwarten, und sie zerstreuten sich daher. Adolf suchte seine Zuflucht zu Erfurt.

21. Indessen rückte Landgraf Friedrich mit einem Heere von dreyßig tausend Mann an, das er in Meissen zusammen gebracht hatte, und man beschloß nunmehr die Stadt Erfurt zu züchtigen. Sie war bereits vom Kaiser in die Acht erklärt, und vom Pabst in den Bann gethan worden. Jetzt belagerten sie die Landgrafen, und das Gebiete derselben wurde verwüstet. Kaiser Karl IV stieß selbst zu ihnen, und das Hauptlager befand sich in dem Cyriaksloster. Die Belagerer suchten den Mauern durch

durch unterirrdische Gänge beyzukommen; aber die Tapferkeit der Erfurter machte ihre Mühe sehr oft vergeblich. Sie zerstörten in häufigen Ausfällen, die sie des Nachts vornahmen, das, was die Belagerer am Tage gearbeitet hatten, und einstmals griffen sie das Hauptlager des Kaisers so plötzlich und so lebhaft an, daß sich dieser in der größten Geschwindigkeit mit der Flucht retten mußte. Sie erbeuteten daher alle Pferde und allen Vorrath, den er bey sich hatte. Indessen rückte auch Karls Sohn Wenzel, mit böhmischen Hülfstruppen herbey. Demungeachtet waren die Belagerer nicht im Stande, die Stadt zu erobern. Schon hatte die Belagerung sechszehn Wochen gedauert, und die Vereinigten konnten weiter nichts ausrichten, als daß sie die herumgelegenen Weinberge zerstörten, und die Wasserleitungen verdarben. Kaiser Karl vermittelte daher einen Vergleich, vermöge dessen die Erfurter den Landgrafen eine Geldsumme bezahlten, und diese zogen hierauf wieder ab. Nun ließen sie dem Grafen Ernst von Gleichen ihren Unwillen empfinden, indem sie seine um Tonna gelegene Dörfer verwüsteten. Sie belagerten auch das an diesem Orte befindliche Schloß; denn in dem Feldlager vor Tonna unterzeichnete Kaiser Karl IV einen Stillstand, den er zwischen dem 1375. Erzbischof Ludewig zu Maynz und dem Bischof Adolf von Speyer errichtet hatte. Graf Ernst und die Stadt Erfurt wurden in denselben mit eingeschlossen; aber die Güter, welche die Landgrafen dem erstern eingezogen hatten, räumten sie ihm nicht eher als 1378 wieder ein.*)

22. Ludwig wird hier zwar Erzbischof von Maynz genennt, aber er konnte es niemals dahin bringen, den würklichen Besitz dieser Würde zu erlangen, und selbst der Kaiser soll ihm insgeheim zuwider gewesen seyn. Im Jahr 1381 wurde er zum Erzbischof von Magdeburg erwählt, aber er bekleidete auch diese Würde nur kurze Zeit. Er 1382. stellte vor Fastnacht des folgenden Jahres in dem Städtchen Kalbe ein Fest an, zu dem er, außer seinen Lehnsleuten, viele andre vornehme Personen einlud. Des Abends wurde ein Ball gegeben, und bey dieser Gelegenheit brach, durch Unvorsichtigkeit der Bedienten, Feuer aus. Ludwig ergriff in dieser angstvollen Lage eine Dame, und eilte mit ihr die Treppe hinunter. Auf einmal kam es ihm vor, als wenn er ihr auf die Schleppe treten würde. Er tritt, indem er dieser Besorgniß zu entgehen sucht, fehl, stürzt die Treppe hinunter und bricht den Hals. So jämmerlich endigte Erzbischof Ludwig sein Leben. Sein Körper wurde in der Domkirche zu Magdeburg beygesetzt. Auch Landgraf Wilhelm, der dieser Feyerlichkeit gleichfalls beywohnte, befand sich in Lebensgefahr. Er rettete sich aber noch durch eine Leiter zum Fenster hinaus.**)

23. Doch

*) Ursinus, S. 1322; Gudeni historia Erfurtensis, p. 116:121; Sagittars gleichische Historie, S. 126:129.
**) Rothe, S. 1810. Kleine altenzellische Chronik, beym Menken, II, S. 444. Zusätze zu derselben, S. 2181; meißnische Chronik, S. 334.

23. Doch wir kehren von dieser kleinen Ausschweifung, wozu uns Ludwig, der Bruder unserer Landgrafen, veranlaßte, wieder zur allgemeinen Geschichte zurück. Die kleinen Fehden dauerten fast beständig fort. Zwar wurde durch die wenigsten etwas ausgerichtet, welches auf das Ganze Einfluß gehabt hätte; indessen kann doch die Geschichte der folgenden dazu dienen, die damaligen Verhältnisse, welche zwischen den Grafen und Städten obwalteten, einleuchtender zu machen. Nordhausen und die Grafen von Hohnstein konnten als Nachbarn sehr leicht in Streit gerathen. Dieß ereignete sich unter andern im Jahr 1368. Die Grafen bauten in der Nähe von Nordhausen ein Schloß, Nahmens Schnabelburg, das dieser Stadt gefährlich schien, und es brach darüber eine Fehde aus. Die Nordhäuser nahmen Söldner an, und suchten die Stadt Heringen zu überrumpeln. Die Grafen von Hohnstein thaten einen Ausfall, und einer der Söldner, Andreas von Buttlar zu Brandenfels gesessen, fieng den Grafen Heinrich von Hohnstein. Er kannte ihn aber nicht, und der Graf benutzte diesen günstigen Umstand und gab sich für Heinrichen von Kelbra aus. Da also jener kein großes Lösegeld zu erwarten hatte, so setzte er Heinrichen wieder in Freyheit. Als es die Nordhäuser erfuhren, so waren sie, nach der Denkungsart ihres Zeitalters, treuherzig genug, von dem Grafen zu verlangen, daß er sich ihnen stellen sollte. Doch Graf Heinrich war zu wenig treuherzig, um ihrer Forderung ein Gnüge zu leisten. Endlich mischte sich Landgraf

Friedrich in die Sache, und die Nordhäuser muß: ten dem Grafen seinen Schaden durch tausend Mark Silber vergüten. Dieß war das gewöhnliche Schick: sal der Städte, wenn sie sich gelüsten ließen, eine Fehde anzufangen. *)

24. Doch die Grafen von Hohnstein gehörten damals unter die Herren dieser Gegend, welche die unbequemsten Nachbarn abgaben. Die übrigen thüringischen Grafen, und die Städte Erfurt, Mühlhausen und Nordhausen schlossen daher, um 1376. diesen Bedrückungen ein Ende zu machen, ein Bünd: niß, und zogen mit vereinigter Mannschaft in der Fastenzeit gegen sie aus. Da wurden nun vierzehn Tage lang die Dörfer abgebrannt und verwüstet. Aber die Grafen wußten sich den mächtigen Bey: stand des Herzogs Otto von Braunschweig zu ver: schaffen. Dieser griff ihre Feinde auf dem Rück: zuge in einem engen Thale an, wo sie ihre Mann: schaft nicht zusammen ziehen konnten, und es wur: den so viele von ihnen erschlagen und gefangen, daß nur wenige davon kamen. Die Gefangenen muß: ten ein großes Lösegeld bezahlen, und der Stadt Erfurt soll es allein zwölf tausend Mark löthiges Sil: ber getroffen haben. **) Auf diese Art war das Kriegshandwerk damals recht einträglich!

25. Grafen und Städte waren aber nicht die einzigen, die einander befehdeten. Auch andre Herren

*) Ursinus, S. 1321.
**) Ursinus, S. 1322.

R. Ludwig von Wangenheim

Herren übten gegen ihres Gleichen, oder wohl gar gegen ihre Lehnsherren, das Faustrecht aus. Dergleichen geschah unter andern von dem Ritter Ludwig von Wangenheim und von seinem Sohne Friedrich. Sie waren mit dem Grafen Heinrich von Schwarzburg-arnstadt aus Ursachen, die uns nicht bekannt sind, in Streit gerathen, und Ritter Ludwig glaubte sich durch die Waffen Recht schaffen zu müssen. An Leuten, die an einer Fehde mit Vergnügen Antheil nahmen, fehlte es damals nie; er brachte also bald einen ziemlichen Anhang zusammen, und nun wurde dem Grafen und seinem Anhange allerley Schaden zugefügt. Zu Anfang des Jahrs 1377 hielt sich Ludwig mit seinen Spießgesellen in der Gegend des Städtchens Plauen auf. Dieß erfuhr Graf Heinrich; er rüstete sich also in der Geschwindigkeit mit seinen Lehnsleuten, und griff sie so unvermuthet und so tapfer an, daß Ritter Ludwig, der sich tapfer wehrte, getödtet, und alle die übrigen zu Gefangenen gemacht wurden. Graf Heinrich ließ dieselben in gute Verwahrung bringen, und er hatte den ernstlichen Vorsatz gefaßt, ein ansehnliches Lösegeld von ihnen zu ziehen. Ihre Freunde aber wendeten sich an die Landgrafen, die den Herren von Wangenheim besonders gewogen waren, und diese gaben sich daher alle Mühe, die Befreyung der Gefangenen ohne Lösegeld zu bewürken. Graf Heinrich wollte sich aber nicht dazu verstehen, und bald wäre er mit den Landgrafen selbst darüber in Streit gerathen. Endlich wurde man einig, die Sache dem Ausspruch gemeinschaftlicher Freunde zu überlassen, und man wählte hierzu den Erzbischof Ludewig, den Bruder der Landgrafen, den Grafen Günthern von Schwarzburg, den Grafen Heinrich von Beichlingen, den Grafen Friedrich von Orlamünda, zu Droyssig, und Gebharden, edlen Herrn zu Querfurth. Diese machten denn mit einander aus, daß Friedrich von Wangenheim und seine Verwandten und Freunde eidlich angeloben sollten, den Tod Ludewigs von Wangenheim an niemanden und auf keine Weise zu rächen, und das, was ihnen damals abgenommen worden, niemals wieder zu fordern. *) Auf eine ähnliche Art wurde Graf Heinrich von Schwarzburg und sein Bruder Günther zwey Jahre hernach von einem andern Edelmanne, Dietrich von Kobstedt, befehdet. Sie bekamen ihn aber zuletzt gefangen, und die Sache wurde durch den Landgrafen Balthasar und durch einige andre Herren verglichen. Nicht lange nach dem erstern Vergleiche, den die Landgrafen vermittelten, schlossen sie mit den gemeldeten Grafen von Schwarzburg eine nähere Verbindung, vermöge deren ihnen jene zu allen Zeiten treu zu seyn und Beystand zu leisten, diese aber ihnen dagegen Schutz zu verleihen versprachen; doch bestimmten die Grafen verschiedene von ihren Freunden, gegen die sie zu keinen Feindseligkeiten gehalten seyn wollten. **)

17. May.

1379.

26. Aller dieser Fehden und Unruhen ungeachtet, wuchs das Ansehen und die Macht unserer Landgrafen
immer

---

*) Jovius, S. 382.
**) Jovius, S. 384.

immer mehr. Besonders wurde ihr Gebiete auf vielerley Art vergrößert, indem sie nicht nur den Bezirk von Koburg, sondern auch die Schlösser Lobdeburg und Wintberg, imgleichen Wachsenburg, Schwarzwald und Liebenstein und einige reußische Schlösser hinzufügten. Hierzu kamen noch folgende Erwerbungen. Die Stadt Sangerhausen machte, wie wir aus der vorigen Geschichte wissen, in alten Zeiten eine eigne Herrschaft aus, und diese war unter dem Landgrafen Albrecht, nebst der Markgraffschaft Landsberg, an die Markgrafen von Brandenburg aus dem anhaltischen Hause gekommen. Durch Vermählung gelangten hierauf die Herzoge von Braunschweig in den Besitz der Herrschaften Landsberg und Sangerhausen. Aber Herzog Magnus mit der Kette sah sich genöthigt, sie den Landgrafen pfandweise zu überlassen; doch behielt er sich das Recht vor, sie innerhalb zweyer Jahre wieder einlösen zu können. *) Dieses ist aber nicht geschehen, und sowohl Sangerhausen als Landsberg kehrten also auf diese Art wieder unter ihre vorige Herrschaft zurück. Die Landgrafen scheinen mit einem großen Vorrathe an barem Gelde versehen gewesen zu seyn, denn sie liehen den Grafen von Henneberg zwey tausend Mark, wofür ihnen diese das Schloß Elgersburg versetzten. **) Endlich erlangten sie auch die Lehnsherrschaft über den Bezirk von Arnstadt, den ihnen der Abt Berlet zu Hersfeld abtrat. †)

1372.

27. Die

---

*) Rothe, S. 1807.
**) Goth. Gesch. I, S. 132.
†) Jovius, S. 384.

27. Die Widerwärtigkeiten, die den Menschen begegnen, rühren entweder von ihm selbst, oder von andern, oder auch von dem natürlichen Laufe der Natur her. Kriege machen sehr oft viele Menschen, ja ganze Länder unglücklich, und schon in dieser Rücksicht macht die Erzählung derselben einen der wichtigsten Theile einer Landesgeschichte aus. Unter dieselben gehören aber unstreitig auch solche Naturbegebenheiten, welche blühende Gegenden zerrütten, oder durch etwas Außerordentliches sich auszeichnen. Dergleichen gewaltsame Naturerscheinungen haben sich nun zu allen Zeiten ereignet; daher wird der, der in der Geschichte nicht unbewandert ist, über etwas, was sich in seinen Zeiten zuträgt, nicht leicht erstaunen; ja man würde, wenn man hinlängliche Nachrichten und Beobachtungen dieser Art hätte, die Menge von außerordentlichen Naturbegebenheiten, die sich in einem gewissen Zeitraume zutragen könnten, vielleicht mit ziemlicher Wahrscheinlichkeit voraus sagen können. Doch die Geschichtschreiber des Mittelalters liefern uns von solchen Ereignissen meistens nur sehr unvollständige und unbestimmte Nachrichten. So erzählt uns z. B. eine Chronik, daß am Pfingstfeste 1366 zu Mühlhausen und Eisenach ein Erdbeben gewesen sey, welches eine halbe Stunde gedauert habe, und nun sagt sie weiter kein Wort von den den Folgen, die eine so lange Erderschütterung hätte haben müssen. Etwas besser verfährt sie bey der Nachricht von einer großen Ueberschwemmung, die sich drey Jahre hernach (1369) ereignete. Sie entstand aus einem langen

gen heftigen Regen, und sie betraf besonders die Gegend um Langensalz und Northofen, wo viele Menschen ihr Leben einbüßten. *)

28. Dieß ist der Inbegriff der in Chroniken und Urkunden aufgezeichneten Nachrichten, welche Thüringens allgemeine Geschichte unter der gemeinschaftlichen Regierung der drey Landgrafen Friedrich, Balthasar und Wilhelm aufklären. Schon eine flüchtige Vergleichung mit der Geschichte eben so langer Zeiträume der vorigen und der folgenden Zeit wird einen jeden lehren, daß sie nach Verhältniß ziemlich arm ist. Doch dieß ist nun einmal der Lauf der Begebenheiten, daß nicht alle Zeiträume für die Geschichte gleich reichhaltig sind; auch haben nicht alle Zeiträume das Glück gehabt, von sachkundigen und sorgfältigen Geschichtschreibern beschrieben zu werden. Wir wenden uns aber zu dem Landgrafen Friedrich III. Dieser hätte, wenn es der Fürsehung gefiel, noch lange regieren können, allein schon im May des 1381. Jahrs 1381, und also im neun und vierzigsten Jahre seines Alters, machte der Tod seinem geschäftigen Leben ein Ende, und heftige Anfälle der Fußgicht waren es, die seinen Tod beschleunigten. Er hatte die Gicht von seinem Vater geerbt, und die kurze Lebenszeit eben dieser beyden Fürsten beweiset, daß nicht alle Menschen der alten Zeiten, wie so manche Leute sich einbilden, eine dauerhafte, nicht zu erschütternde Gesundheit

1381. 26. d. M.

*) Ursinus, S. 1320, 1321.

sundheit genossen, oder daß die Aerzte in der Heilungsart mancher Krankheiten noch sehr unerfahren waren.

29. Die Natur hatte seinen Körper groß und schön gebildet.*) Von den vorzüglichen Naturgaben seines Geistes, und von der Uebung und Erfahrung, wodurch er sie noch immer mehr erhöhete, legt die ganze Geschichte seiner Regierung den lebhaftesten Beweiß ab. An Muth und Tapferkeit wich er keinem seiner Vorfahren, und die Geschichtschreiber legten ihm daher den Nahmen des Tapfern (Strenui) bey. Außer diesen Vorzügen besaß er auch das, was nicht allen großen Männern eigen ist — *eine liebreiche und friedliebende Gemüthsart*. Ueber dreyßig Jahre lebte er mit seinen Brüdern und deren Familien nicht nur an einem Orte, sondern auch in einem Schlosse, und dennoch herrschte unter ihnen eine Eintracht, die unter solchen Umständen höchst selten, ja bewundernswürdig ist. Wie ehrwürdig muß einem nicht das Bild einer zahlreichen fürstlichen Familie vorkommen, die in edler Einfalt und Unschuld der Sitten bey einander wohnt! — Landgraf Friedrich III wurde, so wie sein Vater, in dem Kloster Altenzelle begraben, und über seinem Grabmahle waren ehemals folgende deutsch-lateinische Knittelverse vorhanden;

  Hye lyt ein Fürste löbelich,
  Quem vulgus flebile plangit;
  Von Misne Marcgrav Friderich,

            Cuius

*) Chronik des Kl. Altenzelle, S. 416.

L. Friedrichs III Familie.

Cuius insignia pangit.
Clerus, clauſtralis, laicus,
Den Fürſten laidelichen klagen;
Dives, inops, altus, infimus,
Fürſtliche Werk von ihm ſagten.
Warhaft, wiſe, tugentlich,
Affabilis atque benignus,
In Gotisfurchte ſtätiglich,
Fuit hic laudarier dignus.
Da veniam Chriſte,
Laß uns Gnade finden,
Annue quod iſte
Loß werd von ſynen Sünden. *)

Ein ſo geſchmackloſes Denkmal ſetzte die Einfalt ſeines Zeitalters einem Fürſten, der ſo große Verdienſte hatte.

30. Anfangs ſchien es nicht, als wenn Landgraf Friedrich III, in Anſehung der Nachkommenſchaft, glücklich ſeyn würde, denn ſeine erſten Kinder, ein Sohn und eine Tochter, ſtarben in ihrer zarteſten Kindheit. Der Tod des erſtern machte auf ſeine Mutter, die Katharine, einen ſo lebhaften Eindruck, daß ſie das Gelübde that, ſich bis an ihr Lebensende nicht anders als ſchwarz oder grau zu tragen, und ſich alles Schmuckes und aller Zierrathen zu enthalten. **) Hierauf ließ ſie in aller Kirchen und Klöſtern Gott um neue Leibesfrucht und

---

*) Horns Geſch. Friedr. des Streitb. S. 19:22.
**) Rothe, S. 1798.

und besonders um einen männlichen Erben, anstehen, und sie theilte, um die Zahl der Bittenden zu vermehren, reichliche Allmosen aus. Die Tochter, die ihr der Himmel schenkte, ward ihr durch den Tod zwar auch in kurzer Zeit wieder entrissen; indessen wurde dieser Verlust nach elf Jahren, nemlich am 29 März 1369, durch die Geburt Friedrichs, des ersten Kurfürsten von Sachsen aus dem thüringischen Hause, wieder ersetzt. *) Ihm folgte 1370 Wilhelm und 1380 Georg. Landgraf Friedrich III hinterließ also bey seinem Tode drey Söhne, von welchen der älteste erst sein zwölftes Jahr zurück gelegt hatte. Zwischen diesen und seinen Brüdern kam ein Jahr nach seinem Tode eine Landestheilung zu Stande, die dem Thüringerlande in der Person des Landgrafens Balthasar einen eignen Herrn gab; wir wollen daher diese Staatsveränderung bis auf das folgende Buch versparen.

*) Horn, S. 15. 17.

Zweyte Zeittafel
zur mittlern thüringischen Geschichte.

Sechster Zeitraum.

Von dem Markgrafen Heinrich dem Erlauchten bis auf den L. Friedrich I. 1248 — 1314 = 66 J.

1249 Unterwerfen sich die thüringischen Grafen M. Heinrich dem Erlauchten.
1252 läßt sich M. Heinrich von K. Wilhelm belehnen.
1254 vergleicht er sich mit dem Erzbischof von Maynz.
1262 tritt M. Heinrich Thüringen an Albrechten ab.
1264 wird der thüringische Erbfolgekrieg geendigt.
—— kömmt ein Theil der Grafschaft Mannsfeld an die Herren von Querfurth.
1268 zieht L. Albrecht nach Preußen.
1270 rettet sich Margarethe durch die Flucht.
1275 wird L. Friedrich von seinem Bruder Dietrich bekriegt.
1281 fängt sich der Krieg zwischen Albrechten und seinen Söhnen an.
1286 kömmt die Grafschaft Wiselbach an die Erfurter.
1288 stirbt M. Heinrich der Erlauchte.
1289 räumt Albrecht dem Apitz einen besondern Bezirk ein.
—— vergleicht sich Albrecht mit seinen Söhnen erster Ehe.
1290 hält sich K. Rudolf in Thüringen auf.
—— läßt K. Rudolf die Raubschlösser zerstören.
—— ordnet er das Landfriedensgericht an.
1291 stirbt M. Friedrich der Teute.
1294 verkauft L. Albrecht Thüringen an den K. Adolf.

1294 üben K. Adolfs Truppen viele Grausamkeit in Thüringen aus.
—— erleiden eben dieselben bey Raspenburg eine schändliche Niederlage.
—— verkaufen die Grafen von Gleichen dem Erzbischof von Maynz das Eichsfeld.
1295 belagert K. Adolf Kreuzburg.
1298 stirbt K. Adolf.
1299 entführt Friedrich mit dem Bisse seine Stiefschwester.
1306 maßt sich K. Albrecht Thüringen an.
—— zieht L. Albrecht nach Erfurt.
—— kaufen die Grafen von Schwarzburg Arnstadt, Wachsenburg und Schwarzwald.
1307 wird K. Albrechts Heer bey Lukka geschlagen.
—— wird Tiezmann ermordet.
1308 setzt sich Friedrich I in dem Besitz der väterlichen Länder fest.
—— unterwirft sich Eisenach demselben.
1310 entsagt K. Heinrich VII allen Ansprüchen auf Thüringen.
—— fängt sich der Krieg zwischen Friedrich I und den Erfurtern an.
1312 geräth Friedrich I in M. Woldemars Gefangenschaft.
1314 stirbt L. Albrecht.

Siebenter Zeitraum.

Von dem Landgrafen Friedrich I bis auf den Landgrafen Balthasar, 1314 — 1381 = 67 J.

1315 Wüthet ein großes Menschensterben.
1316 läßt Friedrich I Albrecht Knuten hinrichten.
1319 schließt er einen merkwürdigen Vergleich mit den Grafen von Hohnstein.
1320 stirbt der letzte Graf von Kirchberg.
1321 hilft Friedrich I Magdeburg belagern.
—— zerstört er Raspenburg und Eckardsberga.
1322 trift ihn ein Schlagfluß.

1322 stirbt Friedrich I.
1323 wird L. Friedrich II K. Ludwigs Schwiegersohn.
1324 stirbt L. Friedrich I.
1326 wird Graf Heinrich von Schwarzburg, L. Friedrichs II Vormund, erschossen.
1327 schlägt R. Friedrich von Wangenheim die Herren von Treffurth.
1328 tritt L. Friedrich II die Regierung an.
1329 wird Treffurth erobert.
1330 unterwirft K. Ludwig dem Landgrafen die Juden.
1331 vergleicht K. Ludwig den Streit zwischen L. Friedrich II und seinen Vormund, Heinrich Reuß.
1333 vergleicht sich L. Fridrich II mit seiner Mutter wegen des Leibgedings.
——— zerstört L. Friedrich II Raubschlösser.
1335 rückt Erzbischof Balduin in Thüringen ein.
1336 wird Erfurt belagert.
1337 wird Friede gemacht.
——— zieht L. Friedrich II in die Niederlande.
1338 läßt L. Friedrich II seine Schwester entführen.
1341 zerstört er Nebra.
1342 nimmt der Grafenkrieg seinen Anfang.
1344 kauft L. Friedrich II die Grafschaft Orlamünda.
1345 bricht der Grafenkrieg aufs neue aus.
——— Langensalz wird abgebrannt.
1346 vermählt sich L. Friedrich III mit der Katharine von Henneberg. Krieg, der hierdurch veranlaßt wird.
1348 heftiges Erdbeben.
1349 großes Menschensterben. Judenverfolgung. Geißler. K. Günther erwählt. L. Friedrichs II Tod.
1354 wird das Schloß Elsterburg erobert.
1355 großes Menschensterben.
1356 schließen L. Friedrich III einen Vertrag, ihre gemeinschaftliche Regierung betreffend.
1357 hilft L. Friedrich III Heinrich Reussen bekriegen.
1358 wird Arnstadt und Frankenhausen erledigt.

1359 Kindelbrück abgebrannt.
—— stirbt L. Friedrichs I Gemahlin, Elisabeth.
1361 zieht L. Friedrich III gegen den Abt von Fulda.
1362 bekriegt der Erzbischof Ludwig den Grafen von Mannsfeld.
1365 führt L. Friedrich III mit H. Albrecht II von Braunschweig Krieg.
1366 großes Erdbeben.
1367 kömmt Wachsenburg, Schwarzwald und Liebenstein an die Landgrafen.
1368 wird Nordhausen von den Grafen von Hohnstein befehdet.
1369 große Ueberschwemmung.
1373 Krieg mit der Sterngesellschaft.
1374 rückt der Bischof Adolf nach Thüringen.
1376 überziehen die thüringischen Grafen und Städte die Grafen von Hohnstein.
1377 befehdet R. Ludwig von Wangenheim den Graf Heinrich von Schwarzburg.
1379 errichten die Landgrafen mit den Grafen von Schwarzburg eine Verbindung.
1381 stirbt L. Friedrich III.

Register.

A.

Accise, im 13ten Jahrh., Seite 104.
Adolf, Kaiser, kauft Thüringen. 71. will es mit Gewalt behaupten, 73. wird bey Raspenburg geschlagen, 75. aus Mühlhausen herausgejagt, 77. rückt aufs neue in Thüringen ein, 79. belagert Kreuzburg, 80. will Friedrichen I ermorden lassen, 86. bestätigt die Freyheiten der Erfurter, 166.
Adolf, Bischof von Speyer, wird zum Erzbischof von Maynz erwählt, 325. sucht seine Zuflucht in Erfurt, 326.
Albrecht, der Unartige, Landgraf, wird von seinem Vater zum Landrichter Thüringens verordnet, 32. tritt die landgräfliche Regierung an, 33. vermählt sich; dessen Kinder, 34. zieht nach Preussen, 35. will seine Gemahlin ermorden lassen, 37. vollzieht die ordentliche Verbindung mit der Kunegunde, 41. versetzt Weissensee, ebendas. führt mit seinem Bruder Dietrich Krieg, 42. lebt mit seinem Vater in Zwietracht, 43. geräth mit Dietrichen aufs neue in Uneinigkeit, 44. leistet eben demselben Beystand, 45. demüthigt den Grafen von Berka, 46. will Thüringen seinem Sohne Aptz zuwenden, 48. hindert seinen Sohn Friedrich an einem grossen Glücke, 49. vermählt sich zum drittenmal; lebt mit seinen Söhnen erster Ehe einige Zeit in Eintracht, 50. erbt einen Theil von Meissen, 52. räumt Apitzen einen besondern Bezirk ein, 54. wird von seinem Sohne Friedrich gefangen, 56. vergleicht sich mit seinen Söhnen, 57. sucht zu Fulda und Hersfeld um die Bekehrung an, 59. verschleudert seine Güter, 60. vergleiche

sich aufs neue mit seinen Söhnen, 63. 64. sucht denselben Feinde zu machen, 69. verkauft Thüringen an den K. Adolf, 71. nimmt an dem daraus entstehenden Kriege wenig Antheil, 88. bekriegt den Grafen von Weimar, 93. räumt die Wartburg und ziehet nach Erfurt, 100. wirthschaftet unordentlich, 133. und stirbt in großer Dürftigkeit, 134. Thüringens Staatsverfassung unter dessen Regierung, 136. dessen Minister, 137. Hofstaat, 139.

Albrecht, Kaiser, macht auf Thüringen Ansprüche, 97. sucht sie auszuführen, 99. dessen Truppen werden bey Lukka geschlagen, 106; verliert die Lust, sich Thüringen anzumaßen, 108. bekömmt sie aufs neue, 114. wird ermordet, 114.

Albrecht I, H. von Braunschweig, belagert Weissensee, 9. nimmt den E. Gerhard von Maynz gefangen, 22. verbindet sich mit der Sophie, 23. rückt in Thüringen ein, 24. wird bey Wettin geschlagen, 29. muß den Frieden theuer erkaufen, 30.

Albrecht II, Herzog von Braunschweig, führt sich sehr trotzig auf, 316. wird von L. Friedrich III mit Krieg überzogen, 317. beweiset sich treulos, 318. muß sich zum Frieden bequemen, 319.

Albrecht, Graf von Köthen, 129. 130. 131.

Albrecht, von Vargel, befördert die Flucht der Margaretha, 38.

Allerstedt, Herren von; Ludolf und Heinrich, 11.

Allmenhausen, 214.

Altenberge, Herrschaft, 152. 259.

Altenstein, 271.

Amera, Herren von, 138.

Andreas von Buttlar, zu Brandenfels, 328.

Apitz, L. Albrechts Sohn von der Kunegunde, 41. führt eine muthwillige Regierung, 55. übt Landesherrnrechte aus; stirbt, 89.

Architiakonate, mayntzische in Thüringen, 203.

Arnshaug, 255.

Arnstadt, Herrschaft, 310. 333.

Arnstadt,

Arnstadt, 147. dessen Verfassung im 13ten Jahrh., 183. wird von den Erfurtern eingeschlossen, 250. 261. Gefechte bey demselben, 263.
Artern, 144.
Atze, Hanns, 6.

B.

Balduin, Erzbischof von Trier, 240. kömmt nach Thüringen, 241. verbindet sich mit L. Friedrich II, 243. leistet auf das Erzbisthum Maynz Verzicht, 245.
Ballenhausen, 214.
Ballstedt, Hermann und Heinrich von, 7. 9.
Ballstedt, Herren von, 138.
Balthasar, Landgraf; dessen Geburt, 301. übt sich im Kriegswesen, 322. steht dem L. Hermann von Hessen bey, 324. nöthigt den B. Adolf, nach Erfurt zu flüchten, 326.
Bayernaumburg, Burg bey, 239.
Beatrix, L. Friedrichs II Tochter, 301.
Beringen, Dietrich von, 138.
Bendsleben, Heinrich und Ludolf von, 11.
Beichlingen, Grafen von; Friedrich, 10. 12.
Beichlingen, Grafen von; 72. 73. 95. 103. deren Verf. im 13ten Jahrh. 139. 235. 243.
Bertold, Graf von Henneberg, 117.
Bete, Ursprung dieser Abgabe, 203.
Blankenburg, 147.
Bleicherode, 144.
Bollstedt, 22.
Brandenberg, Schloß, 54.
Brandenberg, Grafen von, 150. 235.
Brandenfels, 7. 54.
Bruberg, Gerlach von, Friedenshauptmann, 65. 84. 85. 87
Burkhard III, Erzbischof von Magdeburg, 217.
Buttstedt, 57.

C.

Capellendorf, 152.
Clingen, 179.
Cobstedt, Dietrich von, 332.
Cölleda, Kloster, 193.
Culmbach, 156.

D.

Dietrich, Landgr. in Thüringen, bekömmt das Osterland, 33. nimmt Albrechts Söhne zu sich, 40. führt mit seinem Bruder Albrecht Krieg, 42. fällt in Thüringen ein, 44. wird von dem E. von Magdeburg gefangen genommen, 45. stirbt, 50.
Dietrich, Bischof von Naumburg, 43.
Döllstedt, Schloß zu, 241. 242.
Döllstedt, Herren von, 138. 139.
Döllstedt, Ritter Hermann Stranz von, 7. 138.
Dreffurth, Herr von, 12.
Dornburg, Schloß, 255. 265. 266. Herrschaft, 259. 311.
Droißig, 255.

E.

Ebeleben, Herren von, 103. 193.
Eckardsberga, Stadt, 10. 57. 219.
Eckardsberga, Dietrich von, 139.
Eduard III, König von England, 146. 247.
Egstedt, Gefechte bey, 262.
Einbek, Stadt, 317.
Eisenach, unterwirft sich der Sophie, 14. Zusammenkunft daselbst, 18. will die Sophie nicht einlassen, 19. kömmt in M. Heinrichs Gewalt, 27. 72. 84. 88. 91. steht dem K. Albrecht wider Friedrich I und seinen Bruder bey, 96. 99. 104. 112. unterwirft sich demselben, 114. dessen Verf. im 13ten Jahrh., 173. 177. ein Lehn der Stif-

ter Fulda und Hersfeld, 196. Schauspiel daselbst aufgeführt, 221. Turnier daselbst gehalten, 268.

Eisenacherburg, 23. 27.

Eichsfeld, gehört den Grafen von Gleichen, 140. kömmt an Maynz, 141.

Eisleben, 72. 315.

Elchleben, Dietrich von, 266.

Elgersburg, 149. 333.

Elisabeth, Gem. L. Albrechts, 51. verhilft Friedrichen I zum Besitz der Wartburg, 100.

Elisabeth, L. Friedrichs I Gemahlin, 90. kömmt auf der Wartburg nieder, 101. erweiset den Geistlichen Wohlthaten, 222. regiert im Nahmen ihres minderjährigen Sohns, ebendas. streitet sich mit ihrem Sohne wegen des Leibgedings, 237. stiftet zwischen Friedrich III und der Katharine von Henneberg eine Verbindung, 269. nimmt an der Regierung ihres Enkels Antheil, 304. stirbt, 313.

Elisabeth, L. Friedrichs I Tochter, 227. 247. 248. 249.

Elisabeth, L. Friedrichs II Tochter, 301.

Elisabethenkloster, eisenachisches, 237.

Eksterburg, Schloß, 308.

Erdbeben, heftige, 277. 334.

Erfurt, dasiger Reichstag, 61. erobert Hopfgarten, 93. bekriegt den Burggrafen von Kirchberg, 94. strebt nach dem Stande einer freyen Reichsstadt, 118. geräth mit dem L. Friedrich I in Streit, 119. beschimpft denselben vor dem Landgerichte, 121. Krieg mit demselben, 122. 127. 129. 132. dessen Verfassung im 13ten Jahrh., 158. 173. dasiges Geleite, 204. dasiger Handel, 206. 207. steht dem Landgrafen bey, 219. hält es mit dem Erzbischof Balduin, 240. 241. wird von diesem und dem L. Friedrich II belagert, 243. bekriegt den Landgrafen, 244. schließt Arnstadt ein, 250. steht in dem Grafenkriege dem Landgrafen bey, 254. 259. 261. leistet dem Landgrafen Friedrich II Beystand, 271. wird durch Erdbeben, Menschensterben heimge-

heimgesucht, 277. 278. verfolgt die Juden, 279. will Wachsenburg ꝛc. kaufen, 320. lockt den B. Adolf nach Thüringen, 326. hilft die Grafen von Hahnstein bekriegen, 330.

Erichsberg, Schloß, erobert, 173.

Ernst, Graf von Gleichen, steht dem Bischof Adolf von Speyer bey, 326. 327.

Eschenberge, Gefechte bey, 84.

F.

Fahnern, Herren von, 103. 139.

Fehden, nach Heinrich Raspens Tod, 6.

Finanzstaat, landgräflicher, 103.

Frankenhausen; dessen Verf. im 13ten Jahrh, 183. kömmt an Schwarzburg, 251. 257. 311.

Frankenroda, 178.

Frankenstein, Schloß, 79. 80.

Frankenstein, Herren von, 79. 80.

Frauenburg, Ursprung derselben, 23. 27.

Freyburg, Stadt, 78. 239.

Freydank, ein frankfurter Arzt, 293.

Friedrich II, Kaiser, ertheilt Heinrich dem Erl. die Anwartschaft auf Thüringen und die Pfalz Sachsen, 4. Gültigkeit dieser Anwartschaft, 15.

Friedrich I, (mit dem Bisse) Landgr., Albrechts Sohn, 34. gefangen, 45. geräth in die Gefangenschaft seines Vaters, 49. Pfalzgraf zu Sachsen, 51. 52. läßt sich mit M. Heinrich dem Erl. in eine besondere Verbindung ein, 53. bemächtigt sich seines Vaters, 56. vergleicht sich mit demselben, 57. 63. ist in Gefahr, ermordet zu werden, 86. befindet sich in großer Verlegenheit, 87. behauptet den Besitz von Thüringen, 88. entführt seine Stiefschwester, 90. hält zu Weissensee eine Untersuchung, 91. bemächtigt sich der Wartburg, 99. läßt seine Tochter mit großer Gefahr taufen, 101. schließt Eisenach ein, 103. schlägt K. Albrechts Truppen bey Lukka, 106. nimmt Thüringen

des dritten Bandes.

in Besiß, 112. begnadigt Eisenach, 115. wird von K. Heinrich VII damit beliehen, 117. dessen Streitigkeiten und Kriege mit Erfurt, 119/127. geräth in M. Wolkemars I Gefangenschaft, 128. wird von seinen Lehnsleuten in Freyheit gesetzt, 131. vergleicht sich mit Erfurt, 133. läßt Albrecht Knuten hinrichten, 212. schließt mit den Grafen von Hohnstein einen merkwürdigen Vergleich, 214. bemüht sich die Wohlfahrt seines Landes wieder herzustellen, 215. hilft Magdeburg belagern, 217. zerstört Raspenburg und Eckardsberga, 219. wird von einem Schlagflusse getroffen, 221. stirbt, 224. sein Grabmahl, 225. Charakter, 126. Familie, 227.

Friedrich II, Landgraf, vermählt sich, 223. folgt seinem Vater, 227. tritt die Regierung an, 232. vermählt sich; beweiset sein Ansehen, 233. K. Ludwig unterwirft ihm die Juden, 234. hält zu Reinhardsbrunn eine Friedensconferenz, 235. wird auf einem Turniere verwundet, 236. stiftet das eisenachische Elisabethenkloster, 237. streitet sich mit seiner Mutter des Leibgedings wegen, 238. zerstört die Raubschlösser, 239. bekriegt Erfurt, 241. verbindet sich mit dem Erzbischof Balduin, 243. belagert Erfurt, 244. geht mit den thüringischen Grafen und Städten eine Verbindung ein, 245. zieht nach den Niederlanden, 246. wird zum Ritter geschlagen, 247. läßt seine Schwester Elisabeth entführen, 248. erobert Nebra, 250. wird von dem Grafen Hermann von Orlamünda beleidigt, 253. verbindet sich mit Erfurt, 254. erwirbt die Grafschaft Orlamünda, 258. belagert Arnstadt, 261. wird hart verwundet, 264. belagert Doruburg, 265. vergleicht sich mit den Grafen von Schwarzburg, 266. mit den Grafen von Orlamünda, 268. wird mit dem Grafen Heinrich von Henneberg in einen Krieg verwickelt, 270. belagert Scharfenberg, 271. hilft Erichsberg erobern, 273. läßt Feuer in Langensalz schießen, 276. schlägt die Kaiserwür-

de

de aus, 284. verbindet sich mit K. Karl IV, 292. dessen Tod und Charakter, 299. dessen Familie, 300.

Friedrich III, Landgraf; dessen Geburt, 301. übernimmt die gemeinschaftliche Regierung, 305. bestimmt seiner Gemahlin die Pflege Weissenfels zum Leibgeding, 306. bekriegt Heinrich Reussen von Plauen, 309. macht auf Frankenhausen Ansprüche, 311. bekriegt den Abt von Fulda, 314. den Herzog Albrecht II von Braunschweig, 316. erlangt den Besitz der Schlösser Wachsenburg, Schwarzwald und Liebenstein, 321. belagert Erfurt, 326. schließt mit den Grafen von Schwarzburg einen Vergleich, 332. vermehrt sein Land, 333. dessen Tod, 335. Charakter, 336. Grabschrift, 337. Familie, 338.

Friedrich, der Teute, Markgraf von Landsberg, 44. 51. 54. vergleicht sich mit Albrecht, 63. stirbt, 66.

Friedrich, von Dresden, M. Heinrichs Sohn, 54.

Friedrich, L. Friedrichs I Sohn, 227.

Friedrich, L. Friedrichs II ältester Sohn, 300.

Friedrich von Wangenheim, Ritter, Landvoigt in Thüringen, 229. 230. schlägt L. Friedrich II zum Ritter, 246.

Friemar, Hanns von, 272.

Fulda, Abt von, nimmt die Margarethe auf, 39.

Fulda, Aebte von, 195. 196.

Furre, Hermann von, 138.

G.

Gangloffsömmern, 74.

Gebhard, Erzb. von Maynz, thut Heinrich den Erl. und Sophie in den Bann, 16. vergleicht sich mit Heinrichen, ebendas. verbindet sich mit der Sophie, 20. führt mit dem H. Albrecht von Braunschweig Krieg, 22.

Gebhard I, Erzb. von Maynz, 97.

Gebhard II, Erzbischof von Maynz, 161.

Geißler, in Thüringen, 282.

Gelharten, im 13ten Jahrh., 207.
Geleite, erfurtisches, 204.
Georgenthal, Kloster, 91. 192.
Gerlach, Erzbischof von Maynz, 283. 284.
Gerichtsverfassung, im 13ten Jahrh., 200.
Gleichen, Grafen von; Albrecht, II, 47. 51. 87. deren Verfassung im 13ten Jahrh. 140. 144. 235. Ernst III, 33.
Gleißberg, Heinrich von, 138.
Gleven, was sie bedeuteten, 244.
Gotha, Gefechte bey, 10. 57. 72. 79. 84. 85. 88. 90. ist ein maynzis. Lehn, 98. 195. dessen Verf. im 13ten Jh., 179. 182.
Gottern, Ludwig von, 124.
Greussen, Stadt, 144.
Greifberg, 94. 152. 266.
Großensömmerda, 241.
Günnstedt, Dorf, 282.
Günther, Graf von Schwarzburg arnstadt, ist mit den Erfurtern in eine Fehde verwickelt, 250. beleidigt den L. Friedrich II, 253. führt mit demselben Krieg, 253. 268. wird zum römischen König erwählt, 286. dessen Charakter, ebendas. zieht in Frankfurt ein, 290. lagert sich vor dasselbe, 291. wird vergiftet, 293. entschließt sich endlich, Karln IV die Kaiserwürde abzutreten, 295. dessen Tod, 298.
Günther, Truchses von Schlotheim, 193.

H.

Handel, im 13ten Jahrh., 206.
Hardenberg, Herren von, 229.
Hausen, Schloß, (im Gothaischen) erobert, 9.
Hayn, Herren von, 64. 138.
Heinrich der Erlauchte, Markgraf, bekömmt die Anwartschaft auf Thüringen, 4. rückt bewafnet in dasselbe ein, 9. beweiset viele Strenge, 10. nöthigt die thüringischen Grafen und Herren, sich ihm zu unterwerfen, 10. 13. übernimmt die Interimsverwaltung Thüringens, 15. vergleicht sich mit

mit dem Erzbischof Gebhard von Maynz, 16. läßt sich von dem K. Wilhelm mit der Landgraffschaft Thüringen belehnen, 18. beschwört sein Recht auf Thüringen, 21. behauptet die Oberhand, 26. nimmt Eisenach ein, 27. erlangt Thüringen durch einen Frieden, 30. sorgt während der Zeit für das Beste dieses Landes, 32. tritt es an seinen Sohn Albrecht ab, 33. lebt mit Albrechten in Zwietracht, 43. errichtet mit seinem Enkel Friedrich eine besondre Verbindung, 53. stirbt, 54.

Heinrich VII, Kaiser, 116. entsagt allen Ansprüchen auf Thüringen, 117.

Heinrich, Erzbischof zu Maynz, 194.

Heinrich von Virneburg, Erzbischof von Maynz, 240. söhnt sich mit Erfurt aus, 245. verbindet sich mit den Grafen von Schwarzburg, 260. vom Pabst abgesetzt, 283. wählt K. Günthern, 288. wird von demselben beliehen, 290.

Heinrich, Herzog von Braunschweig, 163.

Heinrich II, Herzog von Lothringen und Brabant, Gemahl der Sophie, 5. stirbt, 13.

Heinrich III, Herzog von Brabant, 20.

Heinrich, das Kind von Hessen, 5. wird an die Tochter H. Albrechts von Braunschweig verlobt, 23. legt sein zwölftes Jahr zurück, 25. Landgraf von Hessen, 41.

Heinrich, Landgraf von Hessen, 248. 249.

Heinrich, ohne Land, L. Albrechts Sohn, 52.

Heinrich der Aeltere, Gr. von Schwarzburg, L. Friedrichs II Vormund, 222. wird getödtet, 228.

Heinrich XIV, Graf von Schwarzburg, 254.

Heinrich, Graf von Schwarzburg, 331.

Heinrich, Voigt zu Plauen, 254.

Heinrich Reuß von Plauen, der Aeltere, L. Friedrichs II Vormund, 228. legt die Vormundschaft nieder, und geräth mit Friedrich II in Streit, 232.

Heinrich Reuß von Plauen, wird von Karln IV und Friedrich III bekriegt, 309.

Hein-

Heinrich, Graf von Henneberg, L. Friedrichs III Schwiegervater, 269. sucht Kreuzburg zu überraschen, 270. besetzt Scharfenberg, 271. vergleicht sich mit seinem Schwiegersohne, 272. stirbt, 273.

Heldrungen, Herren von, 11. 72. 73.

Henneberg, Grafen von; Berthold, 47.

Hermann, Landgraf von Hessen, 323.

Hermann, Graf von Henneberg, 24. Statthalter und Landrichter Thüringens, 31. 32. 43.

Hermann von Bibra, 241. 242.

Hersfeld, Aebte von, 195.

Hessen, ist ein thüringisches Allodialgut, 4. unterwirft sich der Sophie, 13. wird von Thüringen abgesondert, 30.

Hessen, Landgraf Johann von, 126.

Hessen, L. Heinrich II, 227. 322.

Heßler, 264.

Hirsingerode, 137.

Hofmeister, im Mittelalter, 137.

Hohnstein, Grafen von, 10. 12. 72. 73. 74. 94. 103. deren Verf. im 13ten Jahrh., 144. schließen mit dem L. Friedrich I einen Vergleich, 214. 235. machen allerley Ansprüche, 251. nehmen an dem Grafenkriege Antheil, 254; ziehen vor das Schloß Erichsberg, 273. huldigen K. Karl IV, 192. 326. befehden Nordhausen, 329. werden von den Städten bekriegt, 330.

Hohnstein, Heinrich III, Graf von, 241. K. Karls IV. Landvoigt, 308.

Hopfgarten, Schloß, 93. 169.

Hopfgarten, Herren von, 138.

Hörselgau, Herwig von, 6.

Hörselgau, Ludwig von, 138.

Husingeroda, Hermann von, 141. 170.

J.

Ichtershausen, 192.

Jecheburg, Probst zu, dessen Sprengel, 203.

Jena, Stadt, 157. 237.
Ilm, 147. 148. 149.
Ilmenau, 65.
Johann, König von Böhmen, 117. 125. 126.
Johann, Graf von Schwarzburg, 321. 323.
Johann von Nürnberg, 125. 127.
Johannisthal, Kloster, 15.
Juden, spielen zu Weissensee eine Passionsgeschichte, 91. werden verfolgt, 93.
Juden, treiben starken Handel, 171. 207. sind zu Erfurt stark angesessen, 172. treiben vorzüglich Geldgeschäfte, 201. werden dem Landgrafen unterworfen, 234. leiden eine große Verfolgung, 279. 281. werden von den Landgrafen in Schutz genommen, 306.
Jutta, Graf Heinrichs von Henneberg Gemahlin, 273.

K.

Käfernburg, Grafen von; Günther und Berthold, 10. Günther der Jüngere, 48. 49.
Käfernburg, Grafen von; 87. 112. deren Verf. im 13ten Jahrh., 148. 235. 243.
Kalenberg, Schloß, 7. 23.
Kahla, Stadt, 157. 264. 265.
Kanzley, landgräfliche, 138.
Karl IV, Kaiser, 284. 285. 291. sucht seinen Gegner Günther durch List zu überwinden, 292. greift Günthern an, 295. vergleicht sich mit demselben, 296. wohnt dem Leichenbegängnisse desselben bey, 298. läßt die Raubschlösser niederreissen, 308. bekriegt Heinrich Reussen von Plauen, 309. belagert Erfurt, 326.
Katharine, L. Friedrichs III Gemahlin, 269. 270. 272. Leibgeding derselben, 306.
Katze, Belagerungswerk, 83.
Katzenelnbogen, Graf von, 241. 242.

Regel, Bedeckung des Kopfes, 82.
Kindelbrück, 182. abgebrannt, 312.
Kirchberg bey Sondershausen, 144. 150. 152.
Kirchberg, bey Jena, 150. 152.
Kirchberg, Grafen von, 150. 152.
Kirchberg, Burggrafen von, 152. 154. 259. 265. 266.
Klemme, bey Eisenach, 24.
Klettenberg, Schloß, 144.
Knut, Albrecht, 212.
Koburg, Pflege, 269.
Konrad, Erzb. von Magdeburg, 44. 45.
Kranichfeld, brennt ab, 244.
Kranichfeld, Hermann von, 266.
Kreuzburg, von H. Albrecht von Braunschweig belagert, 24.
    vom K. Adolf, 80. 84. 88. dessen Verf. im 13ten Jahrh.,
    177. 179. ist in Gefahr erobert zu werden, 270. 324.
Kreuzkloster, gothaisches, 31.
Kriegsverfassung, im 13ten Jahrh., 205.
Kunegunde, von Eisenberg, L. Albrechts Beyschläferin, 37.
    wird dessen Gemahlin, 41. stirbt, 51.
Kunemunde, 229.

L.

Lahra, Grafschaft, 139. 144.
Landsberg, Markgrafschaft, 333.
Langensalz, s. Salza.
Laucha, Christian von, 138.
Lehsten, 44. 152.
Lichtenwald, Schloß, 7.
Liebstedt, Heinrich von, 138.
Liebenstein, 320.
Lobdeburg, 311.
Löwenstein, 255.
Ludwig, Kaiser, wird L. Friedrichs II Schwiegervater, 223.

bedenkt ihn sehr gut, 224. 233. kömmt nach Thüringen, 233. ernennet L. Friedrich II zum Vormund seines Sohnes, und ertheilt ihm verschiedene Vorrechte, 234. vergleicht Friedrich II und seine Mutter, 228. stirbt, 284.

Ludwig, L. Friedrichs II Sohn, bekriegt den Grafen von Mannsfeld, 315. bemüht sich Erzbischof von Maynz zu werden, 325. kömmt als Erzbischof von Magdeburg jämmerlich um, 328.

Ludwig, Markgraf von Brandenburg, 288.

Ludwig, von Wangenheim, Ritter, 331.

M.

Magdeburg, belagert, 217.

Magnus mit der Kette, H. von Braunschweig, 333.

Mannsfeld, Grafen von; 103. ihre Verfassung im 13ten Jahrh., 145.

Mannsfeld, Graf von, 315.

Margaretha, L. Albrechts Gemahlin, 34. soll ermordet werden, 37. ergreift die Flucht, 39. stirbt, 40.

Marksuhra, Kloster, 193.

Matthias, Erzb. von Maynz, 240.

Mechtilde, L. Friedrichs II Gemahlin, 223. ihre Mitgift, 233. ihr Tod, 301.

Memleben, 255.

Menschensterben, großes, 278. 308.

Meran, Herzoge von, 156.

Mila, Herren von, 64. 137.

Mila, Heinrich von, Voigt zu Gotha, 55. 59. 60.

Minister, landgräfliche, 137.

Mittelstein, Schloß, 23. 26.

Mittelhausen, Landgericht daselbst, 15. Preise, im 13ten Jahrh., 172. 208.

Mittelhausen, Lager bey, 73. 76.

Mittelhausen, 195.

Molsch-

Molschleben, Herren von, 138.
Mühlhausen, jagt K. Adolfen fort, 77. nimmt an dem Kriege der Erfurter mit K. Friedrich I Antheil, 122. 129. 131. deſſen Verf. im 13ten Jahrh., 183-187. verbindet ſich mit dem L. Friedrich I, 245. wird an K. Günther verpfändet, 296. hilft die Elsterburg erobern, 308, und die Grafen von Hohnſtein befehden, 330.

N.

Nebra, Schloß, 249. 250.
Nebra, Dietrich von, 139.
Neuenburg, Schloß, 78. 79.
Neumarkt, zerſtört, 308.
Nordhauſen, 88. nimmt an dem Kriege der Erfurter mit Friedrich I Antheil, 122. 129. 131. deſſen Verf. im 13ten Jahrh., 187-191. 245. 296. 308. wird von den Grafen von Hohnſtein befehdet, 329. 331.
Nürnberg, 289.

O.

Oldisleben, Lager bey, 13.
Orlamünda, Grafen von, 50. 154-157. verbindet ſich mit Erfurt, 243. mit dem Landgrafen, 245. führen mit denſelben Krieg, 252. 254. verkaufen ihnen die Grafſchaft Orlamünda, 258. müſſen ſich vor ihnen demüthigen, 268.
Ohrdruf, 197.
Otto der Quade, Herzog von Braunſchweig, 323. 326. 330.

P.

Peſt, ſ. Menſchenſterben.
Peter, Erzbiſchof zu Maynz, 107. 117.
Plaſſenburg, 156.

Q.

Querfurth, Herren von; Gebhard, 57. bringen die Grafschaft Mannsfeld an sich, 146.

V.

Veitshochheim, 125.
Verfassung, geistliche im 13ten Jahrh. 202.
Verfassung, städtische im 13ten Jahrh., 200.
Vippach, 255.
Virneburg, Graf von, 262.
Viselbach, Grafschaft, 141. 170.
Vockstedt, 144.
Voigtgerechtigkeit, erfurtische, 140. 143. 158.
Volkenroda, 192.
Volkstedt, Heinrich von, 277.

R.

Rabenswalde, Grafen von; Albrecht, 10. 11. Friedrich und Berthold, 47. Friedrich, 57. 58. 150.
Räthe, im Mittelalter, 137.
Rangordnung im 13ten Jahrh., 209.
Raspenburg, 219.
Raspenburg, Ueberfall zu, 75.
Reinhardsbrunn, Kloster, 55.
Reinhardsbrunn, Kloster, besitzt das Schloß Tenneberg, 60. 89. dessen Verf. im 13ten Jahrh., 192. große Conferenz daselbst, 235.
Reussen, verbinden sich wider Friedrich I, 126.
Rinkleben, von den Erfurtern zerstört, 129.
Rippe der h. Elisabeth; Heinrich der Erl. schwört auf dieselbe, 21.
Rochlitz, Vergleich daselbst, 57.
Rudolf, von Habsburg, Kaiser, kömmt nach Thüringen, 61.

vergleicht Albrechten und Friedrich den Teuten, 63. zerstört die Raubschlösser und errichtet ein Landfriedensgericht, 65.
Rudolf, Herzog zu Bayern, 288.
Rudolf, Schenke, von Vargel, ficht für Heinrich den Erl., 8. führt den Rudolfsstein auf, 24. hilft den H. Albrecht von Braunschweig schlagen, 29.
Rudolstadt, abgebrannt, 264. 267.
Rudolfsstein, Schloß, 24.
Ruprecht, Herzog zu Bayern, 288.

S.

Sachsen, Pfalz zu, kömmt an die Markgrafen von Meissen, 4.
Sachsenburg, 214.
Salfeld, 266.
Salz der Helden, 316. 317.
Salza, Stadt, 274. 335.
Salza, Herren von, 197. 274.
Salzungen, 79. 80.
Sangerhausen, Stadt, 84.
Sangerhausen, Herrschaft, 333.
Scharfenberg, 7. 197. 271.
Schartfeld, 144.
Schauenburg, 24.
Schauenforst, 157. 264. 266.
Schauspiel der zehn Jungfrauen, 221.
Scheidingen, Beringer von, 219. 220.
Schlotheim, Herren von, unterstützen Friedrichen I, 48.
Schlotheim, Herren von, 64. sieben Albrechts Söhnen bey, 72. 73. 103. üben das Münzrecht, 186.
Schmalkalden, L. Friedrich III verpfändet, 305.
Schnabelburg, Schloß, 329.
Schönnestedt, 195.
Schreiber, landgräfliche, 137.
Schwarzwald, 147. 148. 320.

Schwarzburg, Grafen von; 10. 12. 47. 51. 64. 73. 103.; deren Verf. im 13ten Jahrh., 146. 148. 235. 251. vergleichen sich mit dem L. Friedrich II, 257. verbinden sich mit den Grafen von Orlamünda, von Hohnstein ꝛc. 260. werden befehdet, 232.

Seebach, Herren von, 257.

Siebleben, 195.

Siegfried, Graf von Anhalt, macht auf Thüringen Anspruch, 5. richtet aber wenig aus, 13.

Sittichenbach, Kloster, 315.

Sondershausen, 144. 147.

Sonneborn, 79. 103. 197.

Sontra, Herren von, 229.

Sophie, L. Ludwigs IV Tochter, macht auf Thüringen Anspruch, 5. setzt sich in Hessen fest, 13. bringt Eisenach auf ihre Seite, 14. übergiebt Thüringen Heinrich dem Erlauchten zur Interimsverwaltung; stiftet das Johanniskloster zu Eisenach, 15. verlangt Thüringen von Heinrich dem Erlauchten zurück, 18. kömmt selbst dahin, 19. verbindet sich mit dem Erzbischof von Maynz, 20. kündigt Heinrich dem Erl. Krieg an, 21. schließt auch mit dem H. Albrecht von Braunschweig ein Bündniß, 22. vergleicht sich mit dem Erzbischof von Maynz wegen ihrer Lehngüter, 25. sieht sich genöthigt, Frieden zu machen, 30.

Spatenberg, Schloß, 144. 195.

Steinfürst, Schloß, 7.

Sterngesellschaft, 323. 325.

Stolberg, Grafen von; Heinrich, 57.

Stolberg, Grafen von, 57. 72. 73. 103.; ihre Verf. im 13ten Jahrh., 145. 235. 326.

Stolberg, Grafen von; Friedrich II.

Straßenau, ein Schloß, 7.

Strausberg, 144.

Stuterheim, Schloß, 169.

Tann.

T.

Tannroda, Konrad von, 266.
Tenneberg, Schloß, 54. 55. 60. 89. 238.
Tennstedt, 214.
Thomasbrücken, ein maynzisches Lehn, 25.
Thomasbrücken, 195.
Thüringen, Landgrafschaft, kömmt an die Markgrafen von Meissen, 30.
Tiezmann, L. Albrechts Sohn, 35. wird von seinem Vaters-bruder zum Erben eingesetzt, 44. Herr des pleißner Lan-des, 51. 52. sucht K. Albrechts Ansprüche auf Thüringen zu heben, 97. 98. eilt seinem Bruder zu Hülfe, 103. hilft Albrechts Truppen bey Lukka schlagen, 106. wird ermordet, 108. dessen Antheil an Thüringens Regierung, 109. 112.
Titulatur, im 13ten Jahrh., 210.
Tonna, 140. 141. 327.
Tonna, Gefechte bey, 10.
Tondorf, 157. 255. 264. 267.
Treffurt, Stadt, 231.
Treffurth, Herren von, 103. 138. befehden das Thüringer-land, 229.
Treffurth, Hermann von, 231.
Turnier, zu Nordhausen, 187. zu Merseburg, 206. zu Pegau, 236.

U.

Ueberschwemmung, große, 334.
Uelleben, Heinrich von, 138.
Utstedt, von den Erfurtern erobert, 122.

W.

Wachsenburg, 147. 148. 269. 320.
Waid, ehemaliger Handel damit, 296.
Waldenburg, 7.
Waldenfels, 192.

Wangenheim, Herren von, 230. 257.
Wartburg, erobert, 10.
Wartburg, 89. kömmt in L. Friedrichs I Hände, 100. wird von demselben ausgebessert, 216.
Wechmar, 137. 197.
Welspeche, von, 27.
Wenzel, Karls IV Sohn, 327.
Wenzeslav, K. von Böhmen, 87.
Werner, E. von Maynz, thut die Sophie und ihren Sohn in den Bann, 25.
Werner, Erzbischof von Maynz, 160. 161. 171.
Wettin, Schlacht bey, 29.
Weimar, Stadt, 182. 255.
Weimar, Grafen von, 83. fechten wider Friedrich I, 122. 123. 124. 129. 132. 155.
Weissenfels, Vergleich zu, 10:13.
Weissenfels, Pflege, 306.
Weissensee, belagert, 9. an Hessen verpfändet, 41:57. 84. 88. 91.; dessen Verf. im 13ten Jahrh., 182. 237. 238.
Wiehe, 155. 157. 255.
Wildenau, Graf von, 99. 101. 104.
Wilhelm, Landgraf; dessen Geburt, 301. übt sich im Kriegswesen, 322. ist in Lebensgefahr, 328.
Wilhelm, König, kömmt nach Thüringen, 17.
Willerstedt, Ditmar von, 11.
Windberg, 152. 311.
Winterstein, Schloß, 89.
Witterda, Heinrich von, 273.
Witzleben, Dietrich von, 319.
Woldemar I, Markgraf von Brandenburg, bekömmt Friedrichen I gefangen, 129. schreibt ihm harte Bedingungen vor, 130. wird getäuscht, 131.

Z.

Ziegenrück, Schloß, 309.
Zimmern, Gefechte bey diesem Dorfe, 124.
Zölle, im 13ten Jahrh., 204.

Berichtigungen und Druckfehler des dritten Bandes.

S. 5. Z. 16. Heinrich.

S. 20. Z. 6. streiche man nach Stadt: aus.

S. 40. Z. 26. Dietrich hatte zwar einen Sohn, Friedrich den Teuten; der schwächliche Gesundheitszustand desselben ließ ihm aber nur eine kurze Lebensdauer erwarten, und in dieser Rücksicht könnte man allenfalls sagen, daß er keine Kinder hatte.

S. 75. Z. 16. reisige (d. i. berittene).

S. 82. *) schalte man nach Bibelübersetzung: Hesekiel, ein.

S. 97. Z. 13. Gebhard.

S. 130. Z. 14. ertheilen.

S. 133. Z. 6. Heinrich.

S. 188. Z. 5. Trafen.

S. 209. in dem Columnentitel: Nationalcharakter.

www.ingramcontent.com/pod-product-compliance
Lightning Source LLC
Chambersburg PA
CBHW020316240426
43673CB00039B/827